日本の読者の皆さまへ

Introduction to Japanese Edition of Trailblazer

私はビジネスキャリアを通じて、日本と深いつながりを持ってきました。最初の訪日はテクノロジー大手のオラクルで働いていた１９９０年代です。出世街道を進む若手幹部だったにもかかわらず、当時は何となく行き先がわからなくなっていた私は、インスピレーションを求め、自分の人生にもっと意味を見つけたいと思っていました。

京都を旅しながら、古い禅寺や庭園を探索するうちに、禅の教えに興味を抱くようになりました。龍安寺の有名な石庭と池を眺めながら、何時間も過ごしました。それは私にとって変革の瞬間でした。「初心」に戻って自分を磨き、日本とその文化を愛し続けるようになりました。

日本の建築、食べ物、言葉、静かな風景、創造的な精神が大好きです。この国が持つイノベーションの文化や細部へのこだわりは、世界屈指の印象深い企業や製品を生み出してきました。また、きわめて複雑かつ重要なテクノロジー分野で最も刺激的な研究開発も行われています。

私はオラクル時代からその後に創設したセールスフォース・ドットコムでも、頻繁に日本を訪れ、素晴らしい開拓者精神を持つ数多くの経営幹部の方々にお会いしてきました。実は、セールスフォースの東京のオフィスは米国外で初の拠点でもあります。

今日、セールスフォースには世界中に約１６０のオフィスがあります。日本では来年、皇居の近くに「セールスフォース・タワー」がオープンする予定で、何千人もの従業員が働くことになります。また、キヤノン、日本郵便、ＳＯＭＰＯホールディングス、トヨタ自動車などの素晴らしいお客様にも恵まれています。

全世界の従業員数は5万人を超え、セールスフォースは今ではフォーチュン２００社に名を連ねています。クラウドコンピューティングを開拓し、ＣＲＭ（顧客関係管理）プラットフォームで第1位となり、株主に大きな利益を届けてきました。それと同時に、株式の１％、製品の１％、従業員の就業時間の１％を非営利団体、非政府組織、教育機関への慈善活動に捧げる「１－１－１モデル」を通じてステークホルダーに素晴らしい利益も届けてきました。

私たちが全ステークホルダーのために尽くしていく際に、ビジネスは最大の変革基盤だと、私は固く信じています。困難な課題に直面したときは、それがなおさら不可欠になります。

危機的状況の際には、自社のコアバリューに加えて、バリューを行動に転換できるかどうかも試されます。政府、企業、組織がトレイルブレイザー（開拓者）になること、つまり、全ステークホルダーにとっての変革基盤になることが求められるのです。

セールスフォースでは、信頼、カスタマーサクセス、イノベーション、平等という４つのコアバリューを指針とし、それがあらゆる意思決定の礎となってきました。

新型コロナウイルスの感染爆発が世界中に広がり、世界経済が危機的状態に陥ったとき、私たちはセールスフォースを迅速に方向転換させ、ステークホルダーを支援するために3つの優先事項に取り組みました。従業員の健康と安全を守ること、このひどく困難な状況を顧客が乗り切れるように道案内すること、世界中の私たちのコミュニティを支援することです。

これが、感染拡大の危機が進む中で、私たちがバリューを実現させる方法です。私たちは世界中のオフィスを閉鎖し、全従業員が在宅勤務できるようにしました。世界中の人々がそうであるように、この全体的な状況によって多くの従業員のメンタルヘルスが損なわれていることがわかったため、その支援のためにメンタルヘルスやマインドフルネス・プログラムに資金を投じました。危機の最初の90日間は大きなレイオフ（一時解雇）をしないことを約束し、従業員の資金面の安定に向けた対策も講じました。

私たちの顧客企業のために、迅速に対応する「セールスフォース・ケア」というソリューションを無償で提供し、在宅での仕事、営業、サービス、マーケティングに役立ててもらいました。世界中の企業やコミュニティのリーダーが事業の再始動に役立つソリューションや、従業員の再教育に活用できるアプリとリソースを集めた「Work.com」は、ポストコロナの環境における新しい日常（ニューノーマル）に対応しています。

また、私たちのコミュニティのために、５０００万個以上の個人用保護具を入手し、世界中の３００以上の病院や医療従事者に配布しました。介護を受けられない状況、生計手段の喪失、食料不足、デジタルデバイドに重点を置いて、最も必要としている人々にお金を寄付し、従業員が就業時間をボランティア活動に充ててきました。

すべての危機は機会でもあります。私が何十年も前に京都で初めて気づいたように、これは皆さんが初心に帰る必要のある瞬間です。世界をより良い場所にしようと促すパイオニア、イノベーター、生涯学習者であるトレイルブレイザーたちが、私たちを未来へと導いてくれる瞬間です。自分の価値観が、他の何よりも、価値を生み出す瞬間なのです。

２０２０年６月

マーク・ベニオフ

はじめに

Prologue

この本の着想を得たのは１９９６年夏、あるよく晴れた日の朝のことだ。サンフランシスコ市テレグラフ・ヒルにある私のアパートの窓から、息を呑むほど美しい湾が眺望できたが、そんなことはどうでもよかった。私はベッドに横たわったまま、起きる意志も気力もなかった。

世界屈指の急成長中のソフトウエア会社であるオラクルで、私は夢のような仕事に就いていた。大学を卒業したてのモジャモジャ頭の若造で、趣味はいかれたハワイアンシャツを集めること。そんな私がなぜか創業者でビジョナリーのラリー・エリソンの目に留まった。４年も経たないうちに昇進を果たし、史上最年少のバイスプレジデントとして、何百万ドルもの給料や株式、優遇特典を手にするようになった。

ところが、平日の朝だというのに、私は閉め切った部屋の中で身動きができなかった。幸福感も達成感もない。一般的に見れば、私はアメリカンドリームを体現していたが、その実、迷子になっていたのだ。

その日は、何とか重い身体を引きずりながら出社した。ラリーを見かけたので、このどうしようもない倦怠感について相談した。ラリーが提案した解決策は単純明快だった。「サバティカル（長期有給休暇）を取ったらいい。３カ月休んで、あちこち見て回るんだ」。そして、付け加えた。
「それで立ち直ってくれ」

正直に言うと、「サバティカル」という言葉の意味すらさっぱりわからなかったが、メンターであるラリーのアドバイスはいつも頼りになる。その日のうちに、私は友人のアルジュン・グプタに電話をかけて自分の状況を知らせた。

新会社をスタートさせるために仕事を辞めたばかりだったアルジュンは、それなら一緒にネパールとインドに行こうと誘ってくれた。良い気分転換になりそうだと思ったが、まさかその旅で自分の人生行路が変わるとは、知るよしもなかった。

こうして私は、気づくとアラビア海に程近いインド南部の街、ティルヴァナンタプラムにいた。その場所に行ったのには訳がある。その数年前にごく短時間ではあるが、アンマ（お母さん）ことマーター・アムリターナンダマイーにお目にかかったことがあったのだ。
「抱きしめる聖人」として知られる彼女はその温かさや賢さで、数千人の信者に精神的な導きと安らぎを与えてきた。アンマの知恵とあの名高い癒やしの抱擁で、自分を取り戻すことができたら。そう密かに願っていた。

ヒンドゥー教の祈祷の声やお香の香りに包まれながらアルジュンと私は、この不安な気持ちは仕事上の目標が影響しているのではないかという疑念について、アンマに打ち明けた。彼女は思いやりに満ちた強い眼差しで私たちを見つめながら、こう語った。「成功してお金儲けを追求するうちに、他の人のために何かすることを忘れてはいけませんよ」

こうした言葉をきっかけに、私の中でセールスフォースのアイディアが形をとり始めた。頭で革新的な新技術を活用した企業をつくりたいと考える一方で、心の底から社会に貢献したいとも思っていた。そして私は、ティルヴァナンタプラムで種が蒔かれたあの日から2年後、そのアイディアを実行に移すためにオラクルを巣立ったのである。

１９９９年にセールスフォースの法人登記書類に署名したとき、私たちは企業文化の中に社会の役に立つという信念を確実に根づかせたいと考えていた。もちろん、従来の物差しで企業として成功するに越したことはないが、同時に、世界に好ましい影響を与えようとも決意していた。そこで、私たちの根幹となるバリュー（価値観）を真っ先に決めることにした。

当初のバリューは「信頼」「カスタマーサクセス」「イノベーション」だったが、その後、４つ目として「平等」を加えた。会社がどれだけ大きくなろうとも、製品の１％、株式の１％、就業時間の１％を慈善目的に使う「１‐１‐１モデル」を実施することも決めた。

セールスフォースについてご存じない方のために説明すると、私たちはどのような規模の組織にも欠かせないＣＲＭ（顧客関係管理）ソフトウエアを提供するために、いち早くクラウド・コンピューティングを活用してきた。顧客はオンラインで私たちの製品をダウンロードし、クラウド上でデータを分散させて安全に保存できる。大企業も中小企業も、面倒な長期契約を結ばずにサブスクリプション（定額）料金プランで、よりスマートで直感的に使えるツールを利用できるという新しいビジネスモデルを率先して生み出してきた。

２００４年に上場したときに10億ドルだったセールスフォースの時価総額が１２００億ドルを超えるまでに成長した主な理由は、私たちが立派な経営をしてきたからだと、ほんの数年前まで私は信じていた。しかし今では、成功の最も強力なエンジンは、当社のソフトウエアでも、従業員でも、ビジネスモデルでもないことを理解している。最大の要因は、「バリューに基づいた企業文化にする」という１９９９年の意思決定にある。

これは単なる私見ではない。善いことを行っている企業に市場が報いることや、社会的使命を持った企業のほうが成功しやすいことを示す証拠はいくつもある。テクノロジーをはじめとした競争の熾烈な業界では、優秀な人材を獲得できるかどうかが損益の分かれ目になりうる。トップ人材が会社を選んだ理由を見ると、多様性があり、インクルーシブ（包摂的）で、バリューを重視する企業文化であるなど、目には見えない要素が多い。

ここ数年、混乱、疲弊、怒りの爆発が入り交じった、複雑で不確実性の高い状況が続いているが、バリューが企業としてのあり方をしっかりと規定していることのありがたみを身に沁みて感じている。私たちのバリューは、サンフランシスコ本社のオフィスタワーにたとえるならば、装飾的な尖塔ではなく、地下のコンクリートと鉄筋に当たる。倒れないように、幾度となく建物全体を守り続けてきた基盤だ。

この本では、サンフランシスコのおんぼろアパートの隣で産声を上げた貧乏なスタートアップ企業が、最も尊敬される企業や働きたい職場の上位に入る、成長著しいテック企業になるまでの間に、私が学んできたことをすべて紹介した。これまでの道のりやセールスフォースについて書いただけではない。成功(doing well)と善行(doing good)が同義である文化をいかにつくるかについても述べている。

私がすべての答えを知っているなどと言うつもりはない。ただ、この本を読んだ人が、どんな仕事に携わっていたとしても、自分自身の価値観を仕事にうまく反映させるきっかけとなれば幸いである。

TRAILBLAZER

トレイルブレイザー

Contents

#05 イノベーション
ＡＩとエコシステムの力
Innovation: Artificial Intelligence and the Power of Ecosystems

#06 平等
鏡に映る姿を見る
Equality: A Good Look in the Mirror

#08 社会貢献

未来のトレイルブレイザーに投資する

Giving Back Means Looking Forward: Investing in the Trailblazers of the Future

#09 初心

空白のページから同じページへ

Beginner's Mind: From a Blank Page to the Same Page

＊本文中の［　］は、翻訳者による注である。
＊登場する人物の所属・肩書きは、原書の執筆時点のものである。

Part I

Values Create Value

バリューから価値が生まれる

新しい方向

A New Direction

ダボス会議での「裏切り」

巨大な講堂は、主要な政治家、経営幹部、官僚、学者、ジャーナリスト、政策専門家など世界的に影響力のある人々でどの席も埋まり、壁際には立ち見客もいた。私の両脇には、一緒に登壇する４人のパネリストが座っていた。人々の尊敬を集めるテクノロジー企業のＣＥＯやその分野の第一人者たちだ。私の背後で、これからまさに始まるパネルディスカッションのテーマが画面全体にぱっと浮かび上がった。

「私たちが信頼する技術においては？」――実のところ、タイトルというよりも、誘導尋問のようだった。

私を含む登壇者が水を飲み、ジャケットのしわを伸ばしていると、モデレーターを務めるビジネスジャーナリストのアンドリュー・ロス・ソーキンが口火を切った。テクノロジー企業の判断に対する国民の信頼の低下は、「業界の至る所で進行中のきわめて重要な議論である」と宣言したのだ。

彼の言うとおりだ。２０１８年初頭、テクノロジー業界は信頼に関する深刻な危機に直面していた。フェイスブックでプライバシー侵害の問題が発覚し、２０１６年の米大統領選におけるロシアの介入疑惑まで出てきたのだから、大方の米国民は納得するわけがない。

スイスのダボスで開かれる恒例の世界経済フォーラム年次総会に参加するために、巨大な講堂に集まった大勢の人々が何よりも知りたがっていたのは、一見するとシンプルな問いだった。「こうした問題に対して何をするつもりなのか？」

テクノロジーは、私がキャリアのすべてを捧げてきた分野だ。コンピューティングの今日の進歩が、私たちの生活や仕事のやり方をどれほど変えてきたかについて考えると、驚くばかりだ。

「第４次産業革命」が始まった過去10年間で、人工知能（ＡＩ）、量子コンピューティング、遺伝子工学、ロボット工学、第5世代移動通信システム（5G）が、驚異的な進歩を遂げた。10年前には思いもしなかった速度と規模で大量のデジタル情報が流通する一方で、ＡＩやロボット工学が人間と機械の間にある障壁を打破しつつある。地球上のあらゆる人やモノがつながり、複雑なビジネス課題と、誰にも予見できなかった破壊を生み出している。

テクノロジーは素晴らしい形で世界をフラットにする可能性を秘めていると、私は常々信じてきた。何十億もの人々のために、以前なら考えたこともない機会を創出し、よりオープンかつ多様で信頼できるインクルーシブな社会を育む。この本を出版した1年後には、世界の携帯電話の保有者数は、自宅に水道や電気が通っている人の数より多くなっているだろう。

しかし、テクノロジーは万能薬ではないし、その成果はまったく保証されないことも明らかになっている。新たな圧力と危険が生じ、それに伴って、これまで誰も考えたことのない道徳的な難題が持ち上がった。

世界の不平等な格差によって関係機関への信頼が低下する中、プライバシー、倫理、教育、雇用の将来、地球の健康といった複雑な社会的、経済的な問題が、しばしば不快な形で、企業の討議事項に加わるようになった。

雪の降りしきるダボスの朝、ごくシンプルな真実がきわめて明白になってきた。こうした問題を、ＮＰＯや活動家、慈善家の領域だとして捨て置くことはもはやできない、ということだ。顧客がより高い道徳的、倫理的基準を持ち始めている世界の中でどんな経営をしていけばいいのか、新旧を問わずすべての企業が考えあぐねていた。

私たちにその準備ができていようがいまいが、新しい日が始まっていた。

それと同時に、従業員や顧客などのステークホルダー（利害関係者）から私がこれまで聞いてきたメッセージはシンプルだ。それは、世界は変化しつつあり、企業は自らのビジネスの本質と経営方法を進化させる必要があるというものだ。その変化は一時的や漸進的ではなく、構造的かつ永続的だ。そうした将来の課題を扱うために最も必要とされる基本的な要素は、セールスフォースが20年前に第1のコアバリューに定めた「信頼」である。

パネルディスカッションの開会の挨拶で、アルファベット（グーグルの親会社）のＣＦＯ（最高財務責任者）であるルース・ポラットは、世間の人がグーグルを信頼しなくなったとは思わないと述べた。結局のところ、みんな毎日プラットフォームに戻ってきては膨大な数の検索をしているではないかと言う。それは、私がこれまでに何度も同僚から聞かされてきた、よくある議論だ。

自分の番がきて、私はこう述べた。「信頼は、皆さんの会社の中で皆さんにとって最高のバリューでなければなりません。そうでなければ、何かしら問題が起こります」

ぎこちない空気が会場に広がっていくのが肌で感じられた。私は少し間をとってから、規制機関が居眠り運転をしてきた過去のさまざまな瞬間を指摘していった。企業が規制されることなく顧客に売り込むことのできた有害な商材として、クレジット・デフォルト・スワップ（金融派生商品の一種）、砂糖、タバコを挙げ、それと同列でテクノロジーを語った。私たちの業界は長年にわたって規制に関する言い分が認められてきた、と私は続けた。「ＣＥＯが責任を取らないのならば、政府が介入する以外に選択肢はないと思います」

ダボスから帰国すると、電話がひっきりなしに鳴り始めた。テクノロジー業界のリーダーが次々と電話口で、よくも裏切ってくれたなと言ってくる。どうやら私は結束を乱し、見えない一線を越えてしまったらしく、それが彼らのお気に召さなかったようだ。妻のリンは冗談半分に私を「取締官」と呼び始めた。

成功と社会貢献を対立軸にしない

これまでずっとテクノロジー擁護派を自認してきた私は当時、孤立無援でもがくことを恐れていた。どうも反対の急先鋒という新しい立場に対して葛藤があった。しかし、どれほど冷笑されようとも、成長、イノベーション、利益といった動機のほうが、人々の信頼を獲得して維持することよりも、ビジネスの成功に重要だとは思えなかった。

この本の執筆を思い立ったのも、第5次産業革命がもう目前に迫っていると純粋に思っているからだ。それは、第4次産業革命で開発されたテクノロジーを使って、世界の状態を改善しようとする企業に信頼が集まる時代である。

将来的に全人類を底上げしようとする真摯で継続的な取組みが背後にない限り、イノベーションを良い方向に前進させることはできない。企業もリーダーも、周囲の社会問題からビジネス目標を切り離して、悠長に構えているわけにはいかなくなった。成長か社会貢献か、利益創出か公益か、イノベーションか世界をより良い場所にするためかという二項対立では、それぞれのミッションをもはや捉えきれなくなっているのだ。

必要なのは、両立させることである。善き行いと成功は単なる競争優位ではなく、ビジネス上の必須要素になりつつある。

すべての企業、そして、新入社員から角部屋のエグゼクティブまでの１人１人が、変化のためのプラットフォームになる可能性を持っている。それが正しいことだからではない。今後の成功に必要だからだ。

ダボスで過ごした２０１８年の雪の週末に、潮目が変わったことにようやく気づいた。20年近くこの手で引っ張ってきたセールスフォースが、私を新しい方向に導いてくれたのだ。

バリューについて語る企業は多いが、激動の時代になると経営者はその実践をともすれば忘れてしまう。バリューこそが最も重要な時であるにもかかわらず、だ。主要なビジネス上の意思決定をするにあたって、バリューは高くつく贅沢品であり、壁に飾っておいたほうが無難だと考えてしまう。

一部の新製品や新規プロジェクトが自社のバリューにかなったものだと思えない場合、それを見て見ぬふりをしてやり過ごそうとするＣＥＯが多い。自社が世の中に提供する製品がどう使われているかを監視するのは、自分の役割ではないと正当化するのだ。

私はこれまで3冊の著書で企業の責任について言及してきた。まず『思いやりのある資本主義（*Compassionate Capitalism*）』で、どうすれば企業が善行を成功の一部に組み込めるかについて書いた。『世界を変えるビジネス』（邦訳はダイヤモンド社刊）では、フィランソロピー（社会貢献）を自社事業の重要な要素としている仲間のCEOの話を取り上げた。『クラウド誕生』（ダイヤモンド社刊）では、セールスフォースの最初の10年間を振り返りながら、私たちがフィランソロピーをどのように組織に組み込んでいったかを紹介した。

今回は、この本を通じてセールスフォースの実情を明らかにしたい。私たち経営陣が直面した試練や課題とその対応、時には痛みを伴い、時には刺激となった紆余曲折の過程で、ビジネスの未来に関する私の理解が変わり、何が企業を動かすかという認識が覆された。

この本で取り上げた経験から私が学んだことが1つあるとすれば、それは、試練の時にこそバリューと企業文化が最も重要になるということである。最初から正しく理解していたかどうかはさておき、私たちが選択してきた道は、私たちのバリューを守る最良の道だった。時々ではなく、常にそうだ。

こうした意思決定をリードしたのが経営幹部だけだとすれば、ここに記すストーリーは別物になっていただろう。従業員、顧客、パートナー、投資家、そして、私たちが暮らし、仕事をする地域社会のステークホルダーに触発されて（導かれたのではないにせよ）、すべての重要な意思決定をしてきた。その事実がなかったならば、私たちは決して数々の課題を乗り越えられず、この本に書いたレベルに達することもなかっただろう。

将来的に成功するためには、すべての企業のすべての人々が新しい道を築いていく必要がある。自分が何をしていようとも、どこで働いていようとも、誰もが成功するビジネスと、より良い世界を築き上げることの両方に貢献することができる。だから、この本の根幹となる前提を一言で表すならば、バリューに根差した企業文化が価値を生み出す、ということだ。

この本が、自分自身の内面を見つめ、適切な問いを考え、自分の道を切り拓くきっかけになることを心から願ってやまない。大切なのは、あなたが次に何をするかだ。

#01 始まり
サンフランシスコのベニオフ家
Beginnings: The Benioffs of San Francisco

成長実感を与えてくれた環境

私個人の話をすると、みんなに驚かれることが2つある。大卒であることと、専攻が経営学であることだ。

テクノロジー業界の仲間を見ても、この学歴は珍しい部類に入る。夢を追うために退学したと誇らし気に告白する、シリコンバレーの創業者やCEOたちがなんと多いことか。「中退の億万長者」の話がやたらに多い理由は言うまでもない。雑誌編集者やハリウッド映画の脚本家がいかにも好みそうな感動的な身の上話だからだ。しかも、個人が成功するかどうかはおおむね断固たる決意や意志の問題だという、米国の昔ながらの神話にも支えられている。真の英雄は、ビジネスを築く経験を通じてビジネスを学ぶ人なのだ。

私としては、高等教育の啓発力や文明的な力を全面的に信じている。

ただし、大学に行けば優れた起業家になれると確信しているわけではない。私は南カリフォルニア大学で受けた授業のおかげで、よりバランスが取れて、好奇心の強い人間になれたが、ここ最近で私が直面した最も手強いビジネス課題は、１９８０年代当時の教授たちにはまったく予想もつかないものだったろう。

私のプロフィールが典型的なハイテク起業家のそれと一致することが1つある。私にとって最初の、そして、最も成長実感が持てたビジネス教育の場は、学校ではなかったことだ。

それは、私の地下のコンピュータ室でも、最初の職場でも、セールスフォースの創業当初に出資を頼みに売り込みに行った役員室でもない。有鉛ガソリン車に乗っていたときだ。そう、父の１９７０年製ビュイック・ステーションワゴンが私の教室だった。

ベニオフ家のビュイックは長さ約５・８メートルのとてつもない大型車で、木目調のパネルがついていた。夏の暑い日の午後に父と一緒に乗っていると、座席のビニールに素足がぺったりと張り付いたものだ。たいていの場合、その古いビュイックは両親と2人の姉妹、そして私を、A地点からB地点に連れて行く単なる移動手段だったが、毎週日曜日は違った。日曜日には、荷物の運搬車両に早変わりしたのだ。

父のラッセル・ベニオフは、スチュアーツ・アパレルという衣料品の小売りチェーンを経営していた。週末になると、サンフランシスコのベイエリア周辺にある6店舗を回って商品を移動させていたが、私もよく手伝いに駆り出された。私たちはビュイックを商品倉庫のドア付近に停め、後部扉を開けて大量に積まれているウール、リネン、レーヨン、綿、ポプリン、ポリエステル製の衣料品を出し入れした。

父の店はベイエリア内に点在し、サンフランシスコから車で1時間ほどかかったので、日曜日のルーチンワークは多くの場合、1日がかりだった。私は車窓の外を眺めて物思いにふけったり、父の働き方について考えたりしながら過ごした。

父は平日も、どの品目が売れているかを示すデータをかき集めて、売れ筋商品を最もよく売れる店舗に移していた。よく「バレーフェアにピンクのアンゴラセーターが必要だ」などと言いながら、食べかけの夕飯を残したまま、慌てて出て行ったものだ。

1970年代に一時期、フォックスとラビットのコートが大流行したときには、そういう夜が数えきれないほどあった。店長から電話がかかってくると、父はビュイックの貨物スペースに設置したつっかえ棒に商品を掛けて、轟音とともに車を発進させていくのだ。

父は個性あふれるタイプではないと言ってよいだろう。私とそれほど変わらない身長2メートルの大男だったが、明らかに優しい人だ。親しみやすく、現実的で、この上なく礼儀正しく、いつも思いやりがある。ただし、この世代の男性の多くがそうであるように、あまり感情を表に出さなかった。大恐慌を潜り抜けた後は、生涯を通じて質素だった。服を買うときはもっぱらビッグ&トール専門店のセール品。買う車はいつも、くだんのビュイックも含めて中古車だった。

電子機器に魅せられた少年

父の父親にあたるフレッド・ベニオフは、19世紀後半に父親と一緒にキエフ(当時はロシア帝国)からサンフランシスコに移住して毛皮取引を始めたベニオフ３兄弟の１人である。フレッドについて私が知っているのは、そのくらいだ。彼は、私の父が幼かった頃に妻子のもとを去り、二度と話をすることもなかったという。

父の母親であるヘレンは最終的に元夫からベニオフの毛皮事業の営業権を力ずくでもぎ取り、自ら経営にあたった。西部一帯に店舗があったので、ヘレンは過酷な長時間労働を強いられ、父とその弟は家族の友人に助けられながら育った。

私が２歳になった１９６６年、父はその家族経営の事業をやめて独立を決意。直ちにスチュアーツ・アパレルのＣＥＯのみならず、ＣＦＯ、チーフバイヤー、マーケティングディレクター、営業トップを兼ねることになった。

このため、ロサンゼルスやニューヨークに出張しない日は（父は新しいスタイルを求めて、こうした都市の衣料品店をよくチェックしに行っていた）、たいてい夜の11時まで台所のテーブルの前に座って、自分で帳簿をつけていた。6店舗の在庫を一手に管理していたので、ドレスやスポーツウエアを店舗間で移動させる作業で週末のほとんどがつぶれた。そんな父の唯一の楽しみは、ドミノゲームと釣りや狩りに時折行くことだった。

生き物を殺生するという考えは好きになれなかったが、少年時代の私は12ゲージのショットガンを肩にかけて何日も過ごした。カリフォルニア州サンホアキン・バレーのオレンジ畑で父と一緒にアヒル、ハト、鹿、イノシシを狩り、タホ湖付近のトラッキー川で釣りをすることは、女性物のパンツやブラウスを運ぶのと同じくらい、子どもの頃によくやったことだ。特に楽しかったわけではない（というか、実際には全然好きではなかった）が、これらが父と一緒にできる遊びだったのだ。

店舗から店舗へと商品を運びながら、車中で過ごす日曜日は長く、退屈なものだったが、自分が小売業向きではないと早い段階で気づくことができた。これは、父との歴然とした違いの1つだ。わが父ラッセル・ベニオフはアウトドアを好み、ツールや木工の達人だったが、技術志向ではない。片や、私は電子機器に魅せられ、母ジョエルの話では、4歳のときに家の電話機を分解して元どおりに組み立てたそうだ。母方の祖母が来るたびに、私は家電量販店のラジオシャックに連れて行ってほしいとせがんだ。

覚えている限り、私は内気な子どもで、友人と遊ぶ約束をすることはめったになかった。集団活動を避けて、人間よりも飼っていたゴールデンレトリバーのブランディと一緒にいることを好んだ。

父は私の社会性の発達について懸念を口にするタイプではなかったが、母は私の言動を心配していた。私に野球をさせることはおろか、母の友人が訪ねてきたときに挨拶させることすらできなかったからだ。

学校でも私はやる気がなかった。かつて、幼稚園の先生から丸を描くように言われて、先生の目をまっすぐに見ながら、反抗的に直線を引いた私である。母は何度も、涙ぐみながら教師との面談を終える羽目になったが、手綱を長めに持つようにして、私が情熱を追い求めるのを止めなかった。私が情熱を注ぐ対象は、明らかに教室にはなかったのだ。

75ドルで売れた初めてのプログラム

12歳のときに私は2階の寝室を引き払って、地下の部屋に引っ越した。そこなら邪魔が入ることなく、一風変わった情熱を追いかけることができたからだ。2年後、ラジオシャックで最初のコンピュータ「ＴＲＳ80」を買い、アナログの世界からとっとと退散した。

15歳でコーディングの基礎を学び、「ハウ・トゥ・ジャグル」という簡単なプログラムを書いた。それをコンピュータ専門誌に送ってみると、75ドルで買い上げてくれたのだ。言うまでもなく、この時点で、私はとりこになった。

16歳の誕生日にＴＲＳ80を下取りに出して、自立型ディスクドライブとプリンターを備えた「Atari 800」を手に入れた。その夏、私はＰＣショップのコンピュータランドでアルバイトを始め、空いた時間で最初の会社を設立した。「ベーシック・コンピュータ」という何とも魅力的な社名は、当時、惚れ込んでいたプログラミング言語のＢＡＳＩＣにちなんだものだ。

コンピュータゲームのレビューを書いて、ゲームソフトのバグに気づくと、開発者に手紙を書いて無料で修正することを申し出ていたが、そのうち自分でゲームのプログラミングも始めるようになる。処女作「クエスト・フォー・パワー」は、アーサー王とガラハッド卿が出てくる複雑なストーリーで、プレイヤーは「真実の巻物」を求めて数々の敵を打ち負かす必要があった。

これを手始めにさまざまなゲームを制作し、6カ月間で５０００ドル以上稼いだ。私くらいの年齢の子どもにとっては、ひと財産だ。このお金を使って、初めてのマイカーである黒のトヨタ・スープラと、「ＭＲＢ82」というバニティプレート(デザインナンバープレート)を購入した。長年にわたってゲームで稼いだお金は、最終的に大学の授業料になった。

振り返ると、両親が私のエキセントリックな行動に目をつぶっただけでなく、存分にのめり込めるだけの独立性を与えてくれたことに、驚かずにはいられない。12歳のときに地下室を自分の部屋にすることを許してもらった話をすると、みんな決まって唖然とする（もっともな反応だ）。

思い起こせば、私が運転免許証を取った当日に、これまで運転した道のりよりもはるかに遠い、マウンテンビューのコンピュータ会社まで商談に出かける必要があると告げたとき、母は全然嬉しくなかったはずだ。それでも、行かせてくれた。その夏、ゲーム制作のために城の研究をしようとイギリスに一人旅をしてもよいかと聞いたときも、リーズにいる母の友人の家に滞在し、毎晩家に電話を入れることを条件に、快く送り出してくれた。

母に言わせると、私は頑固者で、駄目と言っても聞かないのがわかっていたので、つい甘やかしてしまったのだそうだ。私の知る限り、母は私の中に他の人にはない何かを見出し、私が突き進むことを許してくれた。たとえそのせいで安眠が妨げられたとしても。

母も父も、私が感じていたようには、コンピュータのどこがそれほど面白いのか十分に理解していなかった。しかし、私を駆り立てるもの、強い意志、気になればとことんのめり込む姿勢を尊重し、大人になったらそうした価値観が役立つだろうと感じ取っていた。そして、実際にそのとおりになった。

コンピューティングパワーを理解しなかった父

私が生まれた翌日、母は病院で子どもの名前を届け出るための用紙を手渡された。前々から祖父のマーヴィンに敬意を表してマークと命名することになっていたが、ミドルネームは決めていなかったので、母は自分の旧姓のルイスと書いた。その後すぐに、父は思い立ったようにルイスを消し、自分のファーストネームのラッセルに書き直した。母はそれを見て、「あらまあ。息子ができて、とても喜んでいるのは良いことだわ！」と思ったそうだ。

父がその日に思い描いたような息子になれたかどうか、自信はない。ありがたいことに、父がセールスフォースの成長を見るまで長生きして、私を誇りに思ってくれたことは知っている。私たちは常にかけ離れた人間で、ごく早い段階で、将来、父のビジネスを引き継ぐ選択肢が自分にないことはわかっていた。それでも、ビジネスマンとしての父のキャリアが、私のキャリアに多大な影響を与えたことは間違いない。

ステーションワゴンの車内で数えきれないほどの日曜日を過ごす中で、父の職業倫理と揺るぎない誠実さに私は感銘を受けた。財務や在庫に関する不正行為は一切ない。すべてのことが規則どおりに厳密に行われていた。父にとって、あらゆるビジネス上の意思決定は黒か白か、正しいか間違っているかの二択だ。

父親としては、時には近づきがたいところもあったが、仕事では本物の深い人間関係を築き、従業員と顧客に喜んでもらうためなら手間暇を惜しまなかった。それがビジネスの核心であるかのように。


私は当時まだ10代だったが、父が取引業者に会うために出張したり、在庫をあちこちに送ったり、帳簿を気にかけたりすることに、どれほど時間をかけていたかを考えると、アナログ時代の事業経営の大変さに愕然としてしまう。私から見れば、雑務に追われ、大局的なことに集中する時間も満足に取れない父は、商売の初歩的業務の奴隷だった。

父はコンピュータの話をしたがらず、そのパワーが増していることを実際に理解できなかったが、私は一緒に商品の開梱作業をしながら時折、販促用チラシの発送などの煩雑な作業を効率化するために、顧客データベースを自分につくらせてほしいと頼み込んだ。最後には渋々ながら同意してくれたが、日々の業務を明らかに簡単かつ効率的にする可能性がソフトウエアにあるという考えを、父はまったく受けつけなかったと言ってもよいだろう。

１９９９年に、私が高額の報酬が得られるオラクルの経営幹部職を辞めて、自分の会社を起こしたいと話したときにも、父はいい顔をしなかった。父に言わせれば、せっかくオラクルでおいしい職にありついているのに、ということだ。確かにそのとおりで、私は幸運にも高給をもらっていたし、ラリー・エリソンは素晴らしい上司だった。

しかし、私はすでに決意を固めていた。今になってみると、父の経験に触発されて、私の心の中でくすぶっていた思いが呼び覚まされたのだと知ったならば、父は違った反応を示したように思えてならない。

父から学んだ「カスタマーサクセス」

セールスフォースのバックボーンになったのは、どのような企業でも、クラウド（当時は単にインターネットとして知られていた）経由で、業務や顧客関係の管理に必要なすべてのソフトウエアにアクセスしやすくする、というアイディアだった。

高額のサーバーをどこかに置いて、オラクルやマイクロソフトからソフトウエアのライセンス許諾を受け、それをインストールするためにＩＴの専門家集団を雇い、その後、数年おきに新バージョンにアップグレードするのではなく、父のような中小企業の経営者が定額料金を払えば、アマゾンで本を買う程度の労力で、各人のウェブブラウザですぐに最新ソフトウエアにアクセスできるようにしたかった。

ビジネス用語でいうと、セールスフォースが手掛けているのはＣＲＭ事業だが、提供しているサービスはそれよりもはるかに幅広く、より基本的で、より親しみやすい。私たちのソフトウエアは消費者の目には触れないかもしれないが、企業内では欠かせないインフラとなっている。

どの企業にとっても、最も貴重な資産は、詰まるところ、顧客との関係だ。そして、あらゆる規模の企業向けに、営業、マーケティング、顧客サービス、EC（電子商取引）の全般で顧客とつながることのできる、よりスマートでかつ直観的な方法を提供するというのが、私たちのビジョンだった。私たちは最終的に、これらの企業が新しいプロセスを実装し、アプリをカスタマイズし、データを分析し、予測モデルをつくるのに役立つツールを提供し始めた。

今となっては自明のことのようだが、私の中では、このアイディアの進化と、そもそもの原点とがすぐに結びついたわけではない。私の原点は、父がスチュアーツ・アパレルの経営者として苦労していたことにある。小さな企業を経営しながらさまざまな役割をこなし、現場の作業をうまく回し続けるために膨大な時間を費やしていた父の姿を間近で見てこなかったならば、セールスフォースのサービスが、父のような人々にどんな意味を持つかがわからなかっただろう。

私は幼い頃から常に自分は自分であり、父とは多くの点でかけ離れていると思っていた。しかしセールスフォースの創業は、ある意味で親孝行と言ってもよい。時間をさかのぼって、父の負担を軽くしようとするようなものなのだから。父の会社を経営し、その志を継ぐことはできなかったかもしれないが、結局のところ、私は父のビジネス上の問題解決に自分のキャリアを捧げてきた。
それだけではなく、セールスフォースのビジネスモデルや私のリーダーシップの執り方のすべてにおいて、ある意味で父のやり方を見習ってきたことがようやくわかってきた。父が顧客と従業員を心から気にかけていたからこそ、セールスフォースのコアバリューに「カスタマーサクセス」が含まれている。私にとってなぜ信頼と透明性がこれほど重要かという理由も、一点の曇りもない会計処理の重要性を父からたたき込まれたことにある。

母が無私の愛を与え、信頼してくれなかったならば、自分がどうなっていたかはわからないが、私のキャリアが父から学んだ教訓と密接に結びついていることも疑いがない。これは、メンターがどれほど強力であるかを示す証拠と言える。もっとも、私にとっての師は父だけではないが。

私たちがセールスフォースを創業したとき、私はただの元気な零細企業をつくることには興味がなかった。グローバルな規模で業界リーダーとなって、大義のために尽くしたいとも思っていたのだ。

この目標は間違いなく、ベニオフ家のもう1人の人物に触発されたものだ。

祖父が示した進歩への情熱

私が7歳の頃から、ベニオフ家のビュイックは夏休みの間、別の運搬作業を始めた。これは母方の祖父、マーヴィン・ルイス専用の仕事で、運ぶ対象は私だった。

サンフランシスコのダウンタウンにあるカーニー通りとマーケット通りの北の角に立つ立派な古い11階建てのデヤングビルという商業の聖地で、祖父は有名な法律事務所を営んでいた。私は子ども心に高層ビルはどれも同じだと思っていたが、祖父によればこの建物は特別だという。両親に送ってもらって祖父の事務所を訪れるたびに、鳴り物入りでこの建物が竣工した１８９０年代には、西海岸で最も高いタワーだったと祖父は話したものだ。

それから、祖父はコートと帽子を手に取って、私を外に連れ出した。エレベーターを降りて、大理石のロビーや、風格のある真鍮のドアを通りすぎ、人通りの多い歩道に出る。歩くスピードが速い祖父に、私は遅れまいと必死だった。祖父と肩を並べてパレードしたかったのだ。

このときの散歩を、私は感じたままに「パレード」と呼んでいる。モジャモジャの銀髪頭で、一分の隙もないスーツ姿のマーヴィン・ルイスは実に堂々としていた。私の父が謙虚で控えめだったのとは対照的に、マーヴィンは声の大きなエンターテイナーだった。祖父は注目を浴びているときに最も生きがいを感じ、実際に常に目立っていたと言っても過言ではない。

祖父は弁護士として、大きな難事件で名声を築いてきた。精神障がいという法的概念を打ち出したのも祖父である。１９５９年の訴訟事件では、アパートの木の階段から転落した後で家主を訴えたジューン・ダイマーという女性のために、当時としては破格の10万１０００ドルもの賠償金を勝ち取っている。

カリフォルニア法廷弁護士協会の創設者兼初代会長となった後、アメリカ法廷弁護士協会の理事長にも就任した。事件を弁護するときも、内気でぽっちゃりしたモジャモジャ頭の孫と午後の散歩に出かけるときも、祖父の行為はすべて一大イベントのように感じられた。

私たちのパレードには決まったルートや目的地はなかったが、間違いなくある目的にかなっていた。それは私のための教育ツアーであり、祖父のお気に入りのテーマ「進歩」を中心に大まかに構成されていた。

祖父は大規模で野心的な市民プロジェクトに情熱を傾けていた。デヤングビルに敬意を払っていたのもそのためだ。ある日、サンフランシスコの超高層ビル「トランスアメリカ・ピラミッド」の建設現場のそばを通ったときに、祖父は私のほうを向いて「こうやって都市は発展していくんだよ」と言った。

また別のときには、かつて栄えていた造船所、鋳造所、倉庫、工場が跡形もなく消え、さびれているミッションベイに立ち寄り、いつの日か「この地域はサンフランシスコの未来になるだろう」と、祖父は大胆にも断言した（そのとおりになっている）。

祖父には未来を読む力があると、私は確信していた。

「すべての人に機会を」

祖父は政界にも進出し、第2次世界大戦後にサンフランシスコ市政管理官を11年間務めた。同市の優先課題として、完全に近代化された新しい公共交通システムの構想を打ち出し、その実現に向けて関係者の説得に奔走した。

１９５４年、祖父はダウンタウンの中心を貫いて24キロメートルを結ぶ最新式モノレールの建設計画を発表した。後に「ＢＡＲＴ（ベイエリア高速鉄道）」として知られるようになる交通システムだ。祖父はこの新事業体の財源として連邦債の発行にこぎ着けたが、それは米国で承認された地方債の中でも最大級の規模だった。

ＢＡＲＴは１９７２年に開設され、称賛を集めた。フォーチュン誌が評したように「世界で最も素晴らしい高速輸送路線」で、空気力学の粋を集めた最新式の自動運転車両は軽量で、コンピュータで完全制御されていたからだ。

ＢＡＲＴに関する未来構想は、輝かしい高速列車に留まらなかった。祖父は、単に印象的なものを求めて、こうしたものをつくろうとしたのではない。祖父のビジョンは、自ら定義する「進歩」が指針となっていた。サンフランシスコの根幹をなすバリューである、「機会」「平等」「インクルージョン（包摂）」をさらに促進しないのであれば、どのプロジェクトも本当の意味で重要ではないと彼は考えていた。

ＢＡＲＴによって市民が素早く、手頃な料金でダウンタウンと郊外を行き来できるようになれば、今よりも良い職に就き、生活を豊かにするためのチャンスが増える。サンフランシスコ湾にかかる橋の交通渋滞と、そこから生じる環境問題が緩和されることも、祖父は承知していた。

あらゆる人に機会を与えようと尽力する祖父の姿勢は、見かけ倒しではなかった。私たちが散歩している間、マーケット通りで時折ホームレスを見かけた。すると、祖父は財布を引っ張り出して、20ドル札を手渡すのだ。これは当時、見知らぬ人にあげるにしては、かなりの金額と言える。

祖父にとってＢＡＲＴは、同じ利他主義の延長線上にあった。公益のために、サンフランシスコ市は市民のために野心的なインフラ計画に投資する義務があると考えていたのだ。

セールスフォースに対する父の影響は基礎的なことで、父自身がそうであるように多分に物静かで、現実的で、思いやりに満ちていた。それに対して祖父の貢献は、声高で、野心的で、精神的で、否応なく目につくものだった。

バリューが想像力を導く

法人登記書類に署名した日、私はＣＥＯとして、また人として、自分の成功の尺度は将来の全従業員がめいめいの仕事にどれだけ意味を見出せるかにあることを承知していた。父を見習ったことがあるとすれば、自分がどんな種類の仕事をして、どれだけお金を稼いだかは重要ではない、ということだ。自分の仕事やそれに臨む際の誠実さこそが本当に大事だという考え方がその根底にある。

毎日出社して、自分のしている仕事が本当に大事だ、自分が頑張ることで会社の利益以外のことにも一貫して貢献していると、誰もが感じる文化をつくることを最優先にしようと私は決意した。ボランティア活動や社会貢献を最初から導入すれば、私たちは意味のある企業文化を構築できるのではないだろうか。

セールスフォースがどれほど成長しようとも、非営利団体や慈善団体を支援するために製品の１％、株式の１％、就業時間の１％を寄付することにした理由もここにある。この決定が、進歩によってみんなが底上げされるという祖父の考えに、部分的ではあっても触発されたことに疑問の余地はない。

１９９９年春にセールスフォースを創業したとき、私たちは最初のバリューを書き出した。ちっぽけなスタートアップ企業だとしても、私たちには、世界クラスのインターネット企業とセールスフォース・オートメーション（ＳＦＡ、営業支援システム）のリーダーになるという大きなビジョンがあった。これを実現させるには、単に優秀な人材を雇用し、実用的な製品を出荷するだけでは足りない。私たちの成功は、バリューをしっかり守る企業文化を築けるかどうかにかかっているのだ。

　当時は、利益を上げるか、変化を起こすプラットフォームになるか、企業はどちらか一方を選択しなければならないと考えられていたが、これは大きな誤解だ。

　グローバル戦略グループの２０１８年の研究によると、アメリカ人の81％が「社会が直面する重要な問題に対処するために企業は行動すべきだ」と考えている。また、企業は「物議を醸すかどうかにかかわらず、政治的に信じていることのために立ち上がるべきだ」と回答した人は76％にのぼる。この比率は着実に高まりつつあり、私たちが暮らす世界の複雑さと歩調を合わせて今後も増え続けるだろう。

　セールスフォースはどう見ても成功しているが、善行にも励んでいる。創業から20年余り経つが、フィランソロピーのプログラム「１－１－１モデル」を通じてすでに約3億ドルの助成金を生み出し、従業員はボランティア活動に４００万時間を充ててきた。４万以上のＮＰＯや非政府組織（ＮＧＯ）がセールスフォース製品を無料もしくは格安料金で利用している。これは祖父へのオマージュであり、わが社が大多数の企業と違っている部分だと、私はずっと考えてきた。

しかし、セールスフォースが本当の意味でどのくらい、祖父のレガシーを純化させているかがはっきり見えてきたのは、ほんの数年前だ。私の知る人の中では誰よりも開拓者精神を体現していたのが祖父だ。彼はまた、より良い世界とはどんなものかというビジョンと、それを追い求めることに対して、個人的な信念を持っていた。

ＢＡＲＴを構想して、そのビジョンを実現するために資金調達の話をまとめることは、実用主義者の仕事ではない。バリューに導かれた想像力の勝利だった。

誰も傍観者ではいられない

ここまで紹介した個人的なストーリーのせいで、この本について誤った印象を与えたかもしれないが、回顧録や聖人伝のようなものを意図してはいない。

同時に、企業を最終的に定義するのは人間である。自分の師やメンターの教えを吸収するか、それに真っ向から背を向けるのか。選ぶのは人それぞれだ。セールスフォースの創業者兼ＣＥＯとしての私のルーツを理解してもらわない限り、企業の未来に関する私の考えを正しく評価してもらえないと思っている。ここまでのページで共有したかった考えが、薄っぺらな空論に聞こえたとすれば、心に刺さることはないだろう。

自身の生い立ちと私の生い立ちの間に似た部分があると思った人もいるだろうし、まったく違うと思った人もいるだろう。そのどちらでも構わない。ゴールは同じでもそこにたどり着くための道は何千本もあることは、誰もが同意するところだ。私が成長段階の最初に出会ったビジネスメンターたちから授かった教えの中に、何かしら役立つことを見つけていただければ嬉しい。

メンターの1人である私の父は、中小企業の経営者にとって、些細だが尽きることのない経営課題や悩みの種をありのままに示し、誠実さ、信頼、そして従業員と顧客を第一に考えることの大切さを教えてくれた。祖父からは、幅広い観点から世界について考えることや、自分の信じていることを大胆で意味のある形で表現するために想像力と自信を養わない限り、信念に従って思うように生きられないことを教わった。

もちろん、この2人だけが私のメンターではなく、この本を通じて他のメンターについても知っていただけるだろう。メンターシップの概念を語るうえでは、私が幸運にも家族として学ぶことになった、強い女性陣からの重要な人生の教えにも触れておきたい。

父方の祖母、ヘレン・ベニオフは私に断固たる決意とはどんなものかを教えてくれた。夫が家族のお金をすべて持ち去り、2人の幼い息子を残して家を出て行ったとき、祖母は家族経営の毛皮事業の営業権を手に入れて、女性経営者として成功した。これは当時としては離れ業と言える。

母方の祖母であるフレデリカ・ルイスは、私に忍耐と勤勉さという価値観を授けてくれた。ラジオシャックで最初のコンピュータを買えるだけのお金を貯められるように、私に雑用をこなすよう促したのだ（その後、私が制作したアタリのゲーム用音楽をつくってくれた）。

母のジョエル・ベニオフは、私のことを信じてくれる人がほとんどいないときに、親の愛情と励ましほど貴重なものはないことを教えてくれた。今も昔も変わらず、常に私の最大の支援者である。

妻のリンは、私にとって究極のひらめきの源泉だ。あらゆることにおける私のパートナーであり、家族の中心的な存在でもある。私が帰宅すると、彼女はよく「お立ち台から下りて、ここで本当に重要なことについて話し合いましょう」と言う。

サンフランシスコのホームレス問題を根本的に解決し、家族たちを路上生活から脱却させること、ベイエリアに世界クラスの病院を建設して子どもの健康管理を改善すること、地球の海洋を汚染から保全することなど、すぐに手を打つべき喫緊の課題などを議論するのだ。本当に重要なことについて、最も身近な人々から得られる知恵がどれほど豊かなものか、言葉では言い尽くせない。

今、私たちはこれまで以上に、できる限り多くの知恵を探し求める必要がある。第4次産業革命は私たちの知識を進歩させ、新しい変革を引き起こす能力を開花させた。また、不平等の増大、地球への関心の高まりといった課題に直面するなど、歴史的に見ても切迫した瞬間を私たちにもたらしてきた。

第5次産業革命では、この先のグローバル課題に取り組み、私たちの世界をより良い状況にするために、ビジネスの性質やその中で私たちが果たす役割を根本的に変えていく必要があるだろう。

何千人もの従業員を束ねるマネジャーでも、小さなチームのリーダーでも、初めて社員証を首に掛けたばかりの新人でも、大事なのは、ただそこに居合わせただけの乗客のように考えるのをやめることだ。見知らぬものに対する恐怖心を捨てて、自分の価値観を羅針盤として使い、新しい道を切り拓かなくてはならない。

私たち全員が進歩への情熱とその実現に向けた想像力を育むべき時が来た。

より良い未来になるかどうかは、私たちの肩にかかっている。

#02

価値観

何をすべきかが重要だ

Values: What You Do Matters

「それで、あなたはどうするつもりですか？」と従業員は聞いた

電話が鳴ったとき、私は霧の中、サンフランシスコに向かって州間高速道路280号線をノロノロ運転していた。画面で発信者番号を確認すると、インディアナポリスの市外局番だ。私はマウンテンビューにあるコンピュータ歴史博物館での講演を終えたばかりだった。移動中はプレッシャーから解き放たれ、しばし、頭を休めてほっとできると期待していたが、その目論見は甘かった。電話に出ないといけない。

連絡してきたのは、スコット・マッコークルだった。彼は平日の仕事終わりに雑談するために電話をかけてくるタイプではない。セールスフォースのマーケティング・クラウド部門の責任者として、サンフランシスコ以外では最大のハブ拠点であるインディアナポリスで１２００人を統括する彼のことだ。憂慮すべき事態の対応について、おそらく私の意見が聞きたいのだろう。

電話に出るとすぐに、ただならぬ声の調子から、その推測が正しいことがわかった。

「マーク、こちらで起こっていることは、ご存じありませんよね」と、彼は言った。

２０１５年３月、その日は深い霧が立ち込めていたのを覚えている。私は他の経営陣と一緒にインディアナ州の状況を見守っていた。州議会が「宗教の自由の回復法」と呼ばれる法案を可決したのだ。

表面上は、信仰を持つ人々が、政府が好ましくない形でそれぞれの信条を侵害してきた場合に抵抗できるようにする法案だ。しかし実際には周知のとおり、同州の事業者が宗教的見解を振りかざし、ＬＧＢＴＱ（レズビアン、ゲイ、バイセクシュアル、トランスジェンダー、クイアー）の顧客を差別することを法的に認めるためのものだった。

私はインディアナ州知事にこの法案の否決を求める書簡を提出していた。州最大級のテック企業の雇用主として、私たちが強く反対すれば、カミンズ、イーライリリー、ロシュ・ダイアグノスティックスなどのインディアナ州を拠点とする企業からの抗議も合わさって、この法律は絶対に成立しないだろうと踏んでいた。

その一方で、インディアナ州の従業員には、脅威を感じる場合には別のオフィスに異動できるようにすると伝えておいた。従業員サービスの責任者（当時）であるシンディ・ロビンズがすでに動いていたので、私は大船に乗った気持ちでいた。

インディアナ州は、私たちが抱えていた局地的問題の１つにすぎず、私の頭に真っ先に浮かぶことはなかった。しかし、ものの数秒で状況は一変した。スコットの電話は最悪のニュースを伝えるものだった。インディアナ州知事のマイク・ペンスがこの法律に署名する決意をしたという。

「これで良いはずがありません」と、スコットは言った。「差別ですよ。うちの従業員はみんな怖がっています」

スコットの意見にまったく同感だ。私は、連絡をくれたことに感謝の意を伝えた。しかし彼は、単に最新情報を知らせるために電話をしてきたのではなかった。彼から投げかけられた言葉に、私は完全に不意を突かれた。

「この件について、あなたはどうするおつもりですか」

従業員を安心させるのがCEOの役割

２０１５年、私はセールスフォースの経営を立派にこなせていると自負していた。16年間必死で働き、明らかにＣＲＭのグローバルリーダーとなり、年商は１００億ドルに近づいていた。世界トップクラスのソフトウエア・プロバイダーの仲間入りを果たして、最近、製品ラインを拡大したばかりだ。どこからどう見ても、セールスフォースは大成功を収めていた。それだけではなく、「信頼」「カスタマーサクセス」「イノベーション」という3つの創業時のバリューの上に築かれた、前向きで確固たる企業文化は自慢の種だと思っていた。

だから認めよう。高速道路を走りながら、自分はかなり断固とした道徳的立場を取っていると思っていた。現状に満足しきっていて、スコットから電話がかかってくるまでは、インディアナ州での反対運動をテコ入れしようという考えが頭をよぎることもなかった。

「あとで折り返す」。私はそうスコットに告げた。

たちまち、疑念が頭をもたげた。この法律がひどく間違っているのは承知している。しかし、生粋のサンフランシスコっ子である私にとって、寛容の概念は当たり前のことであり、この取組みの背後で働いている力を完全に理解しきれていなかった。

それ以上に、セールスフォースをはじめとする企業は、LGBTQの従業員を明確に差別する州政府の法案にどう対応すべきなのだろうか。私はテック企業のCEOにすぎず、政治家ではない。企業を牽制するのは政府の役割だ。その逆ではない。

社内のあちこちから従業員の電子メールや電話がぽつぽつと入り始めたかと思うと、その数はすぐに膨れ上がった。セールスフォースの従業員は、自社のCEOがこの法律と戦うために大胆な行動を取るのを後押ししようというだけでなく、そうするように要求していた。世の中のことはわかっていると思っていた矢先に、私は見知らぬところに１人でぽつんと佇んでいることに気づいた。

オラクル、マイクロソフト、ＳＡＰなどの同業他社と競い合うのには慣れていたが、州議会や州知事と戦うとなると話は別だ。私は民主的プロセスを固く信じていたし、この場合は選挙で選ばれた公職者を通じて、有権者の声が反映されている。

同時に、もっと大きな争点があることも承知していた。私たちの出方は、セールスフォースがどういうタイプの企業になったのかを雄弁に物語るだろう。しかし、インディアナの従業員たちは、差別を認める状態で生活したり仕事をしたりするのが怖いと、私に訴えていた。従業員を守り、安心させるのが私の役割だ。

ＬＧＢＴＱ差別への抗戦

読者の中には驚く人もいるかもしれないが、政治に関して言うと、私はかつて共和党を支持していたが、今は無党派だ。

共和党のジョージ・Ｗ・ブッシュと民主党のバラク・オバマの両氏に助言してきた。２０１６

年の選挙戦では、個人的にヒラリー・クリントンの募金活動を行ったが、トランプ政権のホワイトハウスで、ビジネスリーダーとして人材開発や技術研修プログラムの話をすることにも抵抗は感じなかった。セールスフォースは政治組織ではないし、私たちのバリューは特定の政党を支持するものではない。

　車の窓から州間高速道路２８０号線沿いのランドマークが見えた。私にとっては、あまりにも見慣れた光景で、目をつぶっていても思い浮かぶくらいだ。しかし、頭の中ではまるで遠いヒマラヤ山脈をさまよっているようだった。

　祖父のマーヴィン・ルイスのことを考えた。進歩と原理原則が一緒に揃ったときに、初めて効果を発揮すると、祖父は教えてくれた。私たちは自らの価値観を指針にしなければならない。

　自分がやろうとしていることは、考え抜かれた企業戦略ではないとわかっていた。国内で論争になりつつある問題を大きく焚きつけるものだと見なされ、反発が出るだろう。私が尊敬している人も含む一部の人は、私が政争に巻き込まれることの妥当性について首をかしげるはずだ。

　それでも、私は電話を取り出し、ツイッターのアプリを開いてメッセージを入力した。

「宗教の自由法案に対して、従業員や顧客が激しい怒りを感じていることを鑑みると、私たちはインディアナ州への投資を大幅に削減せざるをえない」

　ツイートを投稿した。参戦だ。

静かな車内にいるはずなのに、私の心臓はバクバクしていた。もちろん、書いたことはすべてそのとおりだと思っていたが、私は1人の人間であり、セールスフォースは一企業でしかない。あけすけに脅しをかけたからには、責任を取る覚悟が必要だ。

「OK。次はどうなるか?」。私は自問した。

多くのCEOが声を上げ始めた

24時間も経たないうちに、ツイッター中で私と同じようなメッセージがさえずり始め(まだ他のビジネスリーダーからのツイートはなかったが)、自分1人がこの道を進んでいるのではないことに安堵した。

インディアナポリスに本拠を置くNCAA(全米大学体育協会)は、「この法律が学生アスリートや従業員にどのような影響を与えるかを特に懸念している」と声明を出した。共和党を支持するインディアナポリス市長のグレッグ・バラードでさえこのニュースに反応し、同市は「企業、会議、訪問者、居住者が集まってくる心地よい場所になろうと努めてきた。私たちは多様性のある都市だ。インディアナを訪れたり、ここで暮らす、あらゆる人々に快適に過ごしてもらいたい」と語った。

その後間もなく、当社の法務部門の責任者で弁護士のエイミー・ウィーバーと政府対応責任者のジム・グリーンが、宗教の自由法を廃止もしくは修正したいと考えている志ある企業、州政府、地域団体、ＬＧＢＴＱ擁護団体などと連携するためにチームを立ち上げた。彼らがインディアナポリスに行って商工会議所に仮設事務所を開くと、そこは外部の擁護団体の中心拠点となった。

企業としてバリューについて本気でメッセージを発信しようとするなら、こうした取組みを人任せにはできない。そこで私は、従業員や顧客を交えてビデオ会議を始めた。友人に声をかけ、何十人ものＣＥＯにメールを送り、夕食の席でロビー活動を行い、一緒に声を上げようと呼びかけたのだ。

私はドアをこじ開けたが、もっと多くの人に参加してもらう必要がある。その説得は容易でなかった。多くのＣＥＯは２０１５年当時、強力なプラットフォームを持っていたが、政治絡みの社会問題に加わることに難色を示した。何の連絡もくれない人もいた。そうかと思えば、株主の利益よりも自分自身の価値観を優先させていると非難する人や、インディアナ州に盾突けば「背後から狙われる」と警告してくる人もいた。

長年にわたって私のメンター役になってくれていた元国務長官で元統合参謀本部議長のコリン・パウエルでさえ、私が擁護活動を展開すれば、セールスフォースが痛くもない腹を探られかねないと警告した。「どこまで木に登るのかは注意したほうがよい。お尻が丸見えになってしまうから」。望ましくない結果が噴出するほど自分やわが社をさらけ出したのか、私は不安になりかけていた。

認めよう。私は少し落胆していた。それから、アーカンソー州での最近の出来事を思い出した。同州に本社があるウォルマートと、州内の拠点で従業員１７００人が働いている大手データブローカーのアクシオムが似たような法案を非難したのを受けて、アーカンソー州知事のエイサ・ハッチンソンは州議会に変更を促し、実際に内容が修正されていた。

インディアナ州のマイク・ペンス知事は、セールスフォースに対して事業拡大や投資を盛んに誘致してきたが、州が差別を許す限りそれは無理だと私はメディアに伝えた。私たちは、インディアナポリスで毎年開催されていた顧客向けイベントをニューヨークに移し、そこに1万人の参加者を送り込み、インディアナ州外で８００万ドルを支出する計画だと発表した。

それから数日というもの、私は一部の政治家から、経済的に脅しをかけて民主的プロセスを邪魔する「実業界のいじめっ子」呼ばわりされた。セールスフォースの株式を売り払い、当社のソフトウエアとは縁を切ると言い出す株主や顧客もいた。

その後、少しずつ他のビジネスリーダーが敷居を越えて参戦し始めた。クチコミ情報サイトを運営するイェルプのジェレミー・ストップルマンは、「あなたが上空援護してくれたおかげで、私たちも声を上げても大丈夫だと思えるようになった」と、私を労ってくれた。

ユーチューブのＣＥＯで、セールスフォースの取締役を兼務するスーザン・ウォシッキーも味方してくれた。アップルのＣＥＯのティム・クックはワシントンポスト紙の論説で、「米国の実業界では長年、どのような形であれ差別はビジネスに有害だと認識してきた」と述べて、他の人々も立ち上がってこうした法律に反対するようにと呼びかけた。

リーバイス、ギャップ、ペイパル、ツイッター、イーライリリーなどの企業がすぐにこうした声に賛同し、州知事に宗教の自由の回復法の廃止を求めた。また一方で、米国全土の市長や州知事がインディアナ州への公用渡航禁止令を出した。さらにインディーズのロックバンドのウィルコは、予定していたインディアナポリス・ツアーのスケジュールを中止したのである。

バリューに反する問題から目を背けてはならない

数日後、スポーツジムにいる私の電話が鳴った。「インディアナ州知事がお話ししたいと申しております」

それから州知事に代わった。「やあ、マーク、どうなっているんだ?」

私は電話をくれた礼を述べた後で、ペンス州知事に切り込んでみることにした。「この法律は変更しなくてはなりません。そうでなければ、私たちはインディアナ州にとって経済的に大打撃となる結果をもたらしますよ」

　そこから、どんどん張り詰めた会話になった。「あなた方は」（法案に反対したフォーチュン500社の緩やかなコンソーシアムを指しているのだと思う）次に何をするつもりか、と州知事は聞いてきた。

「この問題の解決に向けて、私たちはどうすれば協力できるでしょうか」と、州知事は言った。

　われわれの唯一の目的は、すべての人々の平等を保障することだと、私は説明した。インディアナ州がすべての人を同等に扱うことに注力しさえすれば、反対の声はなくなる。それほど事は単純明快だったのである。

　差別的な法案に署名してから激動の6日間を経て、3月31日、ペンス州知事はテレビで記者会見を開き、「認識のズレがある」ことを認めた。その2日後には、顧客の性的指向に基づいて差別することを正当化するために、事業者がこの法律を使用できないとする文言を入れた修正法案に署名した。

　明らかに私たちの勝利だったが、その成果を「大喜びした」とは言えない。こんな争いは起こらなかったほうがよかったと思う。しかし、こうやってあらゆる階層の従業員が力を結集させたことは誇らしかった。このとき初めて、私たちが築いてきた企業文化の重要性がつくづく身に沁みた。それは会社にとっても、CEOである私にとっても、重要な分かれ目のような気がした。

　従業員たちは基本的に、私を試したと言える。彼らは自分たちが守られ、職場で自由にありのままの自分をさらけ出せると感じるためには、確認しておく必要があったのだ。たとえどんな結果になろうとも、私に信条を貫く覚悟があることを。

　フタを開けてみると、インディアナ州の騒動のせいで、少なくともビジネス面で支障が出ることはなかった。それどころか、その後の数カ月間で、セールスフォースは記録的な売上げと成長を達成し続けた。どちらかといえば、国を挙げて繰り広げられた、米国の社会正義と価値観をめぐる対話のど真ん中に飛び込んだことで、セールスフォースに対する注目度が高まったのだ。

　当時、私が強い信念を表明したことに対して、大勢の人が震え上がった。実業界、特にウォール街の面々は、ＣＥＯの責任は企業の敷地内に留まり、いかなる企業リーダーも少なくとも公の場では、政治問題を議論するのを自制すべきだと考えたがる傾向があった。

　ありがたいことに、そうした風潮は変わり始めている。近年では、利益や損失よりも大きな問題について声を上げ始めるリーダーがますます多くなってきた。アップルのティム・クック、製薬大手のメルクのケネス・フレイザー、メガバンクのバンク・オブ・アメリカのブライアン・モイニハンなど、多数のＣＥＯがバリューで人々を束ね、ソーシャルパーパス（社会的意義）は事業の一環だと捉えている。ユニリーバのポール・ポールマンやペプシコのインドラ・ヌーイがＣＥＯ在任中にそうだったように。

　世界最大の資産運用会社で６兆円を管理するブラックロックの会長兼ＣＥＯのラリー・フィンクはこの新しい考え方を支持し、積極的に発言してきた。２０１８年には、ブラックロックの投資先である各企業は「財務業績を上げるだけでなく、それがいかに社会に貢献するかを示さなければならない」と、社内に指示を出している。

はっきりさせておこう。インディアナ州の一件から最終的に明らかになったのは、誰かが1人でビジネスの倫理基準を担っているのではないことだ。従業員からの電話やメッセージは、経営陣が動かなければ、下から突き上げられる銃剣を直視せざるをえなくなることの証しである。バリューにコミットし続けることなくトップ人材を採用し、つなぎ留めておける時代はとうの昔に過ぎ去ったのだ。

これからの時代は、朝起きて、目覚まし時計を止めて、職場に向かうすべての人が一定の役割を果たすことができる。これは地位の高い人に限ったことではない。現場や社内の執務スペースでも同じだ。

社会的な問題が企業のコアバリューと衝突するときにCEOが目を背けることができないのと同様に、従業員もまた、経営陣がどんな決断をしようとも、自分たちの権限では何もできないと見て見ぬふりをすることは許されない。経営陣がコアバリューに基づいて行動しないならば、あらゆる階層の従業員が説明責任を負わなければならない。

過去には、良心を持つことは、おおむね企業のバランスシート上では「その他」に分類される類いのことだった。しかし、現在では違う。バリューが価値を創出するという概念を受け入れない限り、どんな企業であれ今後は成功しないだろう。

「トレイルブレイザー と呼んでいます」

２０１６年、デベロッパーリレーションチーム［自社の技術を外部の開発者などに伝えて、意見や情報を取り入れる部門］のリーダー（当時）であるアダム・セリグマンとサラ・フランクリンに、最先端のセールスフォース実践者向けの春のイベントの企画を任せた。参加者には、セールスフォースのソフトウエアを習得してもらい、それぞれの企業に戻って内部でソフトウエアを実装できるようにするのだ。

彼らはセールスフォースのために働いているわけではないが、私たちのチームの大事なメンバーであり、偉大なイノベーター、エバンジェリスト（伝道者）を兼ねている。私たちの製品だけでなく、文化についても同じだ。

こうした実践者やブランドアンバサダー向けのイベントを企画するにあたって、アダムとサラが最初に考えたのが名前だった。経営幹部を集めたミーティングで、「こういう人たちをどう呼べばいいのかな」と、私は聞いてみた。

みんなでしばらく議論したが、行き詰まってしまった。そのとき、サラが発言した。「私たちはトレイルブレイザー（開拓者）と呼んでいます」

この言葉を聞いても、すぐにはピンとこなかった。わが社で「トレイルヘッド（道の始まり）」

という名のオンライン研修プログラムを開発してきたのは知っているが、便利なブランディングよりも、このコミュニティの精神を捉えることに関心があった。ただし、私は現場でそうした人々と一緒に日々の仕事をしているわけではない。サラのほうが彼らのことを熟知している。

翌日、まだ名称は決まっていなかったが、サラからメールが届いた。それは、いまだに忘れられないメールだ。そこには、リーダーがチームや組織に期待して活用すべきマインドセットについて、私がこれまで読んだ中で最も素晴らしい内容が書かれていた。

「実践者たちは世界をより良くするために学びたいと思っています。恐れずに探求し、イノベーションを切望し、楽しみながら問題を解決して社会貢献もします。文化と多様性を大事にする人々であり、彼らはトレイルブレイザーなのです」。私は納得した。

驚いたことに「トレイルブレイザー」という言葉は、わが社の従業員、顧客、パートナーを含めた拡大家族の間で大いに歓迎された。この言葉をプリントした黒のパーカーをつくったところ、すぐに在庫切れになったほどだ。サンフランシスコで主催した毎年恒例の超大型ソフトウエア・カンファレンスのドリームフォース(Dreamforce)で、私は基調講演のテーマにも「トレイルブレイザー」を使用した。

ただし、トレイルブレイザー、開拓者のマインドセットは、テクノロジーやソフトウエアに限定されるものではない。トレイルブレイザーは、アイディアや信念を持ち、それを発言することを恐れたりしない、サラのような人々だ。差別され脅かされている人を見れば警鐘を鳴らす、マーケティング・クラウド部門の責任者スコット・マッコークルのような人々だ。

膨大な数の従業員、顧客、さらには、不寛容と恐怖心が進歩と利益の敵だとはっきりと理解し、インディアナ州での私たちの立場を支援してくれた競合他社も含まれる。より良い未来を築くうえで自分には果たすべき役割があると信じる、世界中のあらゆる分野、産業、企業の誰もがトレイルブレイザーなのだ。

この本を書く気にさせたリーダーシップの問題が喫緊の必須課題となる前に、自分はセールスフォースについて理解していると思っていた。1つの言葉に並外れた大反響があったことは、私たちのビジネスモデル、バリュー、創業時に決めた社会貢献の重視が、全体のマインドセットとなってきたことを示す最初の手掛かりとなった。

そのマインドセットとは、世の中の現状をそのまま甘んじて受け入れることから、人々を解き放とうとするものだ。私たちと同じ軌道上の人々が地図のない未開の荒地を歩む決意をしたことで、企業やその周囲の世界が変わりつつある。トレイルブレイザーが私たちの文化の中心になったのである。

近い将来、私たちが生きるために依って立つ信条についてどのように議論し、実践していくかが、あらゆる企業において成功に欠かせないものになるだろう。それは、責任ある企業市民として行動することが単に正しいから、というだけではない。消費者がそれを要求するからなのだ。

これはかなり悩ましい問題だ。おそらく、ビジネススクールで教わるようなことではないだろう。そこで以降の章では、セールスフォースのコアバリューとトレイルブレイザーのコミュニティがいかにビジネスの結果に影響してきたか、そして、私がどのように次のような悟りに達したかを紹介することにしよう。

会社が何をしていようと、顧客が誰であろうと、真の価値は1つのことに尽きる。自分の支持するものが何であるかを忘れない、ということだ。

まずは「信頼」の話から始めるとしよう。

#03 信頼

第1のバリュー

Trust: The Number One Value

最も尊敬される企業のつまずき

私個人のトヨタとのつきあいは長く、1982年にさかのぼる。ティーンエイジャーだった私は自作のビデオゲームで稼いだお金で、初めてのマイカーとなる黒のスープラを買った。

当時の私のトヨタの評価はもっぱら、メカニカルな魅力、角張ったライン、アクセルペダルを踏み込むときの魅惑的なノイズによるものだった。その後もトヨタ熱は高まる一方だったが、やがて直感的な要素よりも、知的な面から魅かれるようになった。

なぜならば、品質と信頼において、トヨタの評判が圧倒的に高かったからだ。その後、トヨタは米国市場を制するという驚くべき偉業を達成したが、これは同社の哲学である継続的な「カイゼン」活動に全面的にコミットしたことで実現したのである。

私はビジネスを学び、自分のキャリアを歩み始めたときに、トヨタについてできる限り学ぶようにし、創業者の孫でＣＥＯの豊田章男さんが頭角を現していく様子を注意深く見守った。トヨタという企業、特に「最高はない。改善あるのみ」という豊田さんのモットーやそれに象徴されるすべてに、すぐに敬服するようになった。

２０１０年2月5日、テレビの前に座って、名古屋のトヨタ本社近くで急遽行われた記者会見を見ながら、私の心は沈み込んでいた。73年のトヨタ史上、前例のない事件が起こっていたのだ。

トヨタは直近でゼネラルモーターズを抜いて世界最大の自動車メーカーになったばかりで、長年追い続けてきた夢の達成を祝うはずだった。それが、アクセルペダルの欠陥などの安全面での問題で、リコールという憂慮すべき状況に直面していた。さらに悪いことに、ニュース報道から察するに、トヨタはこの問題の大きさを理解した後も対応が遅れたせいで、米規制当局に目をつけられていた。苦労して獲得してきた品質の評判が、世界の人々の面前で地に落ちようとしていたのだ。

これは一見すると、野心的な販売目標の追求を最優先する企業にとって一般的な訓話と言える。父が会社を経営するのを見てきた中で私が１つ学んだことがあるとすれば、それは顧客を失望させることは決して得策ではないということだ。

顧客が自分や家族を、仕事、学校、サッカーの練習、食料品店へと安全に移動させるために頼りにする製品をつくるときに、絶対に失いたくないのが顧客からの信頼だ。トヨタの評判はコアバリューの上に築かれてきた。そして、その何よりも重要なバリューが、「信頼」だった。

創業者の孫として、豊田さんは少なくとも８００万台の車をリコールし、そこで巻き起こった激しい批判のすべてを一身に受けた。彼は記者会見でリポーターに囲まれながら、これらの問題で心配をかけたことは「誠に遺憾」だと述べ、この状況を是正するのは自分の「個人的な責任」だと断言した。それから、頭を下げて謝罪したのである。

この謙虚なジェスチャーの重要性に、私はすぐに気づいた。日本では、こうしたお辞儀に象徴されるように、面子を失うことには強い文化的な意味合いがある。何しろ戦いに負けたり個人の名誉が傷つくことがあれば切腹する、サムライに代表される伝統があるのだ。豊田さんの謝罪は心からのものだったと思う。しかし、それだけでは足りないことも、私にはわかっていた。

ＣＥＯなら誰もが、信頼と成長という２つの優先事項の間で、デリケートなダンスを踊ってみせなくてはならない。信頼よりも成長を優先させれば、最終的に必ず問題が生じることは、頭ではみんな承知している。それは最も優れたリーダーや、最も尊敬される企業にも起こりうることだ。

公聴会で証言するために連邦議会に呼ばれる前の談話でも、豊田さんはそのことをはっきりと認めていた。「私たちは従業員や組織が成長できるスピードを超えて成長を追い求めました。そのことを真摯に気にかけるべきでした」

このような大規模な危機が発生するのは通常、ＣＥＯが自社のコアバリューをリセットする必要があるというサインだ。そして、リセットに留まらず、社内のあらゆる階層の人々に、そのメッセージをしっかりと浸透させなくてはならない。ＣＥＯがこの切替えを行わなければ、その座に長く留まれる見込みは薄い。

豊田さんは揺るぎない態度で、迅速にこの状況を解決すべく全力を尽くした。「どの車にも私の名前が書かれています。トヨタがお客様の信頼を回復するために絶えず精力的に取り組むことを、私は個人的にお約束します」。公聴会の席で彼はそう語った。

自宅のリビングルームで、ライブでこうしたやり取りを見ているうちに、私の中であるアイディアの種が形を取り始めた。

顧客の信頼を取り戻す

私が初めて日本を訪れたのは、オラクルで乗りに乗っていた時期で、日本市場向けにつくった新製品の導入を担当していた。私の人生においては、自分の仕事の意味を見つけあぐねていた頃でもある。

当時、私は30歳を間近に控えていた。シリコンバレーで高収入の技術職に就いていることは、傍から見れば申し分なかった。しかし私の目には、その輝きが薄れ始めていた。もっと大きな存在意義の追求を夢見るようになっていたのだ。

日本に降り立つたびに、自分をもう一度奮い立たせて元気を取り戻したいという思いが込み上げ、感覚が研ぎ澄まされる気がした。今日まで、私が深くかかわってきたこの魔法の島には、得も言われぬ雰囲気がある。だから、私が禅の教えを探求してみようと、京都行きの列車の切符を買ったのも偶然ではない。

私は京都の北西部にある龍安寺で、日本人の言うところの「初心」を磨くために、生涯の旅に出ることになった（後で詳しく取り上げる）。毎年この寺を訪れるようになり、友人にも一緒に行こうと誘った。友人に日本人の暮らしぶりを紹介するのは楽しかった。

私にとって日本の魅力の1つは、車やカメラのような大衆品から、デザイナーズTシャツ、食べ物、美術品に至るまで、日本企業が効率的で美しく優れたモノづくりの才覚を持っていることだ。イノベーションとデザインの達人を大切にしている国でもある。だから、セールスフォースを創業して1年後に初の海外拠点を東京に置いたのは、それほど意外なことではない。

そうした初期において、私が日本に行くのが好きだった事実は、ほんのおまけだった。日本市場はビジネス面で見るからに無限の可能性を秘めていた。セールスフォースは長年にわたって、キヤノンや日本郵便などの多くの有名企業を顧客として獲得してきた。

トヨタはまだセールスフォースの大口顧客ではなかったが、ぜひともそうなってほしいと願っていた。トヨタが顧客との関係を修復するのに役立つ適切な製品が、セールスフォースにはあるという確信があったのだ。将来のアポイントに備えて、私にいくつか腹案があることを日本チームに知らせてあった。しかし、それを披露するチャンスがあれほど早く巡ってこようとは、思ってもいなかった。

ソーシャルネットワークで顧客とつながる

リコールから約1年後、ついに豊田さんをはじめとするトヨタの重役と会えることになった。デトロイトのオートショーの帰りに、サンフランシスコのセールスフォースのオフィスに立ち寄ってくれるという。私は興奮しまくっていた。自分のビジネスヒーローに会えるなんて、めったにないことだ。

唯一の問題は、豊田さんの訪問予定日に、私がハワイで家族と夏休みを過ごす計画を立てていたことだ。カリフォルニアに戻る飛行機に飛び乗って、妻や子どもたちをがっかりさせるのは忍びない。個人的には非常に残念だったが、断ることにした。すると信じられないことに、豊田さんはハワイに行っても構わないと申し出てくれた。知らなかったのだが、豊田さんは私の家からほんの少し離れた場所に別荘を持っていたのだ。

心のどこかで私は、トヨタが顧客の信頼を取り戻す手伝いを私たちができることを納得してもらうには、まずは豊田さん自身の信頼を勝ち取らないといけないと考えていたようだ。その点で、静かなハワイ島は絶好の場所と言える。私はいつも、ハワイに来ると一番心安らかで冷静になれると感じていた。どう考えても、なるべくしてなったことだ。


何日もぶっ通しで、アイディアを紙に書き出しては、丸めて捨てた。私は繰り返し自分に問いかけた。「いまだかつて考えもつかなかった危機の後で、顧客の信頼を取り戻すのに苦労しているグローバル企業にとって、何が最も役立つだろうか」

トヨタが必要としているのは、顧客とつながり方に関する新しいビジョンだと、私は信じていた。ティーンエイジャーの時分に、初めてハンドルを握ったときに本能で感じたスリル、つながった感覚を呼び覚ますためには、感情的な絆を取り戻して強化する方法を探す必要があった。そして突然、ひらめいたのだ。

２０１０年、私たちは「チャター（Chatter）」と呼ばれる製品を開発した。消費者向けのソーシャルネットワークで普及した、プロファイル、ステータスの更新、グループ、リアルタイムフィードなどの機能を活用した、企業向けソーシャルコラボレーションアプリケーションである。

そのとき私が思ったのは、このチャターを使ってソーシャルネットワークを構築し、複数の方法でドライバーをより大きなトヨタのコミュニティにつなげたらどうか、ということだった。顧客はディーラーの駐車場から出た後、車の整備が必要になるまで再び会うことはないが、イグニッションキーを回すたびに、頼れるトヨタの存在が感じられたならばどうだろう。こうしたソリューションは、トヨタブランドと顧客との間の信頼を深めながら、ドライバー、ディーラー、トヨタの母体を結びつけるはずだ。

打合せが２日後に迫っていたので、私はダン・ダーシーに電話した。彼とはセールスフォースが過去に行ってきた最も革新的な大型プロジェクトを一緒にやってきた。ダンは営業チームを招集し、このコンセプトがどういうものかを示すデモとプレゼン資料をつくり、その場で見てもらうことにした。

この野心的な提案とは別に、ゲストを歓迎する雰囲気づくりも欠かせない。日本文化ではプレゼントを贈ることが非常に大事だと知っていたので、豊田さんのために特製のサーフボードを用意することにした。地元のアーティストにサーフボードに太平洋の風景を描いてもらい、さらにその周囲をハワイの花や木々で彩ってもらった。また、ハワイのパンツ、Ｔシャツ、ビーチサンダルを花で飾り、トヨタの一行が到着する空港に届けるよう手配もした。

「トヨタフレンド」が生まれた日

天気予報では雨だったが、嬉しいことに予報は外れた。絵に描いたような青い空に陽光がさんさんと降り注ぐ、申し分のない日となった。私は白いリネンのズボンとハワイの花柄の黄色いシャツを着込んで（そうせずにいられなかった）、待っていた。

玄関のドアを開けて、豊田さんと握手してお辞儀をした。信じられないことに、豊田さんやその側近の方々は、私が贈ったカジュアルな服装をしていた。まさに見ものである。世界最大級の企業の経営幹部が、ビシッとしたテーラードスーツと真新しいピカピカの靴という典型的な装いを脱ぎ捨て、サーフィンをするような格好をしていたのだから。

私たちは挨拶もそこそこにダイニングルームに腰を落ち着けた。超高層ビルの会議室にいるよりも、すぐ近くに海やビーチが広がる自宅のほうが、だいぶリラックスできることを認めよう。堅苦しさが少しずつほぐれていくのが感じられた。私たちの提案をオープンにじっくり聞いてもらえればよいと思った。

日米を隔てる太平洋を眺めながら、私は豊田さんに、自分は日本が大好きなことや黒のスープラにまつわる懐かしい思い出を話した。ご機嫌取りや、豊田さんの自尊心をくすぐるためではない。長年ビジネスに携わってきた人なら誰でも知っているように、ビジネスにおける関係は、人生における関係と似ている。取引ではなく、つながりがすべてだという意味でだ。ビジネスは一時的だが、関係は永遠に続く。つまり、本物でなければならないし、共通基盤の上に構築しなくてはならないのだ。

それから、われわれのアイディアを紹介した。「オーナーと信頼関係を持った車を想像してください」と、私は切り出した。「タイヤが磨り減ってきたときに次のガソリンスタンドがどこにあるのかを教えたり、点検の時期が来たと所有者に知らせる車です。それだけではありません。顧客と御社の間に信頼できるパーソナライズされた関係を構築でき、なおかつ、ディーラー、整備士、他のドライバーも交えたネットワークづくりに役立ちます」

最初、豊田さんは確信が持てない様子だったが、それは無理もない。彼は長年、自動車技術の最前線に立ってきたが、デジタルネイティブではなかった。「ソーシャルネットワークは初めてです」と、彼は認めた。「皆さんは、こういうのをどう呼ぶのですか」

「車は信頼できる友人のようでないといけないので、私たちは『トヨタフレンド』と呼んでいます」と、私は言った。

豊田さんは微笑みを返し、「その名前をいただいても構いませんか」と聞いてきた。

私は日本語で「はい」と答えた。

トヨタフレンドはその日、私のゲストたちと深く共鳴した。一行が帰る前に、私たちは喜んでそれを一緒につくり上げる約束を交わした。そのコンセプトは時代を先取りするものだった。トヨタが私たちや他の企業が提供する技術を完全に統合し、ビジョンを達成するまでに何年もかかったが、ひとたびそれが実現すると、すぐに適切なアイディアだったことが明らかになった。その後の数年間で、他の自動車大手は真似をしたり、独自仕様のものを考え出したりした。トヨタでは現在、５０００店舗と２８０のディーラーがセールスフォースを使って、自動車中心のモデルから、信頼を生み出す顧客中心のモデルへと移行している。

私が個人的に最も満足しているのは、豊田さんと生涯の友人になった事実だ。長年にわたって、私が日本に行くときには一緒に過ごし、豊田さんは快くセールスフォースのイベントで何度か講演してくれた。絆ができたのは、製品や技術だけの力ではない。信頼関係が私たち、そして両社を結びつけたのだ。

今日では、あの危機は遠い昔の記憶のようだ。トヨタは再び世界で最も信頼され、称賛されるブランドの１つとなっている。そして、トヨタを元の状態に戻したのは、これまでの歩みを支えてきたもともとのバリューであった。

なぜ、信頼は失われてしまうのか

２０１８年の秋、私はビジネス協議会の会合に出席するためにデトロイトへ向かった。ＣＥＯが集まってベストプラクティスを共有し、新しいアイディアへの挑戦について検討する会だ。議論はすぐに、多くの機関に見られる「信頼の失墜」という身近な話題になった。そこに集まっていたフォーチュン１００社の経営者にとって、このトレンドは新たに発覚した事実ではなかったが、緊急度合いはこれまで以上に高まっていた。

28カ国3万人以上へのアンケート調査の結果をまとめた２０１８年度のエデルマン・トラストバロメーターによると、回答者の70％近くが、高品質の製品やサービスをつくる前に、信頼を構築するのがＣＥＯの第一の役割だと認識していた。

また、政府の動きを待つのではなく、ＣＥＯが政策変更を引っ張るべきだと、約3分の2の人が考えていた。私もまったく同じ意見だ（直近の２０１９年度エデルマン・トラストバロメーターでは、その割合はさらに増え、回答者の76％が、ＣＥＯに対して困難な問題に立ち向かうとともに、社内外で個人的なコミットメントを示すよう期待していた。また75％の人が、雇用主は正しい行いをしており、他のどの機関よりもその傾向が強いと信じている、と答えている）。

最近のメディアの見出しを考えてみれば、このデータは意外なものではない。ウェルズ・ファーゴは、口座開設数に応じて報酬を出すことで従業員が、希望しない顧客や必要性を感じていない顧客にも口座開設を強引に勧めたり、不要な保険や住宅ローンに申し込むように仕向けて手数料収入を稼いでいたことを認めた。

ウーバーは、数々のドライバー絡みの性的暴行の告発で非難され、同社の元社員の女性技術者は、セクハラや女性を蔑視した有害かつ機能不全の企業文化に関する報告をしている。それが波及して、共同創業者のトラヴィス・カラニックはCEOの座を追われた。

フェイスブックでは、ロシアが米国の選挙に干渉しようとしたスキャンダルをはじめ、驚くような形でその無限の仮想世界に住む20億人の信頼を損なったとする新事実が、毎週のように明らかになっている。その一方で、経営幹部たちはこうした問題をたいしたことではないと退け、非難をかわそうとしてきた。

私たちはデトロイトで、多くの企業で起こっている人材流出問題について話し合った。従業員が辞めていく原因は、所属する企業の行動が、自分の価値観と企業の掲げるバリューの両方と矛盾する、あるいは合致していないと思うことにある。

重要なのは、善い行いを目的としたプラットフォームをつくろうとする雇用主のために、人々は働きたいと思っていることだ。これは小難しい概念ではない。優秀な従業員は自分の価値観との食い違いを見つけると、そのままでは自分を裏切ることになると考えて去っていく。

時期を同じくして、まさにこのシナリオどおりのことが、世界中のグーグルのオフィスで起こり、大々的に報道された。何千人もの広範囲にわたる従業員がストライキを行い、セクハラ問題で告発された男性幹部に対して、会社側が何百万ドルもの退職金を支払ったことに抗議した。

グーグルは、常にテクノロジー業界で最も華やかに取り上げられる注目企業の1つだ。多くの優秀で意欲的な人々が就職先として志望し、また、高収入が得られるところとしても知られている。私にとって、一連の問題から学んだことは非常に明確だった。どれほど尊敬され愛されている企業であっても、こと信頼にかけては、自己満足に浸っていられない。そしてその取組みは、社内で始める必要がある、ということだ。

完全な透明性が
競争優位をもたらす

私たちが初めて企業内ソーシャルネットワークの「チャター」を導入したとき、得策ではないと考える経営幹部もいた。チャターを使えば、遠隔地や部門間でのコラボレーションや調整は明らかに楽になるが、会社の問題について同僚と愚痴をこぼすためのスピーカーを従業員に与えるものだと懸念したのだ。チャターを入れれば、自分たちにとって、きっと裏目に出るだろうと反対派は考えていた。

最初の、みんなが愚痴を言い合う懸念については、そのとおりになった。すぐに大勢の従業員が「不満のはけ口」と呼ばれる社内チャターグループを立ち上げた。ある日、経営幹部の1人が冷や汗をかきながら執務室にやって来るまで、私はこのサブグループの存在を知らなかった。

どうやらチャターで交わされている会話の一部は、わが社のあまり褒められたものではない状況を指しているという。何が起こっているのかよく見るために、室内の大きな画面にチャターの内容を表示してもらった。私の反応は、その幹部が期待したものではなかったと思う。「これは素晴らしいね！」と、私は軽い調子で叫んだ。

その瞬間、私は正気ではない、とその幹部はきっと思ったはずだ。しかし、私はリーダーとして、みんなが言っていることよりも言わない内容を気にすべきだと思っていた。本当に憂慮しなければならないのは、みんなが不平不満を口にしなくなるときだ。それは、問題が隠蔽されている最初の兆候となる。

チャターに吐露された苦情のほとんどは、危機管理的に言うと、コード・オレンジ（災害・避難命令の意）ではない。「駐車スペースを独占しているトラックがある」「軽食コーナーのカシューナッツの箱が空だった」という程度のものだ。しかし、長年続いてきた慣行について見直しを迫られるような重要な指摘も見つかった。

最初に明らかになったそうした不満の1つが、入社後すぐに行われる新入社員研修プログラムについてだ。どうやら新人にとってワクワクするものではなかったようだ。ノートパソコンが届かない、電話がつながらない、社員証がないといった苦情の投稿が殺到していた。しまいには、初日で辞めていく人まで出ていた。

これがきっかけとなって、当社の新入社員研修プログラムは「いじめ」に近いというコンセンサスができたため、直ちに手を打つ必要があった。2年間で従業員が1万人増えた企業にとって、新人の受入れは看過できる問題ではない。

そこでプロセス全体を見直し、対応のバラツキをなくして一貫性を高めつつ、一対一で気を配り、個人対応する割合を増やしたところ、たちまち苦情の量は減っていった。

多くの企業では、重役会議室の防音扉の向こう側で意思決定が行われている。トップレベルの秘密主義が行きすぎれば、従業員は得体の知れない操り人形師に指示されて、会社の最も重要な取組みが進んでいるかのように感じる。これでは誰も特に熱心に実行したくなるはずがない。

そこで、セールスフォースでは、経営幹部が参加する毎年恒例のオフサイト・ミーティング「リゾート地など、社会の非日常空間で開く会議」をライブ配信して、社内の人は誰でも視聴できるようにしている。従業員からの質疑応答の時間も設けている。ご想像に違わず、これは夢中で見るようなテレビ番組ではなく、みんながみんなわざわざ視聴することもない。ただし、見ようと思えば見られると全員が知っているところに、計り知れない価値があるのだ。

　バリューに関して面白いのは、私たちのように「データの虫」のような企業でも、バリューの影響は必ずしも定量化しきれていないことだ。良い経験をしたとき、別の状況であればそれが悪い経験になりうることさえ、人々は認識していない。新入社員研修プログラムを見直すことで、生産性のロスや優秀な従業員の離反をどれだけ食い止められたかを集計する手段はない。

　ノートパソコンの支給がさらに1日遅れたからといって、それで直ちに従業員が辞めていくなどと言うつもりはない。しかし、かすかな不信感が芽生え、それがたとえ潜在意識下にあるだけだったとしても、何カ月も何年も休眠状態を続けた後で、どこか他所でめぼしい求人情報が提示された瞬間に、改めて意識にのぼってくる。そういうものだと、私は考えている。

　こうしたことのすべてから解析すべきバリューのデータがあるとすれば、透明性とは、私たちが何を獲得するかではなく、何を失わないようにするかの問題と言える。

　おそらく、私はたまに透明性について過剰反応してしまうようだ。私の率直な物言いに、時々みんなが戸惑うことは承知している。適正なバランスを取るのは簡単なことではない。時には、本当に背筋が凍りつくこともある。

　ところが、完全な透明性という考え方を純粋に受け入れれば、そうした恐怖からも解放される。透明性はあなたが下すあらゆる意思決定にも浸透し始めるのだ。「私たち」対「彼ら」という破壊的な考え方をすることが減り、隠されていた課題を克服して明らかに、前向きで倫理的な振舞いが促される。

詰まるところ、それが競争優位性につながるのである。

透明性の欠如という弱点

グーグルやフェイスブック、あるいは多くのフォーチュン500社と比べて、セールスフォースは誰でも知っている企業名ではない。店舗はなく、消費者と直接かかわらない。スマートフォンや薄型テレビにロゴが表示されることもない。おそらく多くの人にとってセールスフォースというブランドは、あまたの目新しいテック企業の中に紛れていることだろう。

認知度が低いとしても、私たちのことを知ってもらおうと一生懸命に取り組んできたことは間違いない。実のところ、創業当初はそこに私たちのプレゼンスがかかっていた。

私たちが提供しているのは、一般向けのクラウドサービスだ。顧客の財務データや見込み客の情報だけでなく、顧客の顧客に関する大量の機密データも保護するとなれば、私たちを信頼してもらわなければならない。

「クラウド」という恐ろしいほどマイナーな場所で、こうした情報をすべて安全に保持していくことについても同様だ。今ではみんな深く考えることもなくクラウドに何もかもを保存しているが、１９９９年の時点では、こうしたセールストークはかなり急進的なものだった。

それに加えて、私たちのビジネスはサブスクリプションモデルをとっていた。ある月に、私たちのソフトウエアはもう更新しないと決めるだけで、あっさりとやめられるモデルだ。１００パーセントは信頼できないと少しでも感じようものなら、顧客はすぐに離れていくだろう。

言い換えれば成功の鍵は、使いやすくなるように設計されたインターフェースや、製品をうまく機能させる素晴らしいコードだけでないことは、最初からわかっていた。今と同様、私たちの隠し味は、私たちが約束したことは１つ残らず一貫して守られると、顧客に信じてもらうことにある。


とはいえ、目標達成に苦労する弱小のスタートアップ企業にとっては、言うは易く行うは難し、だ。初期には多くのシステムがかろうじてベータ段階を終えたばかりだったこともあって、システム全般で不具合が時々発生してサービスが遅くなったり、完全につながらなくなったりすることもあった。

私たちのビジネスはブラックボックスで、顧客には舞台裏で何が起こっているかを知る術はない。最適な形で動くか、それなりの状態か、まったく動かないかを知る唯一の手段は、来る日も来る日もログインして実際に使ってみるしかなかった。最先端のテクノロジーで顧客を未来に導くという大胆な約束をする企業として、私たちのサービス状況に関する透明性がここまで欠けていることは重大な脆弱性であり、顧客の大きな不満要因となっていた。

不具合が発生した際に私たちは、そういう状況で大半の企業が取る対応を踏襲していた。つまり、現実から目を背け、首をすくめ、顧客にはそのことを極力伏せる。エンジニアが24時間態勢で問題の解決に当たっているのはわかっていたが、私たちの失策に顧客の注意を引くことが特に賢明だとは思わなかったのだ。

正直なところ、恥ずかしさもあった。振り返ってみると、競合の1社がセールスフォースの無料トライアルに申し込み、サービスが中断したらすぐさまメディアに報告しようとしたのは仕方ないことだったのだろう（この事実は後から判明した）。

脆弱性があるから強くなれる

２００５年のある日、経営陣とのオフサイト・ミーティングで共同創業者のパーカー・ハリスがプレゼンテーションをしている最中に、スタッフの1人が慌てて緊急連絡を伝えに来た。メモを読むパーカーの表情から、私はすぐにピンときた。彼が立ち止まって部屋を見渡し、ＣＥＯであれば絶対に聞きたくない言葉を発したときに、その不安は的中した。「うちのサイトがダウンしている」

パーカーのチームがシステムを再稼働させるのに90分かかったが、状況を考えれば、それはかなり見事な偉業と言える。しかし、慌てふためいて電話やメールで問い合わせて、満足のいく回答を得られなかった顧客にとってその時間は永遠のように思われたのだ。

この日に予定していた作業に戻ろうと努力しても無駄だった。これはモーニングコールのようなもので、ブラックボックスをすっきりと透明性の高いものに変えるべき時がついに来たのだと、私たちは理解した。結局それほど長い間、回答を求めるすべての顧客から逃げおおせるはずがないのだ。

そのとき、パーカーが大胆な解決策を提案した。「リアルタイムで何が起こっているのか、みんなに正確に伝えよう」

すぐさま反対の声が上がった。「当社の脆弱性をなぜ全世界に示さないといけないのか」という意見が多数を占め、私も最初は同じ考えだった。世界中のどこからでも、ノートパソコンの保有者なら誰もが、私たちのサービスの中断具合を監視できるインターフェースをつくる案は気に入らなかった。企業としての自殺行為のように思えたのだ。

しかし数分のうちに、私は異なる角度からその提案を捉え始めた。もちろん、最も簡単なのは、何もしないことだ。ただ座って、歯を食いしばり、問題が解決するのを待つ。起こっていることをありのまま顧客に見せるという極端な説明責任を受け入れることは、大胆で直観に反するが、おそらくきわめて正しい行動だった。

端的に説明すると、これが「trust.salesforce.com」を発足させた経緯である。このサイトでは今日に至るまで、システムのパフォーマンス、定期メンテナンス、トランザクションの量と速度、ありとあらゆるセキュリティ問題について、リアルタイムで情報提供してきた。

その後、顧客が計画を立てやすいように新製品発表に関する極秘計画を事前に知らせることから、毎年行うドリームフォースで取り上げる内容のプレビューまで、舞台裏で行われている情報をさらに多く顧客に伝えるようになった。

面倒なことを背負い込むときには決まって、いくらかの痛みを伴うことを否定するつもりはない。脆弱性は怖い。けれど、それで自らが強くもなれるのである。

iPhoneが促したモバイル企業への転身

2007年1月9日は、テクノロジーやガジェットの愛好家にとって、1969年の月面着陸と同じくらいの敬意を持って思い出す日付だ。言うまでもなく、iPhoneの誕生日である。サンフランシスコで開かれた「Macワールド・エキスポ」の基調講演で、スティーブ・ジョブズがこの世界を一変させるデバイスを発表するのを目撃した多くの業界関係者は、ｉＰｈｏｎｅの重要性がすぐにはわからなかった。

しかし、私は直感的に未来の幕開けだと悟った。間もなく世界中の誰もがこうしたデバイスを持ち歩くようになるだろう。それは実際には電話ではなく、ハンドバッグやポケットに入る、強力な小型コンピュータだった。

そして、持ち歩く人の多くはセールスフォースの顧客であり、こうした高度なデバイスで私たちのソフトウエアを使いたがるだろうということにも気づいた。このイベントに一緒に参加していたパーカー・ハリスも同意見だった。彼は、ｉＰｈｏｎｅを「驚天動地」と呼んだが、本当にそのとおりだ。


翌日、私は早速仕事に取りかかった。進行中のプロジェクトをすべて止めて、方向転換すると発表したのだ。私はチームに、「セールスフォースをデスクトップ企業からモバイル企業に変える」という新しい目標に向けて、その瞬間から社内のエンジニアリングリソースを再配置することを告げた。私たちが開発してきた全製品に、モバイル機能を組み込まなければならない。

総力を挙げてシステム全体で取り組む場合、エンジニアリングチームは仕事のやり方を全面的に見直す必要がある。このとき、そう知らされていたならば、私は完全に驚きはしないものの、恐れおののいていただろう。テクノロジーが猛スピードで進歩する中では、よく言われるように、自分をこちらに連れてきたものが、あちらに連れて行ってくれるものではない。

パーカーはエンジニアリングチームに対して、「古いバージョンはすべて忘れよう。もうセールスフォースの新バージョンではない。これは新しいビジョンだ」と語った。私たちの決断と長年にわたって築いてきた信頼の文化が、どれほど試されることになるか、その時点では予想もしていなかった。

パーカーとエンジニアリングチームがこのキャンペーンを始めると、すぐに失敗に次ぐ失敗を味わうこととなった。モバイル上で動かすためには、デスクトップコンピュータ用のソフトウエアを、まったく新しい技術アーキテクチャで再構成しなくてはならない。問題は、社内にそういう訓練を受けている人が1人もいないことだ。タッチスクリーン・インターフェースを活用した簡単なソフトウエアの構築方法に関する詳しい知識さえなかった。

最初の開発工程で、私たちには画期的だと思われるモバイルアプリをつくったが、ほとんどの顧客からは忌み嫌われた。操作がぎこちなく、遅すぎる点が不満として挙がった。それまでの数々の失敗もさることながら、この失敗で、私たちのやる気と自信は打ち砕かれた。幸いにも私たちは、イノベーションに関して同じアプローチを続ける以上、異なる結果は望めないくらいのことはわきまえていた。したがって、大々的に刷新すべき時だと判断したのだ。

２０１２年、パーカーは新しいモバイルチームのリーダーを探し始め、シュリニ・タラプラガダに決めた。ライバル企業のオラクルとＳＡＰで大規模なエンジニアリングチームを率いた経験があり、業界全体で広く尊敬されている人物だ。

シュリニが着任して早々に、私は主な経営メンバーを集めた特別会議を開き、モバイル化計画を見直した。私の部屋で各人の意見を聞き、何人かが詳細な提案をした。しかし、シュリニの番が来たとき、この新参者が発したのは、ほんの一言だった。

「ヤバい、それで間違いないね」

私を含めてみんな、その意気がった言い方に笑ってしまったが、効果はてきめんだった。にわかに、室内に活気が戻ってきたように感じられた。モバイルチームは、自分たちの新しいボスが上司にどんなことを言ったかを聞きつけ、大口を叩いた事実に心酔した。彼らはすぐに新しいボスに信頼を寄せるようになった。

パーカーとシュリニが真っ先に変更したことの１つは、コードを書くこととは関係がなかった。サンフランシスコの象徴ともいえるフェリービルの向かいにあるランドマークビル内の近代的な新オフィスから、数ブロック先にある、以前引き払ったみすぼらしいスペースに再びモバイルチームを丸ごと移動させたのだ。

ペンキが剥げ、窓から素晴らしい景色も見えなければ、立派な家具も何もない、このわびしい職場に追いやられて喜ぶエンジニアはいなかったが、シュリニはそうすべきだと言い張った。時として、問題を新たに見直すためには景観を変える必要があることを、彼は知っていたのだ。この場合は、景色を見えなくすることだった。

ヤバい、間違いない

シリコンバレーでは、すでに試したことを漸進的に改善していく「継続的反復」という概念が、実のところ宗教となっている。それまで、私たちもその忠実な信者だった。モバイルアプリの新たなバージョンが失敗するたびに、こうした小さな修正が実を結ぶように願いながら無限に繰り返していく。

ところが、それがめぼしい成果につながることは一度もなかった。そして今、パーカーとシュリニは、チームの仕切り直しを考えていた。

まず、チーム内の士気を高める必要があった。そこでパーカーとシュリニはオフィスにホワイトボードを持ち込み、そこにパーカーが、「ヤバい、間違いない」とカラフルな文字で大きく走り書きした。当然ながらエンジニアたちは当時、自分たちの仕事がすごいとは感じていなかった。それにもかかわらず、誰もが何とかなると信じて、全員がそこに自分の名前を書き込んだ。

モバイルチームは長い時間、わびしい作戦指令室で働いた。へとへとに疲れたが、同時に爽快だった。チームはある時点で、一から新しいアプリを開発することにした。そして、コーディングの最終段階には、シュリニを含めて約40人のエンジニアが徹夜で取り組んだ。このプロジェクトで築いたチームスピリットは今日まで続いている。

進んだかと思えば停滞する、骨の折れる数年を経て、2014年5月、セールスフォースのモバイルバージョンに関するビジョンが実現した。モバイルアプリ「Salesforce 1」はエンタープライズモビリティ「企業でのモバイル機器の利用を管理するソリューション」の基準となり、フィリップスやスタンレー・ブラック＆デッカーなど多くの新規顧客を獲得した。こういった企業の従業員は、絶えず机に張りついて作業しなくてもよくなったのだ。

2018年に、新しいサンフランシスコのセールスフォース・タワーが開設されたとき、モバイルチームのエンジニアたちは、自分たちのフロアの共有スペースの壁にあのホワイトボードの一部を掛けた。そこには「ヤバい、間違いない」という言葉があった。

私は長年、信頼と透明性はコインの裏表の関係にあることを学んできた。CEOとして、システムのコード、財務データ、技術トラブルなど、会社の秘密をすべて詳しく説明して、全従業員に知らしめることはできるが、当の従業員たちがお互いに信頼し合えなければ、経営陣がどれだけオープンになったとしても十分ではない。

第一線の人々にとっては、チームとリーダーが現場近くにいて、厳しい状況になったときには自分たちのそばで動いてくれると信頼できることが大切である。

直感を信じるべきか、それとも……

信頼はシンプルな概念のように見えるかもしれないが、実際にはきわめて多面的だ。ある程度、他者を信頼することも大事だが、同時に他の人に自分をきちんと信じてもらうことも重要になる。リーダーにとって最も難しいのは、周囲の誰からも賛同が得られない場合でも、自分の判断を信頼すべき時を知ることだ。

私は普段から、他人からどう思われているかを気に病んで、いつまでも引きずるタイプではない。時たま、プロバスケットボールのゴールデンステート・ウォリアーズの試合中にコートサイドで踊っている姿や、セールスフォースのチーフ・ラブ・オフィサー（最高愛情責任者）とペットのゴールデンレトリバーと一緒に出勤する姿を動画に撮られたりするのは、それで説明がつくだろう。

他の人から変だと思われそうな場合でも、常に自分の考えを貫こうとしてきた。煎じ詰めれば、シリコンバレーのあらゆるベンチャーキャピタリストから、私のアイディアには価値がないと言われた後でも、申し分のない職をなげうって、小さな賃貸アパートで起業するくらい自分を信頼していたのだ。

私は自分の勘を信じることを徐々に学び、それにかけては、かなり良い実績があると思っていた。しかし、ビジネススクールでは教えてくれなかった、リーダーシップにおけるジレンマとまともに向き合ったのは、つい最近のことである。「自分の勘が間違っていたらどうなるか」という嫌な問いに向き合わざるをえない、ギリギリの状況に突き当たったのだ。

どんなリーダーもあるタイミングで、周囲の賢い人々の判断を割り引いて考えるべき立場にあることに気づくだろう。最終的に行き着くのはシンプルな選択だ。たとえ自分がここまで来るのを支えてくれた人々の信頼を失うことになっても、自分の直感が正しいと告げることに従い続けるのか、という。


これは２０１６年に、セールスフォースはツイッターを買収すべきだと私が確信したときに、まさに直面したジレンマだった。

私の頭の中では、これは手堅い投資案件だった。このプラットフォームを獲得すれば、私たちの顧客は、広く社会に存在感を示すための新しい多目的な接点を持ち、おのおのの顧客と一対一でかかわり、より効率的なマーケティング、営業活動、サポートが可能になる。また、企業が率直なフィードバックや、イノベーションの種となる多様な視点をまったく新しい規模で求める絶好のやり方のようにも見えた。

3億人以上のツイッターユーザーから得られるデータの宝庫にも、私たちの顧客はアクセスできるだろう。

そして、このソーシャル・プラットフォームを活用すれば、私たちも広告、ＥＣ、他のデータが豊富なアプリケーションを必ず大幅に改善できるはずだ。加えて、ツイッターは苦戦中であり、私の見立てでは、両社の合併は双方にメリットがある。

しかし残念ながら、他の経営メンバーはこのアイディアに乗り気ではなかった。大いに懐疑的から断固反対まで、この問題に関するみんなのスタンスには幅があった。大勢の投資家から非難されて行き詰まっているソーシャルネットワークを買収することが、ソフトウエア販売という私たちのコア事業にどんな意味があるのか、彼らには理解できなかったのだ。

こうした懸念の声を聞いても、私はくじけなかった。少なくとも最初のうちは。

ツイッターの買収を検討していることは伏せようとしたが、このニュースは結局、外に漏れてしまった。私のことをおかしいと言う人が増えれば増えるほど、私はますますこの案にのめり込んでいった。ツイッターは「磨かれていない原石」で、しかも希少性があるとみんなに説いた。大まかな価格を設定し、２００億ドル規模の買収資金まで用意したのだ。

他の経営メンバーとの論争はまだ続いていた。噂が広まるにつれて私ですら、嵐を目前にして漕ぎ出してしまったのではないかと感じてきた。セールスフォースの株価は下落し始めた。それも半端な額ではない。どうやらウォール街はセールスフォースの経営陣以上に、このアイディアにあまり確信を持てなかったようだ。

幻に終わった ツイッター買収

私は迷信を信じる質《たち》ではないが、兆候や予知の力は常に信じてきた。振り返ってみると、反対派の説得に必死になるあまりに、私は大切なものを失いかけていたようだ。

その年、２０１６年の秋、私は信用格付け機関の担当者と会う予定を組んでいた。セールスフォースの格付けをツイッター買収に必要な投資適格にしてもらうよう、説得するつもりだった。これは、私たちにとってこれまでで最も高い格付けだ。その打合せは、セールスフォース本社で早朝に行われる予定だった。キャリア史上最大の売込みに向けて準備万端だと感じながら、私は約束の時間に車から降りた。

そのとき、私は歩道の段差を読み違えて縁石でつまずき、激しく転倒したのである。

ＣＦＯのマーク・ホーキンスが私の隣に立っていた。彼の声は聞き慣れているが、このときの取り乱した叫び声はこれまで聞いたことのないものだった。

「大将が転んだぞ！」

私の経験から確かなことだが、ＣＥＯだって経営陣や一般の人の見ている前で転ぶことはあるのだ。しかし、人通りの多い歩道で、大勢の従業員や驚いた顔の通行人から丸見えの状態で転ぶとなると、話は別だ。私は身長が１９５センチもあるので、なおさらきまり悪い。ドスンというすごい音がしたそうだ。

同僚たちが駆け付け、しゃがんで、私が気を失っていないかどうかを確かめた。私はすぐに身体を起こし、ジーンズに目をやった。金属板に膝をしたたか打ちつけたため、ジーンズは大きく破れて、脚に切り傷ができている。血がにじみ、すねを伝って垂れていくのがわかった。そのときは気づいていなかったが、転倒によって半月板にひびが入っていた。

「立ち止まるな、痛みは忘れよう」と、私は自分に言い聞かせた。

秘書のジョー・ポックが信じられないという顔で私をじっと見たので、「みんな、気合いを入れよう」と、私は大声で言った。

何とか気持ちを押し隠そうと最善を尽くしていたものの、恥ずかしくてたまらなかった。私は不器用な人間ではない。その日までは過去50年間、車から降りるときも足を踏みしめて立っていたのだ。とはいえ振り返ってみると、偶然のタイミングではなかったのだと思う。私の頭は、多くのことでいっぱいだった。私の足は、私の脳が告げないことを教えてくれたのだ。

私はその日、果敢に売り込み、格付け会社はその取引を信じようと思ってくれた。しかし結局のところ、私自身の心の奥底にそっと忍び込んだ疑念があまりにも強すぎた。2週間後、年次イベントのドリームフォースのステージ上から見渡すと、同僚、取締役、投資家の不安そうな顔が見えた。大多数の人がセールスフォース&ツイッター連合に反対していた。

そのとき私は、もうやめようと思った。自分の勘を信じる必要性よりも、この人たちの信頼を勝ち取るほうが大切だ。それに比べれば、セールスフォースの株価などたいしたことではない(買収の憶測のせいで、株価は下がり続けていた)。だから、私は柄にもないことをした。謝罪したのだ。そして、買収はやめることにしたと表明した。

つまずくことの良い点は(比喩的にも、この場合は文字どおりの意味でも)、常に洞察が得られることだ。ツイッターの一件で学んだのは、信頼には実にさまざまなタイプがあり、時にはその間でせめぎ合いが起こるということだ。どんなビジネスであろうとも、そのせめぎ合いを乗り越え、もっと強くなれるかどうかで、リーダーとしての真価が試される。

事業の立上げ、チームの運営、企業全体の経営など何であれ、ビジョンやアイディアを実現させるためには、自分の勘を信じることが欠かせない。ただし今では、自分自身を信頼することはストーリーの半面にすぎないことを私は理解している。リーダーとして有能であるためには、信頼を引き出せるだけの蓄えを持っていなくてはならない。信頼を使い切れば、補充するのに何年もかかることがある。

セールスフォースはツイッター買収をあきらめたことで、数十億ドルもの価値を失った可能性もあるし、買収によって企業が崩壊した可能性もある。それは、私たちには決してわからないことだ。

どの計算にも含まれていないのは、私たちが守った信頼というバリューである。

信頼の木を育てる

私は、サンフランシスコの自宅で起業家を招いて定期的に食事会を開いている。あるときスタートアップ企業の若手CEOと話し込んだことがある。自分の会社における最高のバリューは何かと確認してみたところ、さも当たり前だと言わんばかりの口調で、「イノベーションです」という答えが返ってきた。

なぜ「信頼」という答えではないのかと聞くと、彼は不思議そうに私を見て説明した。「そうは思いません。私は最高のアイディアが勝つと信じていますし、それがシリコンバレーの成功の鍵ですから」

たぶん、かつてはそうだったのだろう。「けれども、今後もそうだとは限らない」と、私は答えた。確かに、イノベーションは重要だ。しかし、信頼よりもイノベーションに重きを置き始めると、本当に熱湯に身をさらすことになってしまう。ぬくぬくと湯に浸かっているカエルは、沸騰しても反応することができない。

繰り返しになるが、もう一度言おう。バリューをお金に換算する方法はない。確かにバリュー、特に信頼を優先させれば、利益が犠牲になる場合がある。しかし、短期的にはそうだとしても、四半期に稼ぎ出す収益が、時間とともに失ったかもしれない信頼よりも値打ちがあることは絶対にない。

最も成功しているCEO、特に創業者に、自社を真に優れた企業にした主要なマイルストーンを挙げてもらうと、たいてい画期的な製品やアイディアを中心とした話に落ち着く。いわく、革新的なクリーンエネルギー技術だ、大好評を博した会計ソフトだ、検索エンジンのアルゴリズムを微修正して競合他社を蹴散らかした、というように。

ほとんどの人がこうした形あるものを基準とするのは無理もない。すべてのイノベーションや新製品には前後があり、その違いは定量化できる。

「この販売数、顧客維持率、収益を見てくれ！　すごいだろう！」

目を見張るような比率の増加や製品の本格展開など、ごく表面的なことで興奮しない、もっとましな人間だと言えたらよいが、私はセールスフォースの製品や利益について何度も自慢してきた。全顧客向けにアプリケーションをカスタマイズする機能を提供する方法を考えつけば、私はいそいそとチャートを取り出し、翌期に売上高が25%に跳ね上がり、それが私たちの規模の会社にとってどれほどすごい利益になるかを示したかもしれない。それは、私たちＣＥＯがいかにも自画自賛したくなる絵に描いたようなホームランだった。

しかし、私は心から信じている。セールスフォースの成功の真のストーリーを最もよく表すのは、頑固さやエゴよりも信頼が勝った瞬間だ。恥を恐れたり、たとえ売上高が数百万ドルも失われたりしても、それ以上に、透明性が勝利した瞬間であることを信じている。

皆さんの企業がつくり上げた優れた製品は、どっしりしたオークの木のようなものだ。オークの木を植えた人はみんな、何年もその木陰でキャンプを楽しむことができる。信頼のようなバリューは、華々しい業績のグラフや最も高い木にはならないかもしれない。

それは、苗木に育ってほしいと思って地中に埋める、何百もの小さなドングリに似ている。私が長年かけて学んだことがあるとすれば、こうした苗木をいくつも一緒に育てていけば、最終的に大きな樹木になることだ。１本の木には、森をしのぐほどの強さはない。

#04 カスタマーサクセス

テクノロジーを使って変革する

Customer Success: Transformation through Technology

メリルリンチの反乱

個人的に契約しているメリルリンチのフィナンシャルアドバイザーから電話がかかってきて、「緊急の話がある」と言われたとき、二つに一つだと思った。どちらも、あまり良い話ではない。株式市場の急落か、私の投資先の１つが駄目になったかだ。

実際には、もっと悪い知らせだった。セールスフォースに関することだったのである。後からわかったことだが、アドバイザーが電話してきた理由は、私のポートフォリオについてではなく、セールスフォースがメリルリンチとのビジネスを失う危機に瀕していると警告するためだった。２０１３年、メリルリンチは当社にとって単なる重要顧客ではなかった。唯一最大の顧客だったのだ。

６年前に、メリルリンチは2万２０００人の顧客アドバイザー用にセールスフォースのソフトウエアの導入を決め、私たちにとって最初の大口契約になった。当時、これは大きな成功であり、セールスフォースが成長に向けて準備ができたことを示す確たる兆候だと、私は宣言していた。

この金融サービス大手が私たちを信頼し、クラウドで非常に安全で技術的に高度なシステムやトランザクションをすべて管理してくれるならば（夢のような話だ！）、私たちにできないことは何もないとも結論づけていた。

それが今、私たちは明らかに問題を抱えていた。アドバイザーは全社会議を終えたばかりだった。会議中に、メリルリンチＣＯＯ（最高執行責任者）のジョン・ホガティが何千人ものアドバイザーたちに向けて、セールスフォースはもう見限ろうと語ると、部屋中で拍手喝采が起こったという。

「ここではセールスフォースの製品を好む人は誰もいません」という余計な説明とともに、「あなたが乗り出して、この問題を早急に解決する必要があります」と、アドバイザーは私に告げた。

さらに悪いことに、２０１３年のメリルリンチの反乱（私はそう考えるようになった）は、私たちにはコントロールしようのない外部環境のせいではなかった。同社が競合他社に誘惑されたり、ＩＴ予算を削減したりしたのでもない。その理由は残酷なまでにシンプルだった。メリルリンチの人々は当社のソフトウエアを好きではなかったのだ。

問題はこうだ。メリルリンチの手堅い事業の守護者として、アドバイザーたちはスピードと機能性を何よりも重視していた。彼らからすれば、セールスフォースのソフトウエアはやたらに時間がかかるうえ、私たちが同社向けに構築したインターフェースは直感的でないし、使いやすくもなかった。

単純な作業をするにも細かな手順が多すぎて、貴重な労働時間を奪われる。たとえば、アドレス帳から連絡先を取得するときでさえ、クリックが3回必要で、それぞれ6秒ずつ待ち時間が生じていた。彼らが抱いている欲求不満の本質が明らかになるほど、事態はますます深刻であるように聞こえた。メリルリンチが激怒し、私たちがお払い箱寸前の状況にあるのも、無理からぬことだったのだ。

私にとってはいろいろな意味で暗黒の日だった。メリルリンチというクライアントを失うことそれ自体が大惨事だが、その波及効果は壊滅的なものになりかねない。メリルリンチが背を向ければ、セールスフォースが大リーグで戦う準備ができていないというメッセージを送ることになり、他の重要なクライアントが抱いている不満をいたずらに刺激し、彼らも私たちとの関係を考え直そうとし始めるだろう。

なぜ、問題は見過ごされたのか

私にとって何よりも腹立たしかったのは、そうした火種が大火災に発展する前にしっかりと認識できていなかったことだ。とりわけ、コアバリューの１つである「カスタマーサクセス（顧客の成功）」に応えられなかったことは慙愧に堪えない。

セールスフォースは、成功に役立つツールやサポートを顧客に提供することが何よりも重要であるというスローガンを掲げている。そのためには、成長して売上げや純利益を出すことが重要な場合もあれば、それぞれの顧客に働きかけてつながりを深めることが重要な場合もある。

成功とは、迷路のように入り組んだプロセスやオペレーションを合理化し、他のことにもっと多くの時間や注意を割けるようになることを意味する場合が多い。当たり前のことのように聞こえるかもしれないが、セールスフォースでは、カスタマーサクセスは自社の成功を測る物差しとなっている。詰まるところ、顧客が私たちとともに成長しない限り、私たちは成長することができないのだ。

ところが、ここに来て、私たちは崖っぷちに立たされていた。メリルリンチと一緒にこのコアバリューを守ることに失敗していたのだ。

その会議の直後に、メリルリンチのＣＩＯ（最高情報責任者）のマーク・アレクサンダーが、セールスフォースを「封じ込め」の対象に位置づけると知らせてきた。これはユーザビリティの問題が解決するまで、同行とはこれ以上、新しいビジネスはできないことを意味する。

「同行」には、メリルリンチだけでなく、その親会社である世界最大級の金融機関、バンク・オブ・アメリカも含まれていた。私たちはすでにバンク・オブ・アメリカとのビジネスをいくつか勝ち取り、さらに拡大しようと懸命に努力していた。この顧客アカウントを失えば、永久に門戸が閉ざされてしまう可能性がある。


担当アドバイザーの指摘が正しいことはわかっていた。私が介入して、状況に対処するために何かしないといけない。それも早急に。私の頭から、そして机の上から、他のすべての問題を片づけた後で、まず初めにサイモン・マルケイーに電話を掛けた。

サイモンは、最も複雑な顧客エンジニアリング・プロジェクトを仕切ってもらうために、２００９年に採用した41歳のロンドン生まれの経営幹部だ。元英国陸軍将校で、世界経済フォーラムで働いた経験もあり、そのときに彼が作成した「イノベーション・ヒートマップ」はあまりにも見事だったので、スミソニアン博物館が収蔵品として欲しがったほどだ。

メリルリンチとの関係を取り戻す「ゲットウェル（回復）」プログラムの先頭に立つのに、サイモン以上の適任者はいなかった。彼はサンノゼで私と一緒にメリルリンチ・ウェルス・マネジメントの責任者であるジョン・ティールとの夕食会に同席した。私はジョンに、この問題を解決することを約束し、それに必要なリソースをすべて持っているのがサイモンだと伝えた。

いつ契約を切られてもおかしくない、プレッシャーに押しつぶされそうな状況下で、サイモンが最初に取りかかったのは、全米を飛び回り、メリルリンチの支店に足を運ぶことだ。アドバイザー(とその同僚)が当社のソフトウエアの中で最も嫌っているのは、どの機能や特徴か、具体的にどのような改善を望んでいるかを明らかにしようと、数十人のアドバイザーとミーティングを行った。

この出張を始めて2~3週で、奇妙なことが起こった。サイモンは、自分のインタビューでは、意味のある実用的な情報があまり引き出せていないことに気づいたのだ。彼のような立場の人の大半は、アドバイザーが挙げるソフトウエアに関する苦情のほとんどが、比較的簡単で小さな修正だった事実に胸をなで下ろしたかもしれない。しかしサイモンは、こうした苦情を足し合わせても、アドバイザーたちの不満の強さについて説明がつかない事実を看過できなかった。

サイモンは謎を抱え込んでしまったかのようだった。

カスタマーサクセス部隊の誕生

１９８０年代に私が初めてオラクルの営業部門で働き始めたとき、クライアントと会談して、時々起こる問題を徹底的に解決することはおろか、自社製品がどう役立っているかを話そうなどと、真っ先に考えたことはなかった。

当時、オラクルをはじめとする急成長中の企業が忠実に守っていたのは、「熊に出会い、熊を撃て」というシンプルな戦略だ。つまり、顧客と会ったら、唯一の目標は契約を結んで部屋を出ること、それもできるだけ短時間で、というものだ。

この戦略はまったく私の好みではなかった。問題は、こうした取引の向こう側にいる購入者がそのソフトウエアを本当に必要としているか、顧客が自身のビジネス目標を達成するために役立っているかを、誰も考えようとしないことだ。信頼構築にたっぷり時間をかけることもできなかった。

セールスフォースを創業したときには、そういうビジネスモデルは極力避けようと、私は誓った。当時、法人向け製品を販売している企業は数社しかなく、そのすべてが多額の保守費用のかかる長期契約を結ぶことを顧客に求めていた。言い換えると、その成果物が気に入らなかった場合、顧客側は完全に行き詰まってしまう。

このため、セールスフォースでは、いつでもキャンセル可能なサブスクリプション型サービスを販売することにした。そうなれば、熊の毛皮を何枚集めたか（顧客を何件獲得したか）は重要でなくなる。当社のソフトウエアが顧客ニーズを満たしているかどうかの評価基準は更新率であり、これは健全性の主要なバロメーターにもなった。

このやり方を的確に実施するまでには、少し時間がかかった。当初、私たちの顧客の大半は中小企業で、毎月クレジットカードで支払っていたため、即座にキャンセルすることができた。しばらくして、それでは顧客の自然減という問題につながることに気づき、運営方針を根本的に見直さざるをえなくなった。

基本的なビジネスモデルに背を向けるつもりはなかったので、取組み方を見直して、互いの利害が一致することを示さないといけない。つまり、顧客がどれだけ速やかに自身の成功を達成するかで、私たちの成功が決まるようにする必要があった。

私たちが最初にとったステップは、営業部門以外の顧客との接点をつくることだった。商談をまとめるのではなく、顧客の話に耳を傾ける役割をつくったのだ。カスタマーサクセスを担当するマネジャーを集めたチームをつくり、顧客が当社のソフトウエアツールをどう使っているかを理解したり、顧客が契約を打ち切った場合に少し時間を置いた後で理由を探ったりする仕事を全面的に任せることにした。

時間とともに、カスタマーサクセス担当チームの重要性も、マネジャーの人数も増え続けた。このチームは、見せかけのカスタマーサービス担当者をはるかに超える存在となった。というのも、わが社の目と耳となって、貴重なフィードバックを集めてくるからだ。そうした情報は製品の改良だけでなく、顧客独自のニーズに合わせた改良に役立った。

しかし２０１３年において、この仕組みでは不十分なようだった。メリルリンチは巨大企業で、そのニーズは非常に特殊かつ複雑で、明確に表現しづらかった。そのため、当社の製品がうまく役割を果たせていないことを、私たちは把握しきれていなかったのだ。

この時点で、セールスフォースは創業から14年が経ち、エンジニアリングチームはそれなりの人数になっていた。不具合があれば修正できるだけのプログラミング能力を有しているという自信があった。

しかし、サイモンはメリルリンチのアドバイザーたちと何度も打合せをしているのに、いまだに何が問題なのか、さらには、それを解決するうえで何が必要かを正確に突き止められずにいた。

顧客の真の課題の理解に時間を費やす

アドバイザーたちの話は部分的なことにすぎないのではないかと、サイモンは感じ始めていた。アドレス帳のナビゲーションなど、小さな不具合の話はどんどん出てくる。こうしたものなら、相手側も修正できると、アドバイザーたちは思っていたのだろう。しかし、彼らの仕事のやり方を抜本的に変えるような、広範囲に及ぶ大きな改善事項については口にしなかった。というのも、私たちのソフトウエアがそのソリューションになりうるとは、まったく気づいていなかったからである。

そこで、サイモンは方向転換を試みた。これまで使ってきた質問表はブリーフケースの中にしまい込み、アドバイザーたちとの打合せでは、「いったんソフトウエアのことは忘れてください」と切り出した。ワークフローの細部を見るのをやめて、業務中に遭遇したより大きな課題を、より全体的な視点で説明してもらうようにしたのだ。

すると、ついに真相が明らかになり始めた。たとえば、ナビゲーションをもっと速くしてほしいと言うときに、彼らが本当に求めていたのは、自分のクライアントについて先回りしたアラート情報を教えたり、有用な市場データに誘導したりする、よりスマートな「タスク」だった。

このアプローチを取ると、すぐに有望なアイディアがあれこれ出てくるようになった。そうサイモンから聞いたとき、私は少年時代にヒーローとして崇めていた科学者のアルベルト・アインシュタインの言葉を思い出した。

「ある問題を解決するのに1時間あるとすれば、私はその問題について考えることに55分、解決策を考えることに5分かける」というその言葉は正しかった。問題を理解することに大部分の時間と労力を集中させれば、解決は容易になるのだ。

以前は、時間を浪費する小さくて面倒なビジネス機能をすべて簡素化、自動化することで、顧客を支援しようとしていた。それも重要だが、テクノロジーがほぼ無限の可能性を秘めている世界では、顧客が直面している最も大きくて最も緊急性があり、潜在的に痛みを伴うような課題を一歩下がって突き止め、それに対処する方法を見つけ出す努力を惜しんでいては、わずかな改善すらもできない。

この発想転換がどれほど重要であるかは、強調してもしきれないほどだ。それで見えてきたのが、真の問題はメリルリンチ向けにつくったソフトウエアではなく、私たちがつくったカスタマーサクセスのインフラにあるということだ。メリルリンチのアドバイザーたちが教えてくれたのは、プロセスを最終目標から逆算して考えるやり方だった。

私たちは目の前の問題の背後にある問題に取り組むことにより、顧客が想像もしなかった形で、より効率的に作業できるソフトウエアを設計できたのである。これ以降、私たちはチェックリストにマークを入れることに注力するのをやめて、ブレークスルーをもたらすやり方を探し始めることが大事だと思うようになった。

この哲学は、ソフトウエアビジネスだけでなく、テクノロジーの世界にも当てはまる。どのような企業でも、顧客がこのくらいはいけると思っている以上の成功をもたらす機能を顧客に提供することができる。そのためには、熊を撃つのをやめて、顧客が本当に必要とすることに耳を傾け始めなければならない。

ドリームフォースとコミュニティの力

セールスフォースは真っ先に「カスタマーサクセス」をバリューに掲げた企業の1つだが、私たちが常々思っているように、それで終わりではない。結局のところ、バリューは行動に移して、命を吹き込まなければ、宝の持ち腐れになってしまう。

カスタマーサクセスという信条に命を吹き込むために、私たちが使ってきた戦術の1つは手が込んでいて、少し、いや、かなり奇抜に見えるかもしれない。そこに焦点を当てたカンファレンスを開くことが、年中行事になっているのだ。

ベイエリアに住んでいる人なら、次のような光景を見慣れているだろう。毎年、秋になると、90カ国からセールスフォースの従業員、顧客、実践者、独立系ソフトウエア開発者、パートナー、投資家が17万人以上もサンフランシスコを訪れる。その他にオンラインで会議をフォローする人は1500万人にのぼる。これは、私たちが「ドリームフォース(Dreamforce)」と呼んでいるイベントだ。

ドリームフォースはソフトウエア・カンファレンスとして紹介されることが多く、それはそれで正しいのだろう。私たちは紛れもなくソフトウエア会社であり、さまざまなセミナーや製品デモ、カンファレンスのような催し物を実施している。

ドリームフォースを始めたとき、大勢の顧客を一度に私たちのホームベースに集めて新製品を紹介し、より多くのビジネスを生み出そうと考えていた。ところが、ファミリーの親睦会として説明したがる参加者が多かったのだ。少し大げさに聞こえるかもしれないが、そういう説明でもしっくりくる。大勢の人々がドリームフォースに足を運んで、旧友と再会したり新しい友人に出会うことで、コミュニティの感覚を大いに楽しんでいるのだから。

ある面では、壮大なテーマについて考え、参加者が自らを高めるために4日間かけて探求する機会となっている。ミシェル・オバマ、メリンダ・ゲイツ、ジェブ・ブッシュに基調講演をしてもらったこともある。

ＣＥＯシリーズでは、女性のリーダーシップから平等、サステナビリティ（持続可能性）、マインドフルネスまで、あらゆることをビジネスリーダーに議論してもらう。アル・ゴア元副大統領に、気候変動の問題に立ち向かうための講演を依頼した。また、ジョン・ルイス下院議員には平等の推進について、アカデミー賞女優のパトリシア・アークエットには同一賃金について語ってもらったこともある。サフラン色の袈裟を身に着けた仏教僧が毎日行う瞑想のセッションに参加することもできる。

あるレベルでは、どんちゃん騒ぎとも言える。参加者はサンフランシスコのレストランで大規模な夕食会を開いて大騒ぎする。私たちはこれまでスティーヴィー・ワンダー、Ｕ２、レディ・アンテベラム、ニール・ヤング、フー・ファイターズのコンサートを開いてきた。

私の考えでは、ドリームフォースはセールスフォースが活気づく場であり、私たちの共通のバリューの下にみんなが集まり、いろいろな分野の興味深い人々が入り乱れて、飲み食いし、会合を開き、学び合う場となっている。参加する理由も、帰途に就くときにこの集まりの意義について抱く感想も、人それぞれ違っている。

２００３年に最初のドリームフォースを開いたとき、参加登録者数がどれくらいになるか見当もつかなかった。当時の従業員数は４００人未満、有料サービスの利用者は８０００人である。私はカンファレンス責任者のエリザベス・ピンカムに、誰も来ないと心配だからチケットの価格を下げるように指示した記憶がある。

空席だらけのみっともない光景にならないよう、メイン会場の講堂から椅子も２００席分減らしてもらった。「満員のように見せたいんだ」と、私は彼女に言った。当然ながら、来場者が１０００人を超えたときには、嬉しくてたまらなかった。

今日、サンフランシスコの巨大イベント施設であるモスコーセンター周辺の通りを封鎖し、「ドリームパーク」の場所としている。このスペース全体に人工芝を敷き、クライミング用の壁や滝を設置し、屋外ステージでは12のバンドが交代で演奏する。ピクニックテーブルを用意して、ランチボックスを山積みにしておく。さまざまなアクティビティを飛び回る参加者に手軽に食べてもらうためだ。

サンフランシスコ市のサウスオブマーケット、フィナンシャル・ディストリクト、ユニオンスクエア周辺の多数のホテルやレストランは、イベント、ミートアップ(会合)、ハッピーアワーであふれ返る。開催中はほとんど寝る間もないほどで、そこで起こっている全容をいまだに経験し尽くせた例がない。

ある年など、セレブリティ・クルーズの協力により、私たちが「ドリームボート」と呼ぶ船をサンフランシスコ港に停泊させることになった。参加者が多すぎて、地元のホテルやエアビーアンドビーの貸室が満杯となったため、宿にあぶれた人々を全員収容できるようにしたのだ。

重要なことは
会社の外で起きている

ある目標のために用いた戦術が、別の目標を達成するものへと進化していくことがあるが、そういうときには驚かずにいられない。ソフトウエアを拡販する機会として始まったものが、あらゆる活動の中心に顧客を置くという私たちの考え方を具現化するものに化けたのだ。

実際に、ドリームフォースが大規模になればなるほど、セールスフォースに関連する部分は少なくなる。今日では、私たちの顧客のお祭りで、それぞれの成功を大いに楽しみ、新しいスキルを身につけ、テクノロジーとイノベーションの幅広いトレンドを学び、社会問題を話し合うために足を運ぶ場となっている。

　こうしたトレイルブレイザーたちは、自分自身の成功だけを考えているのではない。他の人たちにとって、それぞれのビジネスやキャリアを別のレベルに引き上げる刺激になればよいと思っている。だからこそ、２７００の教育的セッションやワークショップの多くは、実は私たちの従業員ではなく顧客に主導してもらっている。なかには、自分自身でテーマや属性ごとのグループをつくったり、イベントの企画を始めたり、ドリームフォース関連のポッドキャストを独自に立ち上げる顧客もいる。

　言い換えると、ドリームフォースで重要なのは、利益を押し上げることではなく、クラウド、モバイル技術、ソーシャルメディア、ＡＩの進歩によって絶えず破壊が起こる世界で、顧客が進歩を続けられるように支援することだ。

　参加者たちが敷地内を駆け回り、学べることを目いっぱい吸収し、お互いに気づいたことを共有しながら、喜びを発散させつつ、目的意識もしっかり持っている様子は、言葉ではうまく言い表せない。それは、私たちのコミュニティの先駆的な精神が息づく、不思議で時には奇抜なエネルギーに満ちた場と言える。

２０１６年のドリームフォースの数週間前、私はニューヨークのタイムズスクエアにあるウェスティンホテルで夕食会を開いた。厳選された顧客グループと当社製品の長年の利用者に、基調講演のプレビューを見てもらおうと考えたのだ。

招待したのは、金融大手のＣＥＯから、あらゆる職位のセールスフォースのエバンジェリストにまで及んだ。夕食会の目的は、各人のロイヤルティや支援に楽しいやり方で感謝することにあったが、何千人もの聴衆の前で私が行うスピーチについてフィードバックをもらう機会でもあった。

ドリームフォースでの私の基調講演の主要テーマは、「アインシュタイン」と呼ばれる新製品だった。これを使えば、当社ソフトウエアに組み込まれた、ますます高度化するＡＩ機能を利用することができる（その詳細は、第5章で取り上げる）。

お披露目を間近に控えて、すっかり夢中になっていた私は、尽きることのない情熱でゲストの心を動かしたいと願っていた。最終リハーサルを終えた後で、私は早速、みんなの意見を聞いてみた。

「皆さんはフォーカスグループ［マーケティングリサーチの情報収集のために集められた顧客グループ］です。感想を聞かせてください」

返ってきたのは、期待した反応ではなかった。私の基調講演やアインシュタインについて誰も口にしない。ソフトウエアの話にはまったく興味がないようなのだ。彼らが本当に話したかったのは、あと数週間でサンフランシスコに行ってドリームフォースで友人や同僚と再会するのがどれほど待ち遠しいか、そこでどんな新しい知識を吸収できるかということだった。

そのとき、はたと気づいたのだ。セールスフォースの研究所内で何が起こっていようと、外部で進行中のことに比べれば、たいして重要ではない。ドリームフォースはコミュニティの中心にあり、明るく、熱心で、野心的で、将来の課題や機会に一緒に備えようと思っている人々で構成されている。それぞれが進歩し、自ら達成したことを祝うようになったが、お互いの進歩や成果を称え合うようにもなった。

今では、企業のリーダーたちと話していて、バリューの重要性に関する私の論点にどうも賛同していないと感じた場合、ドリームフォースは私たちのブランドやカスタマーサクセスの究極の表現であり、いかにコミュニティに刺激を与え、成長の好循環を生み出すかについて説明するようにしている。

私たちの製品を使用して成功する人々は、他の人もそこに加わることを望み、それによって、私たちのコミュニティとビジネスは成長していくのだ。

実店舗を脅かす
ショールーム化の懸念

２００８年に世界金融危機が起こり、セールスフォースの顧客の多くは長い間、恐れていた審判の日に直面した。安易に手に入るお金や積極拡大の時代は、文字どおり一夜にして消滅した。多くの経営幹部にできることといえば、その場で物事が正常に戻るまで、何とか沈まずにいられますように、と祈ることくらいだった。

ただし、私たちの顧客の多くは経済が回復し始めても、何が「ノーマル」なのかを再評価する必要があることを直観的に悟っていた。狂騒の経済という幸福感により、彼らはこれまで親しんできた古いビジネスモデルを追求し続けても構わないだろうと思ってきた。ところが、麻酔が切れた瞬間に第２の恐ろしい事実に直面した。テクノロジーが迫ってきたのだ。

空は明るくなり始めていたが、セールスフォースでは、地平線上に新たな不穏な雲が湧き上がっているのを捉えていた。多くの顧客がきわめて重大な感染地点に近づきつつあった。その１つがホームデポだ。

１９７８年にバーニー・マーカスとアーサー・ブランクが、ロサンゼルスのコーヒーショップでホームセンター用品のワンストップショップというアイディアを考え出して以来、ホームデポは飛ぶ鳥を落とす勢いで高収益をたたき出し、一大現象となってきた。

明るいオレンジ色の看板を備えたホームデポの大型店は、種々の異なる硬直的なサプライチェーンに利便性と秩序をもたらした。こうしたサプライチェーンは長い間、建設業者や住宅所有者の不満の種になってきた。
同社は、主要な社会経済の変化を利用し、おそらく加速させた。強い経済は金融緩和と組み合わさって、大規模な住宅ブームに拍車をかけただけでなく、何百万人もの米国人をリフォーム依存症に変えたのだ。住宅の購入、改修、転売に関するテレビ番組が高視聴率ランキングを独占し、ホームデポは時代の潮流のど真ん中で誰もがうらやむ地位を獲得していた。

住宅バブルが膨らみ続ける中で、シャンパンを開けて祝ったセールスフォースの顧客は、ホームデポだけではない。そして、大不況の後に最悪の二日酔いが待っていた。住宅価格の急落、金融市場の引締め、雇用の喪失により、ホームデポの拡大はいきなり止まった。人々はリノベーション熱からすっかり冷めて、このまま自宅を手放さずに済むよう、ひたすら願うようになったのである。

２００８年９月にリーマン・ブラザーズが破綻し、株式市場が大幅に急落した後、ホームデポのＣＦＯは店長にすべての現金（全国の拠点にあるすべてのレジスターや金庫の中のしわくちゃの紙幣）をアトランタ本社に送るよう命じた。続く数カ月間、同社はあらゆる手を尽くして、その現金を持たせようとした。すべての設備投資を打ち切り、新規出店計画を凍結し、自社株買いプログラムを停止した。３つの主要部門を閉鎖し、７０００人の従業員を一時解雇した。

広大な店舗や巨大な在庫は、かつてはホームデポの最大の競争優位だったが、突如として最大の負債になった。以前は賑わっていた通路や駐車場は、今やガラガラだった。売上げは2桁下落した。数千人にのぼるオレンジ色のエプロン姿の販売員は、長年にわたって専門知識を身につけ、密接な顧客関係を築いてきたが、今ではコストばかりかかって利益を生まない存在へと転じていた。

さらに悪いことに、信じられないほどの低価格で挑んでくる、アマゾンなどのオンライン小売り大手の不気味な足音が聞こえていた。一部の顧客はホームデポの店舗を製品のショールームとし、従業員を相談相手に使った後で、帰宅してオンラインで必要なものを購入しているのではないか。実店舗を持つ多くの小売業者と同じように、ホームデポもそう疑い始めたのだ。

あらゆるレベルで顧客と深くつながる

セールスフォースにとって、ホームデポの苦境は重大な懸念事項だった。2007年に当社の顧客になって以来、私たちは幾度となく大型プロジェクトを提案してきたが、小規模プロジェクトで協業する程度に留まっていた。小売業をひっくり返すデジタル破壊の波にホームデポが備えられるように援護したいと思っていたが、同社の経営幹部は「まだその時期ではない」と、新たな支出に踏み切ろうとしなかった。

2011年になるとようやく市場は一服し始めたが、たとえ景気が回復しても、オンラインに移行しつつある売上げのすべてを穴埋めできないことは明らかだった。ホームデポが力強い未来を築くためには、デジタル戦略を採用する必要があると、私たちは知っていた。

メリルリンチで大失態を演じる前ではあったが、顧客の声に耳を傾けること、つまり最新の製品を売り込んで売上げを最大化するのではなく、顧客が実際に何を必要としているかの理解に努めることが、セールスフォースの全従業員の役割だと私たちは信じていた。これを的確に行うためには、自分の机を離れて、顧客の立場で考える必要に迫られることが多い。それはCEOも例外ではない。

そこで2011年、私は個人的にホームデポの案件に関与することにした。セールスフォースのアトランタ支店と協力しながら、いろいろな議論を経て計画をまとめた後、ホームデポの経営陣にプレゼンテーションするために飛行機で同社に向かった。私がめざしていたのは、マインドセットの大転換を促すことだ。テクノロジーは死刑宣告ではなく、救世主になりうることを、彼らに納得してもらいたかった。

そのミーティングに向かう車中、セールスフォースのアトランタ支店で大口取引先の責任者を務めるウォーレン・ウィックは楽観的だった。ホームデポのディフェンスは良い結果が出始めていた。彼らはようやく攻めに転じる準備ができたと、ウォーレンは言った。

ところが、駐車場のセキュリティを通過するとき、警備員が本社のことを「店舗サポートセンター」と呼ぶのを聞いて、2人とも黙り込んでしまった。それは、私が必要とする全情報を如実に物語っていた。明らかに、オンラインで顧客をサポートするデジタル戦略を採用すべきときに、ホームデポはいまだに自社の未来は物理的な大規模店にかかっていると考えていたのだ。

「ホームデポでは、何もかもが店舗中心の考え方です」と、ウォーレンは説明した。それは、私が最も恐れていたことだ。

「アマゾンには店舗がないことを、彼らは認識しているのか」と、私は返した。

企業文化の中心に置くべきなのはコミュニティであり、物理的な店舗ではない。ホームデポにそれを納得してもらう必要があった。

テクノロジーは破壊的になりうる。数千もの企業がウーバーやアマゾンの存在を恐れながら日々を送っていて、多くの場合、それが現実のものとなっている。しかし同時に、テクノロジーには、顧客とつながり、顧客に力を与えるという素晴らしい価値がある。それこそがホームデポに必要なもので、セールスフォースの技術者はそのために最適なソフトウエアを提供できると、私は信じていた。

私たちが考えていたよりも、課題は大きかった。ホームデポは顧客データベースすら持っていなかったのだ。「技術的な面では、まだ非常に多くの助けが必要です」と、ホームデポのＣＩＯ

（最高情報責任者）のマット・キャリーは言った。しかし問題は、彼らの技術力そのものよりも、顧客と多面的な関係を持つ機会を逃している点にあった。

ホームデポは取引相手の住宅所有者や建設業者を成功させるために投資する必要があると、私たちは提案した。それは、顧客が店舗の中でオレンジ色のエプロン姿の販売員のところに行くだけでなく、自宅や職場の快適な場所からサイトにログインし、作業を完了させるのに必要なツール、資料、アドバイスが得られるようにする方法を用意することも意味していた。

本当にごくシンプルな考え方であることを、私はマットに伝えた。「あなた方に必要なのは、新しいやり方で、あらゆるレベルで深いつながりを構築することです」

私たちは、全国各地にいる知識豊富な販売員とつながるアプリを構築し、モバイル機器で即座に互いに相談できるようにした。顧客からの問合せに答えられなかったり、見つからない商品がある場合や、同僚に相談したり指示を出したい場合は、2〜3行入力するだけで、ほら、見てのとおりだ！

ホームデポの新しい倉庫アプリは急拡大した。２０１８年までに、アプリのアクティブユーザーは19万人、投稿数は月２００万件となった。ホームデポの巨大店舗に行けば、どのような目標に向かって作業を進めていようとも、それを実現するために必要な答えがほぼ確実に得られることを、顧客にわかってもらえるようになった。

建設業者や住宅所有者も次第に、ホームデポを見栄えの良いショールーム扱いするのをやめて、完璧な塗料の色、最も優れた洗濯機、作業に適した動力工具を選べるよう、商品知識の豊富なスタッフが快く手伝ってくれる、居心地の良いコミュニティとして見るようになった。

セールスフォースは最終的に、キッチンのリフォームなどのＤＩＹプロジェクトを始める顧客向けのワンストップリソースを立ち上げ、建設業者向けには、古い家の解体やトイレの新設といったリノベーションの進捗管理ができる発注システムの導入も支援した。

２０１４年、ホームデポは足踏み状態から抜け出した。ほとんどの大手小売業者がたどった道を踏襲しなかったのは言うまでもないが、本格的な成長スパートを示すことで、みんなの意表を突いたのだ。オンライン小売り事業の急成長が主要因となって、同社の株価はその後の４年間で２倍以上に上昇した。ファスト・カンパニー誌は２０１７年の世界で最も革新的な企業の１つとして、ホームデポの名を挙げている。

ホームデポの成功の秘密は、物理的な場所とオンラインサービスを組み合わせて、顧客が本当に望んでいたコミュニティ体験をつくり出したことにある。

ホームデポのビジネスはかつて、ドリルビットや乾式壁シートがいくつのレジを通過するかに依拠していた。それが、遠く離れた場所にいる同僚をワイヤレスネットワークでつなぎ、消費者や建設業者ともつながったことで、テクノロジーが敵ではないと気づいたのだ。

顧客が手作りの美しく新しいガゼボ（東屋）で、ワインの栓を抜きながら感じる誇らしさや、契約者が期日どおりに予算内で難しい仕事をやり終えたときの安堵のため息に、経済的価値をつけることはできない。

私に言えるのは、ホームデポがナラティブ（物語）を変えたということだ。テクノロジーを脅威として見るのをやめて、マットが語るように、自分たちの顧客が、それぞれの事情を理解し、つながり、大切にされていると感じられるようにする便利なツールとして捉えるようになった。そして、ホームデポが成功したとき、私たちも成功したのである。

成功の再定義

セールスフォースは長年、絶妙のタイミングで吹いてくる追い風に恵まれてきた。その１つが何といっても、オンライン商取引へと移行し、デジタル上のカスタマーエクスペリエンス（顧客体験）を重視する企業が増えてきたことだ。

私たちは１９９９年に世に出始めたばかりのＣＲＭに懸けるという大きな決断をしたが、２０１３年にはそれは、業界内で最も大きく速く成長するソフトウエアセグメントになっていた。結局、製品を販売する企業はどこも、オンライン上の顧客とのやり取りでトラブルを避ける必要があり、そうしたニーズは営業部門やＩＴ部門から、ほぼ全部門へと広がっていったのだ。
ただし当時は、カスタマーサクセスの哲学がすぐに経営会議のテーマになるとは、私には知りようがなかった。しかも、法人向けビジネスを手がける私たちのような業種に関連があるだけではない。「カスタマーサクセス」は交通やエンターテインメントから、小売りや金融サービスに至るまで、あらゆる分野で飛び交うバズワードになった。

企業活動の中で、どのように顧客とかかわりを持つかは、何よりも重要なことだ。オンラインポータルがカスタマーサービスセンターに取って代わり、アルゴリズムが現場の人間に取って代わる世界でも、顧客は依然として個人的なつながりを強く求めており、それは今後も変わらないことを、私たちのような企業は示し続ける必要がある。

つながる対象には、営業担当者やカスタマーサクセス担当マネジャーだけでなく、ＣＥＯも含まれる。４万人以上の従業員を抱える企業を経営している今でも、私は父から学んだことを忘れたことはない。どんなビジネスでも、基盤となる人間関係に代わるものはないという教えだ。

２０１３年、私たちは世界中でますます多くの顧客を獲得していたので、企業のコアバリューを共有し、人間的なレベルで顧客とつながるために私に協力してくれる経営幹部がもう１人必要だと気づいた。

私は長年、キース・ブロックをセールスフォースに引き入れようとしてきた。今が何としてでもキースを口説き落とすべき時だと判断した。キースと私は、ほぼ同時期にオラクルに入社したが、勤務地はそれぞれ東海岸と西海岸だったので、お互いのことをそれほどよく知らなかった。彼はオラクルに20年以上在籍し、近年はトップ幹部としてエンタープライズ事業の立上げを担当していた。彼が「顧客と同じ言葉で話す」ことのできる、次の成長段階に向けて私たちを支援できる稀有な人材であることを、私は知っていた。

メリルリンチの「ゲットウェル」プログラムが進んでいる最中に、私はキースをサンフランシスコでの朝食に誘った。最初は、それぞれの故郷のプロスポーツチームの話で大いに盛り上がった。ボストン出身のキースが推すのはペイトリオッツとレッドソックス、私の場合はゴールデンステート・ウォリアーズとジャイアンツだ。続く2時間で、イノベーション、企業文化、そしてもちろんカスタマーサクセスについて意見交換した。

キースはカーネギーメロン大学で情報システムと経営科学を学んだが、こうしたテーマに関する彼の造詣の深さには舌を巻いた。また、彼の東海岸的なプロフェッショナリズムや慎重な態度は、私のカリフォルニア気質や外向的な性格をうまく補完しそうだ。キースがハワイアンシャツ（私のお気に入りの服装だ）を持っているのを知ったとき、役者が揃ったことがわかった。

それから程なく、キースは新たなプレジデントとしてセールスフォースに入社し、その後、COOに就任した。偉大な企業の基盤が人にあることは秘密でも何でもないが、今回採用したこの特別な人物がどれほど強力な柱となるかは計り知れない。セールスフォースは販売やサービスに留まらず、マーケティング、分析サービス、ＡＩなどへと製品ポートフォリオを拡大していくとともに、キースの力を借りて、世界中の金融、ヘルスケア、小売りなど幅広い業種の企業にもリーチを広げていった。

キースがチームに参加したことで、企業全体として顧客ニーズをより満たせるようになり、それがさらなるカスタマーサクセスにつながっている。結局のところ、カスタマーサクセスは単なる好循環ではない。双方向的なものでもある。

相手の立場で考える

大惨事になりかけたメリルリンチの一件を思い起こすと、コカ・コーラ・ドイツの元ＣＥＯであるウルリック・ネハマーの言葉を忘れるわけにはいかない。ウルリックはセールスフォースで働くようになる少し前に、私にこう語った。「意思決定をするのに最も危険な場所はオフィスだ。意思決定は顧客のいる場所でしないといけない」

そのため、「ゲットウェル」キャンペーンの最終段階になると、サイモンのエンジニア部隊は基本的にメリルリンチのオフィスに常駐し、アドバイザーたちの隣で作業するようになった。このようにきわめて身近に接していたからこそ、すでに見つかっていた深刻なソフトウエア上の問題に対処するとともに、新しいグレムリン（得体の知れない故障要因）を根絶することができた。また、その場でソリューションを手直しして、アドバイザーたちの反応を見ることもできた。

最初の警鐘が鳴ってから約1年後の２０１４年9月、私たちはメリルリンチのアドバイザー全員（その時点で2万５０００人を数えた）に新しいコンソール（入出力装置）を本格導入した。カレンダーとスケジューラーの操作方法をガラリと変えて、メモの保存やタスクの作成をしやすくし、新しいパラダイムに基づく検索方法も展開した。すると数カ月以内に、同行内でこのプラットフォームの利用率は60%から90%に増加したのだ。間もなく「封じ込め」の対象から外され、愛用されるようになった。

問題を事細かに管理し、不満の解消に向けて必要最低限のことをするだけでも、メリルリンチという顧客アカウントを失わずに済んだかもしれない。そのほうがはるかに簡単だっただろう。しかしそうする代わりに、私たちは自分たちがどうなりたいかを思い出し、過去に有効だった手法を見直すことも厭わず、この問題に臨んだ。

メリルリンチとのビジネスで挽回できたのは素晴らしいことだが、それ以上に素晴らしいのが、私たちのバリューがもたらした見事な相乗効果だ。「カスタマーサクセス」を優先させたことは、メリルリンチからの信頼を取り戻すのと同時に、新しいソリューションやイノベーションも育んだ。危機によって、顧客とのトラブルシューティングのやり方について新しい青写真もできた。そして、最低限必要な対応で顧客とのビジネスを維持することが成功なのではなく、現時点のみならず、この先何年も顧客が成功するために必要なツールを提供することが、私たちにとっての成功であることも思い出すことができた。

その後、新たな顧客が別の種類の問題を抱えて相談に来たときにも、この学びは役立った。世界各国でスポーツウエアを展開するアディダスのCEO、カスパー・ローステッドが、次世代のシューズ購入層を獲得したいと、私たちに相談を持ちかけてきたのだ。彼いわく、この世代は「即座に得られる喜び」を求めるデジタルネイティブだという。

そうした喜びを確実に届けることは、アディダスにとって大きなプレッシャーとなっていた。というのも、アディダスのサイトにアクセスしたオンライン顧客は、「しばらく後にもう一度お試しください」という言葉や、悪くすると「サイトがダウンしました」という文言をしばしば目にしていたからだ。

カニエ・ウェストとコラボした大人気のイージーブーストシューズを数量限定でオンライン販売したときには、アクセスが殺到し、わずか1日でサイトがダウンした。アディダスは面目丸つぶれで、顧客離れが起こり、カニエとの関係もギスギスしてしまった。アディダスは、人々をエバンジェリスト（伝道者）よりも批評家に変えてしまう類いの軋轢を取り除き、カスタマーエクスペリエンス全体を変革する必要があったのだ。

次に発表するイージーブーストシューズが肝心だと、アディダスは承知していた。すでに需要はあった。彼らが定義したように、成功するには、顧客の期待に応えるような買い物体験を提供し、何億人ものファンと個人的なつながりを構築することが大切だった。

私たちはアディダスと協業しながら、大勢の人が同時にアクセスしたときでも確実にプラットフォームで処理できるようにした。システムを操作して、イージーブーストなどの人気商品を再販目的で大量購入するハッカーボットも排除した。

かなり迅速に技術的な問題をつぶせたことが功を奏し、ホリデーシーズンの1日限定セールで記録を達成するとともに、アディダスブランドを中心とするデジタルコミュニティもつくることができた。

しかし、アディダスが直面したより大きな戦略的課題は、製品需要を、顧客との長期的関係に結びつけることだった。フラッシュセール（期間限定販売）やそれ以外のときも、スニーカーの熱烈なファンがもっと増えて、もっと頻繁に同社のサイトにかかわり続けてもらうために、より良い方法が求められていた。

私たちはコードを書くよりも前に、全員でアディダスの特徴である3本ストライプのロゴを配したスニーカーを注文してみることにした。顧客の立場で考えることの重要性は常々話してきたが、今がそれを実践する機会だと思ったのだ。

私はサイズ14のファレル・ウィリアムス×アディダスのスニーカーを足元に置き、選りすぐりのエンジニアやデータサイエンティストを集めて、みんなをアディダス本社に送り込むことになると話した。

それから程なく、セールスフォースの当時の最高製品責任者のアレックス・デイヨンが、デモ用機材やロボットを詰め込んだ18輪トラックでアディダス本社に向かい、ＡＩがどれほど顧客理解に役立ち、従来とは違う方法で顧客にかかわれるかを示すデモンストレーションを行った。

ＡＩを活用したウェブサイトであれば、蓄積してきた購入履歴データを分析し、それを使って個々の顧客がどんなスタイルを求めるかを予測し、特別オファーに誘導して顧客とのやり取りをパーソナライズすることができる。こうしたスマートな製品レコメンデーションは、顧客が望むものを正確に見つけるのに役立つ。

アディダスとセールスフォースが共同で開発したＡＩ搭載アプリは２０１７年11月にリリースされ、２０１９年春までに25カ国以上で７００万回以上ダウンロードされた。アディダスの２０１８年のオンライン売上高は36％急増した。

アディダスの成功は私たちの成功でもある。私たちは彼らの声に耳を傾け、彼らの企業文化を吸収し、何を本当に必要としているかを理解した。このようにして、私たちは顧客と連携して実績をつくってきた。

カスタマーサクセスで理解すべき4つのポイント

この本を執筆しながら、まだ解明されていないビジネスの未来には、数えきれないほどの謎があることを知っている。このプロセスには終わりがない。ただし、カスタマーサクセスについて4つのポイントがあることは断言できる。

第1に、テクノロジーの進化は決して止まらない。今後数年間で、機械学習とＡＩはおそらく、皆さんのビジネスを成功させせも、失敗させせもするだろう。こうしたツールを活用して、従来とは違う形で顧客を理解し、よりスマートでパーソナライズされた体験を提供できることも、成功にかかわってくるだろう。

第2のポイントは、興味深いクライアントと投資機会をマッチングするより良い方法を見つけるのであれ、顧客にワクワクする自宅のリノベーション体験を提供するのであれ、可能な限りの成功の基準を満たすために、これほど役立つ手段は今までなかったということだ。

第3のポイントは、カスタマーサクセスはあらゆるステークホルダーの成功に左右される、ということである。この対象は、深く関与し、責任感があり、最高の仕事ができる環境でキャリアを積んできた、インターンからCEOまでの全従業員である。同じく、顧客向けのソリューションの設計や実装に携わるパートナーはもちろんのこと、学校、病院、公園、その他、私たち全員に役立つ施設を提供するコミュニティも含まれる。

第4の最も重要なポイントは、顧客が企業に本当に望んでいることと、実際に可能なこととの間のギャップが急速に解消されつつあることだ。それですべてが変わっていくだろう。未来において重要なのは、私たちがすでに行っていることを、よりうまくできるように学ぶことではなく、私たちが想像力の限界をどこまで押し広げられるかだ。

数年前には不可能だったサクセスストーリーを描き、顧客が新しい劇的なやり方で繁栄できるように支援する能力は、成功企業の成長の原動力になるだろう。顧客が皆さんのもたらす奇跡にますます期待を寄せる新時代に入りつつあると、私は信じている。あらゆる活動の中心に顧客を置くことを重視しなければ、後れを取ってしまうだろう。

自動車、ソーラーパネル、テレビ番組など、どのような製品をつくるにせよ、計り知れない機会がある。顧客が新しい目的地を見つけるのを支援することや、そこに到達するための新しい道を切り拓くことに、どの企業も投資をしたほうがよい。

そのためには、すぐにできる最低限の改善で済ませたい気持ちを抑えて、顧客がまだ完全に気づいていない場合でも、顧客が本当に望んでいることにじっくりと耳を傾けなくてはならない。要するに、自分の成功が顧客の成功と密接に関連していることを受け入れる必要があるのだ。

#05 イノベーション AIとエコシステムの力

Innovation: Artificial Intelligence and the Power of Ecosystems

ＡＩ革命に乗り遅れるな

２０１５年夏、私はセールスフォースの12人の超花形エンジニアを会議に招集した。テーマは2文字。ＡＩだ。

会議室にやって来たエンジニアたちはテーブルを囲んで座った時点で、これから何が始まるか、すでに察しがついていたはずだ。私は招集時に、わが社の全製品にＡＩを組み込む全社プロジェクトを始めることを伝えていた。彼らの仕事は、それを実現するために社内のありとあらゆる人材をどう活用するかを見極めることだ。

誇張でも何でもない。

マイクロプロセッサが20世紀後半を特徴づけた技術だとすれば、どこからどう見ても、ＡＩと機械学習は21世紀を代表する進歩になるだろう。セールスフォースとその顧客の今後の成功はもちろん、私たちの生活における最も重要な機能は、こうした目に見えない流れをうまく泳いでいけるかどうかにかかっている。この革命に出遅れたくはなかった。

　エンジニアを招集した時点でＡＩの開発はまだ初期段階にあったが、グーグルの予測検索、金融機関での不正検出、リアルタイムの言語翻訳、最もかわいい猫の動画を上位表示させるなど、さまざまなタスクにすでに適用されていた。

　アップルのＳｉｒｉ、アマゾンのアレクサといった第1世代のＡＩ搭載アプリが登場し、「今日の天気は？」「私の今朝のスケジュールはどうなっている？」と聞けば答えを返し、指示どおりに家電を作動させたり、買い物リストやＴｏＤｏリストなどの情報を保存して、何千もの変数を絶えず相互に関連づけながら、将来のやり取りを「より賢く」サポートしようとしていた。

　こうしたアプリケーションは最先端を行き、想像もつかないほど大きな可能性を秘めている。クラウドでも、私たちのポケットの中でも、コンピュータが非常にパワフルになり、膨大な量のデータを生み出していることを考えれば、機械学習のブレークスルーは単に活用領域を変えるだけではなく、ゲームをそっくり変えるだろう。

　しかも、それは急速に起こる。じきに顧客はこの新しいフロンティアに連れて行ってほしいと、私たちに求めてくるはずだ。共同創業者のパーカー・ハリスが言うとおり、「ＡＩはインターネットよりも大きな影響を与えるだろう。野球にたとえるなら、私たちがプレーしているのはまだ初回だ」。

ＡＩが大いに嘱望されるのは、消費者行動、業界動向、人口動態の変化などを取得したビッグデータを使って、人間の脳では検出できないパターンを見つけ、企業が初めてそれを利用できるようになる点だ。マシンが賢くなればなるほど、こうした機能はどんどん高度になり、やがて顧客と接する最適なタイミングから、適切な電子メールの件名、ソーシャルメディアで製品説明をするときに強調すべき機能や品質に至るまで、カスタマイズされた高精度のコミュニケーションに用いられるようになるだろう。

言い換えれば、ＡＩは過去について理解したことをすべて取り込み、それを使って未来について驚くほど正確に予測できる。その可能性を最大限に活かせば、顧客本人が予想もしなかった形で成功するのに役立つ情報や知見を生み出せるだろう。

ＡＩの有望性について最も好奇心がそそられるのは、１つのことをより効率的にこなせることではない。ほぼすべてのことをより良くする可能性があることだ。この途方もなく大きな可能性のせいで、ＡＩはひどく恐ろしいものでもあった。

私たちがつくりたいのは、コードを書かなくても、個々の顧客がクリックすることで簡単にカスタマイズでき、ノートパソコンやスマートフォンで数十億人の顧客とのやり取りを処理できる、法人向けＡＩツールだ。

しかし、行動計画はおろか青写真めいたものすらない。過去に類似のツールをつくった経験のある人間が誰もいないことを考えると、どこから手をつければよいか、見当がつかなかった。

顧客データを収集し理解するためにコンピュータの処理能力を飛躍的に向上させ、より高度なアルゴリズムを開発することに、私たちがずっと投資してきたのは、こうしたことの布石と言える。ＡＩを効果的かつ倫理的に適用できればすごいことができる。会社の将来がＡＩにかかっていることもわかっていた。

イノベーションを止めない

多くの人にとって、「イノベーション」という言葉はシリコンバレーとほぼ同義語になっているが、それもそのはずだ。結局のところ、ヒューレット・パッカード、インテル、アップル、オラクル、シスコ、インテュイット、グーグルなど非常に多くの象徴的なテック企業がシリコンバレーで生まれた。

その伝説に加わろうと、今も毎年何千ものスタートアップが根を張ろうと頑張っている。その精神は世界中の多くの新興都市にも移植されている。「次の大きなこと」を成し遂げようと夢見ても、誰もが実現できるわけではない。しかし、中には、それをやってのける人もいる。

こうしたストーリーが間近で語られる場所で育った私は、テクノロジーが風景を一変させる様子を目の当たりにしてきた。文字どおり、農地とアンズの果樹園がマイクロチップ工場に代わり、事実上この地域が目に見えない広大なネットワークのハブとなり、はるか彼方にいる世界中の何十億人もの人々をつないでいた。

この地域が時間とともに進化する様子も目撃してきた。どれほど多くの企業が、前途有望と言われながらも、お金を使い果たして消えていったか。どれほど多くの人材が燃え尽きたか。オフィスビルのてっぺんに掲げられる企業のロゴが、どれほどたくさん入れ替わったか。

いともたやすく歴史書の脚注になってしまうことも学んだ。シリコンバレーでも、大きなことが起こっている他の場所でも、絶えず押し寄せてくる変革の波を乗り切るためには、単にイノベーションについて語るだけでは十分ではない。イノベーションを理念として重んじなければ、決して実現しないだろう。

セールスフォース内でイノベーションの議論に費やした合計時間を見積もるのは不可能だと思う。私たちのコアバリューのうちイノベーションは、ビジネスの成功を測る従来の物差しと最も定量的に相関するものである。

だからこそ、私たちは最も優秀な人材を採用し、社内で創造性を活用しながら育成してきた。どの企業にとっても、そして間違いなくどのテック企業にとっても、株価、売上げ、利益などの指標とイノベーションとはかなり直線的な関係にある。
成功する企業は継続的にイノベーションを起こしているのだ。

２０１５年のその日、私はトップエンジニアたちと一緒にテーブルを囲みながら、彼らに野心的な課題を与えていることを自覚していた。おそらくセールスフォース史上、最も野心的な課題だ。リスクが高いことも知っていた。これは単に、どう転ぶかわからないＡＩにセールスフォースの未来があるかどうか、という問題ではない。私たちに未来があるかどうかの問題だ。

私たちのチームならきっとできるという確信はあった。結局のところ、これまでもクラウド、ソーシャルネットワーク、モバイルをＣＲＭアプリに組み込む方法を何とか考え出し、膨大な数の課題を乗り越えてきたのだ。しかし同時に、ＡＩは私たちがこれまで登ろうとしてきた山の中でも最高峰であることも承知していた。

リスクの高い事業構想について私が学んだことの1つは、それが基本的にストレステストに当たるということだ。常に自分たちのバリューを疑いたくなり、おそらく手綱を緩めたくもなるだろう。しかし多くの場合、企業文化の中にバリューをさらに深くたたき込んでいけば、目を見張るような新しい洞察にもつながる。

２０１５年の夏に開かれたその会議は、特に長丁場にはならなかった。見込みのありそうなＡ

Ｉアプリをいくつか見ながら、新たな方向性についてブレーンストーミングを行った。この課題に取り組むにあたって、私たちが常々イノベーションについて語ってきたことを実践せざるをえなくなることは、その場にいた全員が理解していた。

即座にわからなかった点は、そのためにアプローチを刷新する必要があったことだ。単に最優秀人材を集めて、期限を設けて、作業に送り出すだけでは足りなかった。学習が介在するので、この課題を乗り超えるにはある種の勇気が求められる。

私はカレンダーの日付を丸で囲んで会議を終えた。２０１６年のドリームフォースのキックオフの日だ。それまでに最初のＡＩ製品を世に出すためには、もう1年を切っていた。

しかし、私たちはそれまでに勉強の時間を十分にとってきた。ＡＩは最終試験だった。

ロールモデルは、アインシュタインとジョブズ

私の人生における最初の偉大なロールモデルは、父と祖父を除くと、アルベルト・アインシュタインだ。

言うまでもなく、アインシュタインは天才だ。史上最も素晴らしいイノベーターの1人で、文字どおり宇宙の神秘を解き明かした。しかし、それだけではない。社会正義の擁護者として、核

兵器の使用と拡散に関する反対運動を精力的に展開し、私の祖父がそうだったように、自分の価値観に沿って暮らし働くことがどのようなものかも実際に体現してみせた。

そして何よりも、研究に臨むときには、子どものように不思議なものへの情熱をずっと持ち続けた。アインシュタインは「想像力は研究の最高の形態だ」と述べたとされている。

私にとって、アインシュタインの知識、道徳的信念、直観、飽くなき好奇心という類い稀な組合せは、ほぼありえない理想像と言える。アインシュタインは、後日私にひらめきを与えた禅僧のように、先入観を捨て、制約を設けずに世の中について考えることができた。この精神は、私がセールスフォース内でいつか再現したいと願ってきたことの1つだ。

10代の頃、アインシュタインのポスターを寝室に張っていた。高校でも数学の先生に頼み込んで、教室にアインシュタインのポスターを張ってもらった。若者が誰かを崇拝する（そして、おそらく粋がった態度を取る）ときの典型例だが、私はバーリンゲーム高校の卒業アルバムにこの偉大な人物の言葉を引用した。

「偉大な精神の持ち主は、常に凡庸な人々からの激しい反発を食らってきた」

サンフランシスコの賃貸マンションに、セールスフォースの最初のオフィスを構えたとき、私たちはアインシュタインの鋭い眼光の下で昼夜を問わず働いた。共同創業者のパーカー・ハリス、デイブ・モレンホフ、フランク・ドミンゲスと私が試みていたのは物理法則の体系化ではなかったが、ソフトウエア業界を破壊し、疑いの眼差しで見ていた人々が間違っていることを証明しようと固く決意していた。

もちろん、私は仕事をする中で、アインシュタインだけを信奉してきたわけではない。結局のところ、未来のイノベーターを夢見る人は、目の前に現れる偉大なイノベーターに敬意を払わずにいられないものだ。

私の次なる最大のロールモデルが伝説のスティーブ・ジョブズだった理由も、これで説明がつくだろう。

私がスティーブに初めて会ったのは１９８４年、夏休みにアップルでインターンをしたときだ。そもそもその職にありつけたことも、まぐれ当たりのようなものだった。南カリフォルニア大学に通っていた私は、アップルのマッキントッシュチームに問い合わせ、ソフトウエアにバグがあると苦情を言った。すると、どういうわけか、その会話をきっかけにインターンをすることになったのだ。

当時19歳だった私は必死に百戦錬磨の開発者を気取ろうとしていたが、私のプログラミング経験はたかだか高校時代にアーケードゲームやアドベンチャーゲームを12本書いた程度。アップルで働くのは大リーグに出るようなもので、心底から自分は能力不足だと感じた。それでもその夏、私を同社の建物から追い出す人はいなかった。実のところ、パーテーションのそばをスティーブが通るたびに、私は勇気を振り絞って話しかけようと試みた。

話す内容はたいしたことではなかったが、そうした他愛のない会話から絆が形成されていったのだろう。スティーブと私は、テクノロジーと科学への愛、瞑想や東洋哲学への情熱をともに持っていた。

スティーブは優れた経営者で唯一無二のイノベーターであるだけでなく、一度に多角的に世の中を見る才能を持った崇高で直観的な人だ。スティーブが自分の知恵を喜んで分かち合おうとするのを見て、私も教えを請うのをためらわなかった。インターンシップが終わった後も連絡を取り合い、私がキャリアを歩む中で、スティーブはメンターのような存在になった。

2003年の忘れもしないある日、私がアップル本社の受付の前を不安そうに行きつ戻りつしていたのもそのためだ。セールスフォースは創業して4年の間に400人を雇用し、年商5000万ドルを超え、翌年のIPO（株式公開）に向けて基礎を固めつつあった。そうした成長はもちろん誇らしかったが、私はテック企業について十分に学んできたので、うぬぼれが心の危険な状態だとわかっていた。

正直に言うと、私は行き詰まり感を抱いていた。企業を次の成長段階に進めるには、大胆な動きが必要とされる。あまたの企業が燃え尽き、つぶれていく恐ろしいスタートアップの段階は生き延びてきたものの、上場企業を経営するプレッシャーをどう乗り切ればよいのかうまく想像できなかった。上場企業になれば、四半期ごとにウォール街に実情をさらけ出さなくてはならない。

時にはメンターに助言を求めることが、こうした発作的な無力感を打破する唯一確実な方法となりうる。そこで、私はアップル本社のあるクパチーノ詣でをすることにしたのだ。

「未来を意識して予測せよ」とジョブズは言った

その日、スティーブのスタッフの案内でアップルの役員室に通されたとき、興奮の波が私のピリピリしていた神経を駆け巡った。その瞬間、かつて経験の浅いインターンが勇気を振り絞って、ビッグボスに一言、二言話しかけてみたときの気持ちがよみがえってきたのだ。

数分後、スティーブが勢いよく入ってきた。予想に違わず、ジーンズとタートルネック風の黒シャツといういつもの服装だ。スティーブに聞きたいことを正確には決めていなかったが、要点から入ったほうがよいと思った。彼は多忙な人で、その率直さと、重要なことに素早くピントを合わせる能力は伝説的だった。

そこで私はノートパソコンを開き、セールスフォースのＣＲＭサービスのデモを見せると、スティーブは直ちにいくつかの意見をくれた。ナビゲーションタブの形状や色づかいに至るまで、私たちのソフトウエアの基本機能について矢継ぎ早に忠告した後で、スティーブは腰を下ろして手を組みながら、より重要な点について話し始めた。

セールスフォースは「素晴らしい法人向けウェブサイト」をつくってきたと、彼は言った。しかし、それだけでは足りないことは、彼も私も承知していた。

「マーク、優れたCEOになりたいなら、未来を意識して予測しないといけない」。そう彼は言った。

私はうなずいた。おそらく、少し失望しながら。以前にも彼から同じようなアドバイスをもらっていたからだ。しかし今回は、まだ続きがあった。

私たちが大口顧客を確保したうえで、「24カ月で10倍に成長するんだ。そうでないと、つぶれるよ」と、スティーブは言った。私は思わず息を呑んだ。そして彼は、そこまで不穏ではないものの不可思議なことを言った。私たちに必要なのは、「アプリケーション・エコシステム」だと。大リーグでヒットを飛ばすには、巨大な看板顧客を勝ち取る必要があることは理解していた。しかし、セールスフォースのアプリケーション・エコシステムとはどんなものだろうか。その答えを見つけるのは君次第だ、とスティーブは言った。

２００６年1月までに、セールスフォースの売上高は3億ドルを突破し、スティーブとのミーティング以降、3年間で3倍の規模になった。急成長を遂げていたが、より革新的な製品や機能をリリースすればするほど、顧客からの期待も高まっていく。エンジニアリングチームは優秀だったが、生産性の上限に直面しつつあった。私は内心では、スケールアップのプレッシャーに対処できるかどうか心配し始めていた。

一昔前であれば、私たちのような立場に置かれた企業は最も優秀な科学者を活用して、３重の鍵付きの「トップシークレット」と書かれた部屋に缶詰めにしただろう。指名された天才たちは何日も孤立状態で過ごし、周囲の騒音から遮断された室内でプロトタイプをつくり、頭をひねりながらクレイモデルと格闘する。当時、一般的なイノベーションのモデルは極秘扱いで、時間もお金もかかった。外野の意見は明らかに歓迎されなかった。

科学者の面々が隠れ家から出てくるのは、プロセスの終盤だ。みんなカフェインを摂りすぎで、頭もボサボサだが、運び出す台車には、それまで誰も見たことのないような新製品が積まれている。その後、それが常識を覆す画期的な製品かどうかを判定するのは顧客だ。そして多くの場合、そこまでのインパクトはないことがわかる。

セールスフォースも当初はこの時代遅れのモデルを踏襲していたが、２００６年になるとイノベーションのアプローチが変わり始めた。それは意識的に意思決定したものでも、長い時間をかけて計画したものでもない。ほぼ純粋に、目の前の課題に対応しようとした結果だった。

本当に大規模なイノベーションを実現するためには、すでに働きすぎのエンジニアリング部門に対してこれ以上要求することはできない。イノベーションのための取組みを強化する唯一の方法は、外部人材の採用を始めることだった。

デジタル時代のユニークな点の１つは、これまでとは非常に異なるタイプのインフラである共通のプログラミング言語を介して物事が動くことだ。自動車の場合は工場がないと製造できないが、デジタルの世界ではプログラミング言語に堪能な開発者がいて、あとはソースコードさえあれば新しいアプリケーションを構築することができる。

毎年、世界中で優秀な開発者が大勢育っている。そして、ふと気づいたのだ。私たちはそうした人材をうまく活用するだけでよい。そうすれば、望みどおりのピカピカの新車を製造できるのだ、と。

あらゆる場所で、イノベーションを探求する

ある晩、サンフランシスコで夕食をとっていたとき、私の頭にこの上なくシンプルなアイディアが浮かび上がってきた。世界中の開発者がセールスフォースのプラットフォーム用に自分のアプリケーションをつくれるとしたらどうだろうか。オンラインのディレクトリーにそのアプリを格納し、セールスフォースのユーザーがダウンロードできるようにするのだ。

このアイディアに完全に納得していたと言うつもりはない。私はしょせん、イノベーションは四方を壁に囲まれたオフィスの中で生まれる、という古い考え方の中で育ってきた人間だ。そういう目線に立てば、外部の人に自社製品を自由にいじらせるのは、知的財産権を譲り渡すことに

近い。しかも、コントロールする役割を手放すのだから、リーダーシップの真逆のように感じられた。

しかし、その瞬間も内心ではわかっていた。セールスフォースが私の望む新しいタイプの企業になるためには、「あらゆる場所でイノベーションを探求する」必要がある、ということを。

そこで、私はレストランのナプキンに自分のアイディアを描いてみた。翌朝、法務チームのところに行き、「AppStore.com」のドメイン登録と「アップストア」の商標を押さえてもらった。

その後間もなく、「アップストア」の名称は、顧客の受けが良くない、というか、大いに不評だとわかった。私はしぶしぶ譲歩して、約1年後に「アップエクスチェンジ(AppExchange)」を導入した。それはこの種の最初のビジネスソフトウエア市場で、あらゆる場所でイノベーションを探求するという新たなコミットメントから生まれた最初の主要な取組みとなったのである。

アップエクスチェンジを立ち上げてから約1年後の２００８年に、私はクパチーノのアップル本社を再び訪れ、スティーブが次なる優れたイノベーションのエンジンを発表するのを見た。それは、何百万人もの顧客、開発者、パートナーが独自のアプリケーションをつくり、アップルのデバイス上で動かせるようにする、広大で境界のないデジタルハブだ。

ピカイチのエンターテイナーであるスティーブは、このときのプレゼンテーションでも期待を裏切らなかった。クライマックスの瞬間に彼が口にした言葉に、私はひどく驚いた。「皆さんにアップストアをご提供します！」

セールスフォースの経営幹部たちもみんな息を呑んだ。２００３年に私がスティーブに会ったとき、チェスにたとえると、彼は私の１００手も先を読んでいた。ビジネスソフトウエアの取引所として、私がもともと提案したのと同じ名前をスティーブが思いついていたとは、信じられなかった。

ワクワク感と謙虚な気持ちが同時に込み上げてきた。スティーブは図らずも、5年前のあの先見性に富んだアドバイスへのお礼をする絶好の機会を私に与えてくれたのだ。プレゼンテーションの後、私は彼を脇に引っ張っていき、「アップストア」のドメインと商標を私たちが所有していること、その権利を無料で謹呈すること、そしてそれを光栄に思うと伝えた。

アップエクスチェンジでは２０１９年までに、販売契約やプロジェクト管理ツールからコラボレーション支援に至るまで、５０００を超えるアプリが入手可能となり、セールスフォースの顧客の約90％が利用するまでになった。

私はスティーブに手伝ってもらって、ビジネスにおける偉大なイノベーションは真空状態では決して生まれないことを理解した。そうしたイノベーションはすべて、何百もの小さなブレークスルーや洞察の上に築かれ、至る所から生み出される。

エコシステムを構築することは、次の根本的変化をもたらすイノベーションが、シリコンバレーに拠点を置く優秀な技術者やメンターから生まれることもあれば、世界中の初心者プログラマーから生まれることもあると認めることを意味する。もちろん、この信条はテクノロジーだけでなく、知的で科学的かつ理論的なブレークスルーにも当てはまる。

ソフトウエア、小売り、アート、文化など分野を問わず、真の拡大をめざす企業は、四方を壁で囲まれたオフィスを超えてイノベーションを探求し、そこにある全領域の知識や創造性を活用する必要がある。

ＡＩ「アインシュタイン」の誕生

２０１４年、セールスフォースはリレートＩＱという企業を買収した。同社のソフトウエアは、ユーザーの電子メール、カレンダー、スマートフォンの通話、ソーシャルメディアの投稿などのデータを捕捉し、それを使って重要な知見を示したり、確認用メッセージを出すというものだ。たとえば、営業担当者が顧客から返事をもらえなかった場合、最初の面談の日付、電話や電子メールを使った過去のすべてのやり取りの日付など、関連する変数をすべてまとめて、営業担当者にフォローアップを促すタスクを自動生成してくれる。これは私たちがソフトウエアに搭載しようとしていたＡＩ機能に最も近く、ビジネス全体に広げていくのに必要となる、実用的かつ予測的な種類の知能だった。

1年後に私が大規模なＡＩプロジェクトについて発表したときに、営業チームが長年、検討会で挙げてきた問題に関するものも含まれていた。営業チームが強く求めていたのが、自分たちの活動の優先順位をつけやすくするツールだ。そういうものがあれば、成果につながらない顧客に時間をかけすぎることもなくなる。

そこで、ヘルナン・アソレイが率いる少人数のデータサイエンティストチームがその課題を引き受け、「商談スコアリング」というシステムを構築した。このシステムのアルゴリズムは基本的に、販売機会の継続時間、同じ取引先を狙っている競合数、その取引先の経済的価値、その背後の顧客アカウントチームなどの変数を調べて1～5の星印を付け、商談スコアを作成する。その予測と実際の結果を追跡するうちにアルゴリズムは徐々に賢くなり、将来的にＡＩの提案の精度が上がっていくことになる。

このツールは営業チームに大好評だった。生産性が大幅に向上することをすぐさま見抜いたのだ。２０１６年夏、一部の顧客にも商談スコアリングを利用できるようにした。２０１６年のドリームフォースのキックオフの日を迎えるまでに、まだ進むべき道のりは遠かったが、私たちは歩みを続けていた。

こうした組織を挙げてのＡＩ関連の活動に、そろそろ名前を付けたほうがよいと、私は思い始めた。まだ道半ばである点を考えれば、些細なことのように思えるかもしれないが、永遠に「Ａ

Ｉプロジェクト」とも呼んでいられない。アイデンティティが必要だ。

　ＩＢＭのワトソンのように、印象的で認識しやすいものがよい。私が強く推したのは、もちろん「アインシュタイン」だ。あまりにもぴったりでそう呼びたくなる気持ちに抗えなかった。「世界で最も賢いＣＲＭ、セールスフォース・アインシュタイン（Salesforce Einstein）！」である。ただし、アインシュタインという仕組みをつくるには、それに加えて科学者のアインシュタインの精神に通ずるものでないといけない。

長いＡＩジャーニーの始まり

　２０１６年のドリームフォースでのアインシュタインのお披露目予定日まで、あと数カ月に迫る中、エンジニアのジョン・ボール、ヴィタリー・ゴードン、シューバ・ナバールが率いる少人数チームは、パロアルトのダウンタウンにある家具店、ウエストエルムの地下のだだっ広いオフィススペースに送り込まれ、24時間態勢で作業を進めることになった。セールスフォース本社から邪魔が入らないようにするためだ。

　しかし、後からわかったように、このにわか仕立ての研究室に送り込まれた優秀な頭脳の持ち主でさえも、四方を壁に囲まれた部屋の外で、イノベーションを探求する必要があったようだ。

ヘルナン・アソレイは２０１４年にセールスフォースに入社以来、データを使って顧客が各ソフトウエア製品をどう使っているかを理解するという、派手さはないが重要な仕事をしてきた。彼はその後、そこで学んだことを製品に関する意思決定に応用。顧客の利用率や市場動向に基づきながら、どの新機能やリリースに投資するかを検討できるようになった。

イノベーションをコアバリューとし、そのために強力なエコシステムをつくることの素晴らしい点の１つは、セールスフォースの全従業員に対して、職位にかかわらず新しいアイディアを出すよう奨励しているところだ。セールスフォースでは、どこから出てきたものであれ、良いアイディアは良いアイディアだと考える。その結果、夏休みのインターンから上級管理職までの誰もが、会話の中で自分のアイディアを語ることが役立つという自信を持っている。

おそらく２０１６年初めに、ヘルナンがある問題について私に躊躇せず知らせてくれたのも、そのためだろう。2〜3週間前にヘルナンが出席した経営会議で、私は各地域の営業担当幹部に四半期の売上げ予測を出すよう求めた。担当幹部たちは、社内の予測どおりに進んでいると口を揃えて言った。ところが、四半期の数字をまとめてみると、そのうちの１人の数字が完全に間違っていたことが判明し、想定外の未達が生じてしまったのだ。

しかし、ヘルナンは懸念事項を指摘するだけではなく、ある構想を温めていた。

四半期の営業データをすべてアインシュタインに入力し、徐々に賢くなっていく財務予測ツールを構築できたらどうか、というものだ。アルゴリズムを正しく設定すれば、経営幹部に頼らなくても毎四半期の予測を正確に出せるようになる。私たちの仕事をＡＩが肩代わりしてくれるのだ。

これは大仕事だった。実行するには、ヘルナンを通常業務から解放してやらないといけない。それは理想的とは言えなかったが、ＡＩを活用しようとする場合、日々の製品や機能よりも、イノベーションを優先すべきだ。ヘルナンの上司のアレックス・デイヨンもそれを心得ていて、彼が時間とリソースを割くことを許可した。

それはまさに最高のトレイルブレイザー精神であり、ヘルナンは見事にやってのけた。最近では、トップの幹部20人と月２回の定例会議をするときには、部屋には必ずアインシュタインがある。経営幹部にそれぞれの地域、製品、機会について意見や予測を出してもらった後、私は携帯電話を見て仮想アインシュタインの見解を確認する。

その後、アインシュタインは上下の振れ幅も含めて四半期予測を出し、私たちの強みと弱みを突き止め、特定のパターンや懸念領域まで指摘してくれる。時折アインシュタインの分析は耳が痛いものであり、私は敏感に反応してしまう。しかし、それはほとんど間違っていないのだ。それ以上に、すべての企業に必要だと思うもの、つまり会議の席での客観的で先入観のない冷静な声を提供してくれる。

ヘルナンは自分の担当外だったにもかかわらず、最終的に営業担当幹部向けに単なる社内ツール以上のものを開発してくれた。最も話題となった製品の１つ、「アインシュタイン（Einstein）売上予測」だ。実際に、ニュース専門放送局ＣＮＢＣのジム・クラマーとの取材でその説明をすると、私のもとには大小さまざまな企業のＣＥＯからの問合せの電話が殺到した。みんな自身の会社でアインシュタインが使えるかどうかを知りたがっていたのだ。

２０１６年９月19日、私はドリームフォースで予定どおりにアインシュタインを正式に紹介した。この成果を誇りに思うとともに、まだ完成には程遠いことも承知していた。これは私たちのＡＩジャーニーの始まりだ。エコシステムの総力を挙げて、さらに前進していく必要がある。

人とＡＩがシームレスに連携する未来

２０１８年夏のある日の夕方、サンフランシスコのダウンタウンにあるレストラン「ブルバード」のボックス席で、セールスフォースの最も優秀な技術者の２人が赤ワインをボトルで注文し、定例の月次戦略セッションを始めた。

ここで、ほぼ毎回のように取り上げられるのは、彼らのお気に入りのテーマ、ＡＩだ。

新しいＣＰＯ（最高製品責任者）（当時）のブレット・テイラーとチーフサイエンティストのリチャード・ソーチャーは、すでに何カ月もＡＩプロジェクトの次のフェーズの作業に取り組んでいた。

その中でも、彼らが力を入れていたのは、どの言語で話されていようとも、誰もが理解できるディープラーニング機能と、誰の自然言語でも音声とチャットで会話できるデジタルアシスタント機能を備えたアプリの開発だった。

この夜のセッションが実現したのは、２００９年に設立されたベンチャー部門、セールスフォース・ベンチャーズ（Salesforce Ventures）のジョン・ソモージャイ率いるチームが主導してきた野心的な企業買収の成果にほかならない。

セールスフォース・ベンチャーズは、新たなトレンドと有望なスタートアップに目を光らせるとともに、イノベーションのエコシステムを拡張し、わが社の製品技術の欠けている部分を埋め、ブレットやリチャードのような優秀なコンピュータサイエンティストを引き入れる役割も担っている。

エネルギーと知恵に満ちあふれる39歳のブレットは、驚くべき経歴の持ち主だ。前職はフェイスブックのＣＴＯ（最高技術責任者）で、あの代表的な「いいね」ボタンを考え出した。その前はグーグルに在籍し、グーグルマップを共同開発した。

さらにクイップ（Ｑｕｉｐ）というスタートアップ企業も立ち上げ、さまざまなデバイスを使って、ドキュメント、リスト、タスク、スプレッドシート、プレゼンテーションについて、リアルタイムでコミュニケーションやコラボレーションができるアプリを開発していた。私たちが２０１６年にクイップ事業を買収したとき、ブレットという素晴らしい技術者兼経営幹部を獲得しただけでなく、一連のセールスフォース製品を統合できる次世代の生産性向上ツールも大量に手に入れたのである。

リチャードも、トレイルブレイザーの精神を体現している。世界的に有名なＡＩ研究者で、茶目っ気のある笑みを浮かべ、キャロットカラーの髪が印象的な彼は、時々みんなから愛情を込めて「ボーイサイエンティスト（少年科学者）」と呼ばれる。ドイツ出身で36歳の彼は、週末になるとパラグライダーやジェットサーフボードをステーションワゴンに積み込んで海に向かう。

ギアを入れて臨んだリチャードが波に打ちのめされる様子を見たら、ディープラーニング分野の名だたるＡＩ専門家だとは夢にも思わないだろう。脳内のニューロンが情報を保持したり処理したりする方法を模倣させるためにソフトウエアに教え込むことに加えて、自然言語処理の分野も得意とし、彼の論文は3万４０００回以上も引用されている。

その晩、ブレットとリチャードが話し合っていた訳のわからない頭字語や専門用語を理解する人は、シリコンバレーも含めて、地球上にごく少数しかいなかっただろう。この優れたイノベーターたちは、他にも数十人の優秀な新入社員やベテラン社員とともに、あらゆる場所でイノベーションを探求するという私たちのコミットメントを具現化していた。

みんなが総力を挙げて取り組んだおかげで、製品にＡＩをシームレスに組み込むことができたが、顧客はほとんど気づきもしない。アマゾンのアレクサ、アップルのＳｉｒｉ、グーグルアシスタントを使って、どれほど簡単に天気を確認したり、音楽を再生したりできるかを考えてみてほしい。

わが社のトップモバイルエンジニアのチィンチィン・リウのおかげで、今ではそれと同じような機能を各事業で使うことができる。彼女はわずか数カ月で、驚異的な量の社内データとともに、基礎となるＡＩ技術をすべて取り込み、「アインシュタイン・ボイス（Einstein Voice）」と呼ばれる素晴らしい体験へと転換させたのだ。

今やアインシュタインは私の手のひらの上で、わが社の状況を理解し、会議に参加し、話し合いに関するメモや記録を更新するために関連データを収集し、コメントまでする音声対応デジタルアシスタントとなっている。私たちの目標は、いずれ全顧客にこうしたＡＩを搭載したデジタルアシスタントを提供し、テクノロジーの進化に伴ってさらに高度化させていくことだ。

今後数年間で人間と機械が協業し、お互いが持つ能力を活かしながら、ますます多くのイノベーションが生まれるようになるだろう。機械がより多くの定型業務や反復作業、人間にはできないパターン認識をこなすことにより、（ある賢人がかつて私にアドバイスしてくれたとおり）「未来を意識して予測する」試みに思う存分、時間を割けるようになる。

ＡＩの倫理に関する懸念はもっともであり、私も同感だ。しかし結局のところ、ＡＩをつくるのは人間であって、こうしたツールの倫理はそれを構築する人間の倫理とまったく変わらない。同様に、機械には初心もなく、もともと善でも悪でもない。重要なのは、どう使うかだ。未来の製品は、周囲で誠実でオープンな会話が行われていれば、それと同じくらい良いものになるだろう。

ＡＩとロボットが自動化することで仕事がなくなってしまう怖さも、きわめて現実的だ。だからこそ、これまで人手でやっていた業務をコンピュータがますます肩代わりするようになるにつれて、トレイルブレイザーが持つオープンで好奇心にあふれた冒険心を継続的に採り入れる方法をもっと探す必要があると、私は強く思う。そうすれば、みんなこの先の素晴らしい新しい世界について学習し、適応できるだろう。

好むと好まざるとにかかわらず、ＡＩは私たちの未来だ。そして、セールスフォースでも他の場所でも、ＡＩがうまく機能する唯一の方法は、技術を設計する人々がそれを使う人々とシームレスに連携することだ。そのためには、イノベーションが本当にどこからでも出現する事実を全面的に受け入れることが何よりも重要である。

２０１７年、リチャード・ソーシャーが入社してまだ2～3カ月の頃に、不安そうな顔をして私のもとにやって来た。チーフサイエンティストとして、こんなに少ない予算内で構想している最先端の仕事をすべてこなせるはずがなく、そんな期待をされても困ると言う。

「イノベーションに十分なお金をかけていません」と、リチャードは困惑しきった顔で言った。「それで、どうしてイノベーションをコアバリューと呼べるのでしょうか」

私は最初、その質問の意味がよくわからなかった。私から見れば予算は十分だった。それから、リチャードがまだ、セールスフォースでのイノベーションの仕組みに精通するのに十分な時間を過ごしていなかったことを思い出した。

革新的な製品を開発するためには研究開発予算の多さだけが重要ではないことに、彼は気づいていなかった。世間の通念に挑戦し、突飛なアイディアを追求する権限を与えられた、好奇心の強い人々で構成された多様なエコシステムもまた重要だ。

私はセールスフォース流のイノベーションをリチャードに説明した。「イノベーションを探求するのが私たちのやり方なんだよ」

#06

平等
鏡に映る姿を見る

Equality: A Good Look in the Mirror

ジェンダー平等に差し挟まれた疑い

２０１５年３月、セールスフォースのエンプロイーサクセス（ＥＳ、人事系部署をこう呼ぶ）責任者（当時）のシンディ・ロビンズが上級管理職の定例会議をするために私の自宅に来たとき、どうも様子が変だった。妙に口数が少なく、やや不安そうに見えるだけでなく、珍しいことに、同じく女性の上級幹部（当時）であるレイラ・セカを補佐役として伴っていたのだ。

私は会社のオフィスがざっくばらんな会話に最適な場だと思ったことはない。そこでたいてい一対一のミーティングは私の自宅オフィスですることにしていた。標準的な服装は「カジュアル」。テック業界用語に訳すと「ジーンズ」だ。

ただし、私はこの日「カジュアル」を新たなレベルに引き上げていた。たまたまデルの創業者兼ＣＥＯのマイケル・デルと一緒に、チャリティーイベントの「フィットビット・チャレンジ」に参加し、Ｔシャツに短パン、野球帽という格好のままだった。部屋の雰囲気からすれば、明らかに何か重要なことが起こりそうだったが、私はまるでスポーツジムに入り浸っている人間のように見えたことだろう。

シンディとレイラはともに40代前半。ベイエリア育ちだ。シンディは２００６年に採用担当としてセールスフォースに入社し、その後プレジデント兼最高人事責任者に昇進し、直属の部下は７００人を数える。レイラは２００８年にセールスフォース・アップエクスチェンジ(AppExchange)のマーケティングディレクターとして入社し、ビジネスソフトウエア部門でさまざまな役割を担ってきた。

２人は長年の親友だったが、最初のうちは噛み合わなかったとよく笑って語る。シンディは自称内向的で、筋金入りの冷静沈着なプロフェッショナルというのが社内の評判だ。一方、レイラはもともと外向的で、ビルケンシュトックのサンダルを履き、デザイナーズスカーフを巻き、過去にはピースコープと呼ばれる平和部隊に参加していた。２人は男性優位のこの業界で厳しいスタートを切った後、昇進の梯子を上るという共通課題を乗り越えていく中で、絆を深めていった。

「どうかしたの?」と、私はとりあえず聞いてみた。

シンディとレイラは私の運動着姿に面食らっていたかもしれないが、おくびにも出さなかった。２人は腰を下ろすと、単刀直入に切り出した。セールスフォースの女性従業員たちは同じ仕事をしているのに、男性従業員よりも給料が安いのではないか、と言う。

「ここで、賃金の不平等があるかどうかを見極める必要があります」と、シンディは発言した。

このときの憤りと驚きが入り交じった気持ちは、私の顔に出ていなかったと思う。防衛心が湧き上がったことを認めよう。

そもそも、シンディとレイラの存在自体が、２人の挙げた論点を弱めているではないか。こんなに高い役職に就いて高収入を得ている女性幹部がやって来て、セールスフォースがジェンダー平等にコミットメントしている証拠を示せというのだから。

加えて、私は過去3年にわたって、この問題に必死に取り組んできた。２０１２年に会議を招集したときに、室内に女性がほとんどいないケースが多いのに気づいて恐怖に駆られたのだ。すぐに調べてみると、セールスフォースの全従業員のうち女性は29%未満、リーダー層は14%にすぎないではないか。

そこで、優秀な女性従業員をリーダーの役割の対象にするために「女性躍進」プロジェクトを始めた(そういう呼び方が良いと、私は思っている)。今後はジェンダーの平等を優先させるつもりだと、私は発表した。これから先、大規模な経営会議から小さな製品レビューまで、あらゆる会議の出席者の少なくとも30%は女性でなければならない、と。

コアバリューとして平等を守ることは、単なる公正さの問題でも正しい行為でもない。ＰＲでも「世論」でも、私自身の良心の問題でもない。それは良いビジネスを築くための必須要素で、単純明快なことだ。

その証拠を示す研究は数えきれない。たとえば、マッキンゼー・アンド・カンパニーの調査結果によると、経営陣のジェンダーの多様性が高い企業はそうではない企業を収益性で上回る可能性が21％高く、経営幹部の民族的、文化的な多様性で上位４分の１に入る企業は下位企業よりも収益性で上回る可能性が33％高い。

ピーターソン国際経済研究所が91カ国で2万社以上の上場企業を対象に行った調査では、女性経営幹部の数が多い企業は収益性の向上との相関が見られた。実際に、最高幹部の少なくとも30％を女性が占める企業は、経営陣が男性のみの企業と比べて、純利益率が１パーセントポイント高かったという。

私たちは後追いするような企業ではない

２０１５年３月に話を戻すと、この問題の解決への道のりはまだ長いと承知しつつも、セールスフォースはジェンダー平等を心から尊重する少数派のテック企業に入ると、私は全面的に信じていた。だから、賃金格差など蔓延しているはずはない。

「それはありえない」と、私は2人に言った。「そんなことはおかしいし、私たちのやり方ではない」

シンディは私をじっと見てから、過去に片意地を張らないように私を諭したときに使った、あの慎重な口調で説明した。レイラをこのミーティングに誘ったのは、2人が別々に考えて同じ懸念に行き着いたからだ。「私たちは上り調子で、より大きな仕事をいただき、昇進も果たしました。そのときから、私たちは相談し合うようになったのです」

歯に衣着せぬ発言でも知られるレイラが口を挟んだ。「ねえ、マーク。私と同じ職位の男性は高級車のテスラを買っていますよね。おそらく、男性が女性よりも稼いでいるという印象にすぎません。でも、たぶんそれが不愉快な事実なのです」

賃金格差があったとしても意図的なものではないと、彼女が言おうとしていることはわかった。企業における不平等な賃金は捉えどころのない厄介な問題だ。

２０１４年にフルタイムで働く女性の平均年収は男性の約79%だったという米国労働省の調査結果を、シンディは引き合いに出した。女性政策研究所は２００１年から２０１５年にかけて、家族や育児のための休暇を考慮に入れても、女性の収入は男性の約半分だとしている。

私が後から知ったように、高等教育を受けた経営幹部でさえ賃金格差は続いている。フィナンシャル・タイムズによる2018年のグローバル・トップMBAプログラムのランキングを見ると、女性の平均年収は学位取得前に9％、卒業後3年未満で14％、男性よりも低かった［米国では、日本のように新卒者に一律の給与体系を適用するのではなく、個別に給与交渉を行うため、そこでどれだけ要求するかによって格差が生じやすい］。

それはすべて確かに本当のことだ。しかし、それをなくそうと必死に取り組んでいる企業の中で、どうしてこうした問題が残存し続けることがあるだろうかと、私はシンディに告げた。

シンディは椅子に深々と座り、いかに労働者の中に賃金格差が忍び込むかについて、辛抱強く説明し始めた。給与を決める際の男女の扱い方には、無意識の偏見が大きく作用する。女性従業員は家族に配慮するので（男性よりも女性に重い負荷がかかる傾向がある）、より高い賃金を犠牲にして、時間の柔軟性を優先させることが多い。女性従業員の多くは、キャリアの早い段階で積極的な賃金交渉に失敗しており、後から追いつこうとすると何年もかかる。

「私たちは賃金平等で先を行くことも、後追いすることもできます。ただし、この問題は大きくなる一方で、絶対になくなりません」と、シンディは結論づけた。そして、さらに畳みかけた。

「私たちは後追いする会社ではありませんよね」

シンディとレイラは、私を怒らせるためだけにわが家に乗り込んできたのではなかった。ある腹案を持っていた。男女平等賃金であるかどうかを最終的に判断するために、監査を入れたらどうかと言う。そのデータに妥当性が認められたなら、直ちに当時の全従業員１万７０００人の給与査定を行うことに、私は同意した。

「トップからボトムまで、１回に１人ずつやろう」

シンディはほっとしたように見えたが、すぐに顔に不安の影がよぎったのを私は見逃さなかった。話を先に進める前に、自分としては絶対にこの監査を形ばかりのものにしたくないと彼女は話した。

「アセスメントを行い、内容を見て、大金が支払われているのを確認してフタをする」ようではいけない。言い換えると、支払われている金額とは関係なく、私が責任を持って結果に基づいて行動することを、シンディは求めていた。賃金格差が見つかった場合、直ちにそれを解消するという言質でも取りたいのだろうか。

「もちろん、わかった」と、私は言った。

「ええと、コストがかかることはご存じですよね」

これを聞いて、私は上場企業のＣＥＯのように考え始めたことを認めよう。彼女たちの言っていることが正しかったら、どうなるだろうか。１０００万ドルになるのか？　それとも、５０００万ドルか？

「費用はどのくらいかかるの？」と、私は尋ねた。

「わかりません」と、シンディは答えた。

ジェンダー平等にかけては大多数のテック企業の男性幹部よりも進歩的だと、私は常々自負していた。それを証明する機会だ。

「よし、わかった」と、私は言った。「やることにしよう」

データ対メガホンの戦い

第2章で、インディアナ州でのLGBTQ差別に対して、私がまさに公に立場を表明したことを取り上げた。その後、ジョージア州とノースカロライナ州でも、同様の憎むべき法案と戦うことになった。それは、トランスジェンダーの人々は出生時に決定された性別に基づいて公衆トイレを利用しなければならないという法案だ。

私はいつも、あらゆる「平等」の問題を十把一絡げにしてきた。しかし、シンディやレイラと話をするうちに、ジェンダー差別が異なる種類の怪物であることを認識し始めた。賃金格差は議会を通過した法案の結果ではない。同一賃金は大多数の政治家が集会で支持母体を勢いづかせるために語ることではない。敵は1人も特定されず、直接対決もない。擁護すべきシンプルで普遍的な解決策もないのだ。

その代わりに、（通常は男性によって）意思決定が行われる会議室の閉ざされた扉の向こうで、いつでも、どこでも、静かに展開されている、有害で広範囲に及ぶ問題と言える。だからこそ、インディアナ州で使われた鈍器よりも、ジェンダー平等の戦いがはるかに強く求められているのだ。

この戦いにおいては、単純にツイッターをメガホンにして自分の声を上げるのではなく、データを掘り下げる必要がある。人の話を聞いたり、不快な質問をしたり、無意識の行動を調べることまでやらないと、メスではなくバターナイフで脳外科手術を試みるような具合になってしまう。

4月下旬、監査を開始した時点で、私は透明性を持たせるために、全従業員にメールを送ることにした。

「私は、シンディ・ロビンズ、レイラ・セカをはじめとする経営メンバーと一緒に、セールスフォースの全従業員に平等な機会と同一賃金が与えられていることの確認に努めてきました。このプロジェクトは複数年にわたって実施しますが、わが社と業界全体の両方にとって重要な取組みです」と、私は書いた。

この時点ではまだ、この件で次に全従業員宛てのメールを送るときには、セールスフォースでは男女を問わず全従業員について、同一労働・同一賃金が実行されているという最終結論に達したと、勝利宣言を出せることを信じていた。

残念ながら、これは実現しなかった。

その間、給与のアセスメントを行うために部門横断チームを編成し、外部の専門家とともに、職務、職位、地域などの客観的な給与決定要因に基づいて、従業員全体を分析する方法論を開発した。このアセスメントでは、同じような役割の従業員ごとにグループに分けて、それぞれのグループの報酬を分析し、全世界でジェンダー間において説明のつかない差異がないかどうかを探った。

数カ月後に結果が出たときに、セールスフォースに賃金格差が存在することは疑う余地もなかった。しかも、それはごく一部のオフィスに限られた現象ではない。どの地域、どの部門でも、会社全体で明白な差異が散見された。言い換えると、あらゆる場所でウイルスが見つかったのだ。

これには、うなだれるしかなかった。私は失望し、正直なところ打ちひしがれていた。こうした問題はあまりにも身近すぎて、目と鼻の先で起こっているのに、しっかりと把握できずにいたのだ。私は何としてでもシンディとの約束を果たそうと思っていたので、その日、セールスフォースに間もなく追加費用が発生することを、役員や経営チームに伝えた。

全体として、従業員の６％（ほとんどが女性だが、一部には男性も含まれていた）の給与調整が必要だとわかった。誰の給与も下げたくなかったので、上に揃える形で修正した。米国の従業員について、この調整をするにあたって総額で約３００万ドルかかった。これは私が恐れていたよりも少なかった。小さな額ではないが、これがどれほど適切かつ必要であるかを考えれば、かなりお得のように見えた。

「なぜ、君のチームには女性がいないのか」

その後数カ月間というもの、ロサンゼルスにある女優のパトリシア・アークエットの家で開かれた夕食会、東京でのイノベーションサミット、ホワイトハウスなど、あらゆる場所で、私は同一賃金の話をした。だからシンディが再び会いに来たとき、私がどれほど驚き、恥ずかしい思いをしたか、想像がつくだろう。

最初の監査で３００万ドルの修正対応をした1年後に再び試算したところ、前回の監査以降、報酬が大きく下がった従業員の給与を調整するために、さらに３００万ドルを投じる必要があることがわかったのだ。「これはどういうことか」と、私はシンディのチームに尋ねた。

この数値がおおむね成長の結果だと知って、少し胸をなで下ろした。セールスフォースは直近で24社を買収し、企業規模が約17％拡大していた。その過程で、買収した企業のテクノロジーだけでなく、給与制度や企業文化も引き継いだため、人種や民族だけでなく、ジェンダーで過小評価されていた従業員の割合が、前年の６％から11％に増える結果になったのだ。

これは繰り返し起こる問題だと気づいたので、私たちはより厳格な対策を講じることにした。

新しい職務規定と基準を考え出し、それを新たに買収した各社に適用し、同様の仕事をする人にはすべて、統合したその日から同一賃金が得られるようにする。それを手始めに、シンディのチームは各社での格差根絶に向けて昇給率、ボーナス、株式の付与、昇進制度も見直し始めた。

　これらの方針の是正には多少の手心を加える必要があったが、最終的にセールスフォース内で統一された。２０１８年、シンディと私はニュース番組「シックスティ・ミニッツ」に招かれ、レスリー・ストール記者から同一賃金プロジェクトについて聞かれた。

　この番組に出演することで、他のＣＥＯが自社の給与制度を調査するきっかけになればよいと、私は考えていた。私たちは、今日のビジネスでは多くのことと同様に、平等の要求水準は常に変わっていくという現実や、この取組みがまだ道半ばだと承知していることを話した。

　その好例が、２０１８年初めに、私が金融サービス担当の営業チームに同行して、顧客先のＪＰモルガン・チェースを訪問したときだ。私は通常、こうした打合せには顔を出さないが、その晩、ＪＰモルガンのＣＥＯのジェイミー・ダイモンが主催する夕食会に出席する予定だったので、同行することにした。

　チームリーダーのスティーブ・モロスキーと一緒に、ブライアントパークにあるセールスフォース・タワー・ニューヨークから、ミッドタウンのＪＰモルガン本社まで15分ほど歩いた。

　ＪＰモルガンが入っているパークアベニューの高層ビルに着き、近くのホットドッグスタンドで買ったサンドイッチを急いで食べながら、セールスフォースのテクノロジーをチェースの消費者金融部門のネットワークに導入するアイディアについて、スティーブに説明してもらった。申し分ないセールストークで、彼のプランに私は満足していた。

ところが、長いマホガニーの会議テーブルを囲んで座ってみると、私の意気揚々とした気持ちはすぐに警鐘に変わり、やがて失望へと転じた。セールスフォースがそのプレゼンテーションに送り込んだ営業担当者は全員男性だったのだ。打合せの直後に、私はスティーブに短いメモを渡した。「なぜ君のところには、女性の営業担当者がいないのか」。その後、私は夕食会に向かった。

無意識の偏見をなくす努力の恩恵

スティーブは、私のメモ（彼は後日「ラブレター」と呼んでいた）を受け取った後、直ちに急拡大中のチームに、今後のメンバー選定でいくつかの変更があることを伝えた。「世の中にいる最も優秀な女性候補者を採用する」。それ以降、スティーブは頻繁に女性のアカウントマネジャーに大手銀行や証券会社でのセールスプレゼンテーションを任せるようになった。

私が好んで使うデータを見ると、彼のエンタープライズバンキングチームの65人の営業員のうち女性はわずか16％だったが、現在は37％になっている。また以前は、女性リーダーは皆無だったが、今は3分の1を占めるようになった。

　チームに対するスティーブのコメントは、私たちの平等へのアプローチにおける重要なポイントを押さえている。ノルマを達成するためだけに、女性を採用すべきではない。しかし、その役割に最適だと思われる優秀な女性候補者を見つけるために一層の努力をして、採用プロセスから無意識の偏見をなくすべきだと、声を大にして言いたい。

　同一賃金にするプロセスは簡単でも、安上がりでもなかった。3回目の給与アセスメントの後、総額870万ドルをかけてジェンダー、人種、民族に基づく賃金格差を是正することになった。しかし、その成果はすでに計り知れない形で表れ始めていて、その恩恵は何年も続くだろう。たとえば、私たちは平等性にコミットすることにより、フォーチュンの働きがいのある企業ランキングで1位に、ピープル誌の「配慮のある企業」ランキングでも2年連続1位となった。しかも、それは国内で最も優秀な人材を集める力に寄与している。

　多くの競合他社が活用し損ねている膨大な数の女性人材については、とりわけ顕著だ。たとえばスティーブの説明によると、銀行担当チームの女性比率が20%に達すると、女性営業員が急増したという。「新しいネットワークとつながり、女性がセールスフォースに入社したがるようになった」のだ。

　このすべてが指し示しているのは、インクルージョンが一枚岩ではないということだ。平等を求める戦いは、多様な側面を持った多数の戦いの集合体で、それぞれに独自の課題があり、独自の解決策が求められる。ある問題に立ち向かうのに有効なレバーが、別の問題を扱うときには役立たないこともある。これを舵取りするには、社内の全員が自分の盲点を認識でき、新たな解決策を試すだけの柔軟性を備えていなくてはならない。

まだ決着はついていない

2018年初頭、オフィス内で数人の女性、そして男性も2~3人が、男性優位のシリコンバレーの実態を描いたエミリー・チャンの著書『ブロトピア(*Brotopia*)』を読んでいるのに気づいた［ブロトピアは、ブラザーとユートピアを掛け合わせた造語。男性優位社会を意味する］。

ニューヨーク・タイムズの書評には「シリコンバレーが栄えある友愛会の共同住宅になった経緯を綿密に調査している」とあり、私としては、セクハラが社内恋愛やジェットバスなどで楽しむホットタブ・パーティーとはレベルの違う問題であることを理解するのに役立った。これは深刻な症状だが、はるかに大きな体系的な問題の兆候と言える。つまり、それを積極的に容認する組織文化があるということだ。

シンディとレイラが2015年3月に私の自宅オフィスを訪ねて以降、企業文化が大小さまざまな形で、いかに不平等を引き起こしうるかについて、私は多くのことを学んだ。中でも重要なのが「無意識の偏見」だ。そのせいで、たとえ善意からでも、残念ながら墓穴を掘ることがある。私も時々やらかしてしまう。

２０１７年3月にセールスフォース本社で行ったイベント期間中に、私は新製品のロードマップを紹介するセッションを開いた。聴衆はリポーター、アナリスト、顧客、そして、何千人ものライブストリーム視聴者だ。セールスフォース創業18周年記念も兼ねていたので、妻のリンも同席していた。

スピーカーは４人で、全員がセールスフォースの経営幹部だった。最初の３人は男性で、私が１人１人をステージに呼び、握手して感謝の意を伝えた。ただし、４番目のスピーカーである女性が登壇したとき、私は軽くハグして迎えた。

セッションの後で、リンが私を脇に引っ張っていった。「あなたは男性にはしないのに、なぜ女性にはハグをしたの?」と、リンは言った。「彼女を軽んじたことになるわ。全員プロフェッショナルなのよ」

もちろん、リンの指摘は正しかった。女性幹部への扱いが違っていたにもかかわらず、私はその瞬間まで、その事実に１ミリも気づいていなかったのだ。

無意識の偏見は、ありとあらゆる形で表れる。とりわけ、歴史的に男性が牛耳ってきたテック業界ではその傾向が強い。デュポンの元ＣＥＯで、２０３０年までに職場での男女平等を完全に実現することをめざす強力なビジネスリーダーの組織、パラダイム・フォー・パリティーの共同議長のエレン・クルマンは以前、私にとって励みになると同時に、ややもすれば怯んでしまう発言をしていた。

「企業社会では男性が指導的役割の大部分を担ってきたので、女性の擁護とメンタリングにおいても、男性が重要な役割を果たしている。あなた方が職場を平等にするまでは、何をやっても結果は同じでしょう」

メンターシップは良いものだと私は常々思っていたので、社内の有望な女性人材を対象にメンタリングプログラムを試験的に行うよう、シンディに熱心に勧めた。しかし、受講者のフィードバックを見ると、予想とは違う反応だった。そういうお金のかけ方は評価しつつも、女性だけのプログラムへの参加は望んでいなかった。（良い意味ではなく）選別され、まるで矯正すべき人間であるかの印象を受けるというのだ。

こうした有望なスター人材が参加したいのは、男女の別なく、優秀な従業員向けのメンタリンググループだった。そこで、私たちはそのように修正を加えて、今日では技術部門と営業部門の両方で共同プログラムを実施している。

このような間違いを通じて、みんなの助けになろう、もっとインクルーシブになろうとしているときでさえ、女性従業員との接し方にもっと配慮が必要であることを私は学んだ。男性優位のビジネス出身の男なので、男性が女性だけに使ってしまう微妙な認識や期待について鈍いところがある。女性が権威ある立場の男性に投影する認識と期待についても同じようなことが言える。

これは私だけのことではないかもしれないと気づき、企業として無意識の偏見に積極的に対処し、トップ経営チームを含めた全従業員に対して、職場でのインクルージョンを促進するために必要なツールを提供しようと決めた。

そこで２０１６年に、世界中のオフィスで利用できる「平等啓発」ワークショップと、無意識の偏見に関するわが社のeラーニングサービス「トレイルヘッド（Trailhead）」のオンライン学習コースを開設し、一般向けにも同時公開した。また、採用プロセスから偏見を取り除くために、インクルーシブな採用手続きを導入し、私たちのコミュニティを着実に反映した候補者を集めるように努めている。

最後に、リーダーが平等を促進するためにできる最も重要なことを伝えよう。それは、自分自身をオープンにして、正直に自分の姿をじっくりと眺め、他の人の声に耳を傾けることだ。また、傲慢で防衛的になりすぎて、間違いを正せなくならないように、特に避けたいことが3つある。

第１に、自分はすべてを知っていると思い込んではいけない。第２に、真実を探ることから決して目を背けてはならない。第３に、（どれほど一生懸命に取り組んだとしても）作業を完了したと結論づけてはいけない。

平等について他にも学んだことがある。進歩する能力と積極的に他の人に助けを求める姿勢の間には、多くの場合、強い相関関係があるということだ。

羊飼いは羊を産まない

2016年7月5日、ルイジアナ州バトンルージュで、37歳の丸腰の黒人男性アルトン・スターリングが2人の白人警官に至近距離から射殺された。その翌日、ミネソタ州ファルコンハイツで、やはり黒人男性のフィランド・カスティーリャ(32歳)が車を路肩に止めるように命じられ、恋人と4歳の娘の目の前で白人警官に射殺された。

残念ながら、こうした悲劇的な事件は、罪のない黒人が白人警官の手で殺された最初の事件でも、最後の事件でもない。48時間のうちに同様の事件が2件起こり(警官の1人は無罪を言い渡され、もう1人は不起訴となった)、怒りが広がり、平和的なデモが行われた。そこから火がついて暴力的な抗議活動に発展したため、米国では人種差別問題が最優先課題となったのである。

その週の後半、私たちはセールスフォース本社ロビーの大画面に、マーティン・ルーサー・キング・ジュニア牧師の言葉を2つ引用する形で、平和のメッセージを共有した。また、支援サービスを受けられることを周知徹底するために、従業員向けに電子メールも送信した。私たちがこうした行動を取ったことは喜ばしいが、それでは全然足りないこともわかっていた。

７月９日、黒人の権利を求める運動「ブラック・ライブズ・マター」のリーダーであるディレイ・マッケソンがバトンルージュでの抗議活動中に逮捕され、ひざまずいている写真がソーシャルメディアで広まった。彼はツイッターの黒い鳥のロゴマークと、「#StayWoke（人種差別問題に対する意識を持ち続けろ）」と書かれたＴシャツを着ていた。

ツイッターのアフリカ系米国人の従業員リソースグループ「ブラックバード」（セールスフォースの「ＢＯＬＤフォース」に相当）には常々感心していたので、その翌日、私はツイートした。「まさに、@Twitter@Blackbirdsのロゴだね。テクノロジーを社会変革の手段と見ることは素晴らしい。尊敬します」

すると15秒で、とんでもない間違いを犯したことに気づいた。偽善者だの、もっとひどい言葉で、私を非難するリプライが殺到したのだ。一般的には、私のような、黒人従業員の雇用が進まず悲惨な記録で頭を抱えている業界のＣＥＯが、人種差別との闘いを目的とする活動に首を突っ込む権利などない。

しかも、多くの人々に図星を指されたように、社会変革の手段としてテクノロジーを褒めちぎった私のコメントは、その瞬間、完全に的外れなものだった。特に痛烈だったのが、３つの統計数値だけのメッセージだ。

「黒人比率は、フェイスブック２％、ツイッター２％、セールスフォース２％」

この批判は１００パーセント正しい。米国では、セールスフォースの従業員の黒人比率はわずか２％で、ヒスパニック系やラテン系の４％よりも少なかった。それは、私たちが生活や仕事をしているコミュニティを代表する構成比ではない。

ビジネス対話アプリを手掛けるスラック・テクノロジーズのシニアエンジニアで、プロジェクト・インクルードの発起人の１人でもあるエリカ・ジョイ・ベーカーは、「誰が見ても、無実の黒人男性を誤って殺害することに抗議して逮捕された黒人男性の写真だとわかる状況で、『ちょっと、ツイッターのロゴを見て』という反応は場違いで、信じられない」と、ガーディアンに語った。

この経験は痛恨の極みだった。私はその投稿にコメントしたほぼ全員に個別に謝罪したが、本気で動揺していた。これが人種間の平等について支持を示す合理的な方法だなんて、どうして一瞬たりとも考えたのだろうか。自社の問題解決にまずは心血を注ぐべきだったのだ。

そうやって惨めな気持ちになった瞬間に、これは１つの兆候だとわかった。セールスフォースにおいて、人種間の平等やインクルージョンに関して大変革が必要なのは明らかだ。とはいえ、どこから手をつければよいのか私には見当もつかなかった。そこで、率直で信頼の置ける広報担当（当時）のモリー・フォードに連絡をとった。「セールスフォースで働く黒人女性として、どんな経験をしていますか」

孤独だと、モリーは語った。ロールモデルとなる有色人種は非常に少なく、リーダークラスはそれに輪をかけて少ない。セールスフォースでは、マイノリティの苦労について理解を促す活動が十分に行われているとは思えない、と。

モリーは「羊飼いは羊を産まない。羊が羊を産む」という古いことわざを引用した。つまり、真剣に心地よい場所をめざすのならば、役職者の中にもっと人種の多様性を持ち込まないといけないし、マイノリティの従業員に自身に対して影響を与える問題を浮き彫りにする、より良い方法を提供する必要があるということだ。

私たちはいま一度鏡をのぞいて、最初からやり直さなくてはならない。そのためには助けが必要だった。通常業務を離れて、私がこの問題に対応するのを手伝ってほしいと頼むと、モリーは承諾してくれた。

「炎上」が教えてくれた
リーダーの責任

ハワイで行ったセールスフォースの経営幹部との年次中間会議で、私は企業文化に関するパネルディスカッションの場を設けた。１人のマネジャーが、企業として多様性の実現にどれほど本気なのかと質問してきた。今回は、他の人が答えるのを待たずに、私がきっぱりと述べた。「平等は今後の私たちの優先事項です。平等は今や当社のコアバリューです」

平等を守るために必要なことを何でもすると、私は約束した。つまり、ジェンダー、ＬＧＢＴＱ、人種の平等と同一賃金を促進する活動を加速させるということだ。この先の長い道のりを考えて、わが社の平等に関する活動全体を引っ張ってくれる人材を雇うべき時期だと、私は判断した。そして思い出したのが、友人のトニー・プロフェットだ。

トニーと知り合ったのは、彼がベイエリアでヒューレット・パッカードの上級経営幹部として働いていた頃である。彼はその後、マーケティングエグゼクティブとしてマイクロソフトに転職し、同社の黒人をエンパワーメントするためのプラットフォーム「ブラックライト」を立ち上げていた。

平等の問題をめぐる仕事ぶりやその技術的バックグラウンドに感銘を受けていたので、トニーにはセールスフォースで最高平等責任者という新しい役職に就いてもらうことにした。私の直属として、トニーの率いる新部門が社内とステークホルダー間の平等性を擁護し推奨するのに必要なリソースと支援を、すべて受けられるようにすることが重要だった。

私たちは過去数年にわたって、恵まれないコミュニティ出身の生徒が大学を卒業できるように支援するカレッジトラックなどの人材開発団体とパートナーシップを結んできた。大学組織や、アフリカ系、ラテン系、ネイティブアメリカンにビジネスの世界で成功するためのスキル、コーチング、つながりを提供するマネジメント・リーダーシップ・フォー・トゥモロー（ＭＬＴ）などの非営利団体とも提携してきた。

　機会の格差を解消するための活動として、恵まれない地域の学校に資金や従業員の時間を提供したり、学校でコンピュータサイエンスにもっと触れて学んでもらうために、コード・ドット・オルグ、コーダー道場、ヒドゥン・ジーニアス・プロジェクト、ミッションビットなどの組織と協業しながら、成功の壁に突き当たっている若者に有意義なキャリアへの道筋も示してきた。

　セールスフォースのトレイルブレイザーたちが立ち上げた非営利団体「ペップアップ・テック」との取組みでは、恵まれない学生がテクノロジー分野でキャリアを始められるように、アクセス、スキル、メンターシップを提供。需要の大きい仕事上のスキル、経験、支援を若者に提供するイヤーアップなどの組織ともパートナーシップを結んできた。

　２０１４年に私たちが導入したフューチャーフォース・グローバル・リクルーティングプログラムは、大卒者、都市に住む若者、退役軍人とその配偶者など、多様な人々を募集することを重視している。米国で過去1年間にフューチャーフォース（Futureforce）を通じて新規に採用した人の43％は女性もしくはマイノリティだ。

私たちの平等に関する究極のミッションは、一見すると単純なことに聞こえる。私たちは世界中のセールスフォースの各拠点の人員構成が、事業活動を行っている対象地域の母集団の構成と同等になることをめざしている。

ただし、ＨＲ部門にこれを任せきりにしているわけではない。平等担当オフィスは社内のすべての上級幹部にも、各部門の採用者、解雇者、離職者、女性、マイノリティの人数を、月次で知らせている。

すでに述べたとおり、データは嘘をつかない。私たちは引き続きこの活動に力を入れ、毎年新たな側面を見ながら、多様性が足りない箇所を突き止め、給与格差を顕在化させ（解消し）、雇用、昇進、定着に関する問題を明らかにしている。その結果に応じて、私たちはこの先の戦略を考えていくのだ。

私のブラックバードのツイートは無神経すぎたので削除した。しかし、そこで散々たたかれたことには感謝している。リーダーにとって言動を一致させることがいかに重要かを思い知ったからだ。思いやりのある発言をしたければいくらでもできるが、有色人種の人々にドアを開き、彼らのための快適な環境を構築する方法を見つけ出すまで、長続きする変化にはならない。

まだ道のりは遠いが、思いやりがあり、創造的で、多様な企業文化にするための活動を、私たちは決してやめることはないだろう。

トレイルブレイザーが P＆Gを動かした

２０１８年の世界経済フォーラム（通称・ダボス会議）で、セールスフォースの共同ＣＥＯ（当時）であるキース・ブロックが、消費財大手のプロクター・アンド・ギャンブル（Ｐ＆Ｇ）の北米担当プレジデントのキャロリン・タスタッドと会って話をした。キャロリンはまさにトレイルブレイザーの１人で、就労女性の擁護活動に熱心に励んできた。

キースはダボス会議でＰ＆Ｇが主催した特別イベントで、女性が職場で一歩下がる問題について理解を深めた。そのお礼としてキースは、キャロリンをサンフランシスコのセールスフォース本社に招待することにした。

当時のキャロリンの主な関心事は、年間３００億ドルを稼ぎ出すＰ＆Ｇの北米事業の売上げ成長をさらに伸ばすことだった。当然ながら、私たちはぜひともそれを支援したいと思っていた。キースは小売業や消費者向けパッケージ製品を担当する上級幹部のエリック・エイケン＝スライタースを指名し、ウォルマートから近隣のコンビニエンスストアに至るまで、Ｐ＆Ｇの自社チャネルを通じた革新的な販売増進策を考えてもらった。

ところが、キャロリンとの重要な打合せの前夜、エリックをはじめとする営業チームで集まったときに、キースは深刻な問題に気づいた。またしても、チーム内に女性メンバーが１人もいなかったのだ。

「エリック、これは冗談ではないよね」と、キースは聞いた。そのとき、エリックのもとに残念な知らせが飛び込んできた。参加するはずだった女性メンバーの乗ったサンフランシスコ行きの便が遅れるという。

そこでキースは急遽、トレイルブレイザー・マーケティング責任者のクリスティーナ・ジョーンズに打合せに出てほしいと頼んだ。見た目上の男女比率を変えるのが目的ではない。Ｐ＆Ｇの北米担当プレジデントとの会議に価値を付加できる、賢く経験豊富な女性の声を入れたかったのだ。

エリックは、データを活用した店舗内の販売活動の改善方法について説得力のある提案をした。ただし、目先の実用的な問題一辺倒では、キャロリンとの商談は勝ち取れない。私たちがいかにバリューと一致して動いているかを示す必要もあった。

キースはそれを心得ていたので、セールスフォースのバリューに基づく文化について彼女に話し始めた。続けてクリスティーナにバトンタッチし、セールスフォースのトレイルブレイザー・コミュニティと、社内における平等を優先するために実施した取組みについて説明した。

そのプレゼンテーションが終わる頃には、キャロリンがこの議論に感銘を受けていることは、同席していた誰の目にも明らかだった。「私たちのブランドに対する彼女の評価は高まりました」と、後にエリックは私に語った。

その後間もなく、P&Gは主要なデータ分析プロジェクトで私たちと契約を結んでくれた。これもまた、（それが主要因ではないとしても）おおむね私たちの4つのコアバリューの力によって獲得した貴重なビジネスだろう。

＊＊＊

第Ⅰ部では、自社とより広いビジネスの未来について、私が一歩離れてより熟考せざるをえなくなった出来事についてお話しした。この波乱に富んだ数年間で、私は予想したこともなかった課題にあれこれ遭遇した。

その舵取りをしていく中で、人生観が変わるような教訓をいくつか得た。セールスフォースが成功するビジネスになった理由や、それをどのようにリードするかについて、わかっていると思っていたことが相当ひっくり返されたのだ。

第1に、私たちが築き上げてきた企業文化とそれを支えるコアバリューは、過去20年間における成功に付随する要素ではない。実のところ、コアバリューを車にたとえれば、ボンネットの下であらゆるものを動かす強力なエンジンに相当する。ボンネットを開けてみると、4つのコアバリューが別々に価値を生み出していただけでなく、関連し合っていることがわかった。連動して勢いを生み出し、タイヤを回し続けていたのだ。

たとえば、信頼を築くためには、常にカスタマーファーストの文化をつくり、利益だけでなく世の中の状態を良くする選択をしなくてはならない。そのためには同僚や顧客、さらに広いコミュニティについて真剣に気に掛ける人を雇用する必要があり、多様性に富み、インクルーシブで、平等を重んじる従業員がいてこそ、最もうまく実現できる。これは、社内においても、私たちが暮らす地球全体においても、人々の権利のために立ち向かうのに必要な種類の基盤だ。

また、女性やマイノリティが企業に魅力を感じて働き続けてもらうには、平等をバリューとして掲げるだけでなく、採用や維持活動、リーダー職への昇進制度にも織り込む必要がある。簡単に言えば、誰もが信頼できる雇用主のいる企業で働きたいと思っている。

安心して仕事ができる場をつくり、給与を公正に支払い、ジェンダー、人種、肌の色などに関係なく、誰でも同じように昇進の機会が与えられる。これらを自社の優先事項としないのであれば、なぜ女性（に限らず、誰でもそうだ）がそこで働きたいと思うだろうか。

要するに、多様な労働力を構築することは、ビジネス的にも理にかなっているということだ。急速に変化するデジタル時代で成功するには、継続的なイノベーションを支えるエコシステムを必要とする。

そして、そのためにはあらゆる意味での多様性が要求される。全員が同じものを見て、同じ考え方をする中で、イノベーションや社内変革を推進する状況を考えてみてほしい。それでは、顧客の成功を支援するために必要な創造的なソリューションなどは生まれてこないだろう。

企業の経営者でも、チームリーダーでも、そういう立場をめざす人でも、成功するためには自分の視野を世界に広げると同時に、自分の周りの組織に視野を絞り込む必要がある。未開拓の分野に入っていくときに地図はない。見知らぬ土地で道を切り開くのを手伝ってくれる人を探す必要がある。

バリューに関して言っておきたいことがある。バリューは言葉ではっきりと言い表す必要があるが、それを一貫性のある行動に転換させない限り、真の価値は生まれない。バリューを企業文化の基盤とすることは、危機対応に当たって選択的、断続的、無秩序な形でバリューを適用するよりも、はるかに賢明で持続可能だ。

これはすべて踏み込んではいけない地雷原のように聞こえるかもしれないが、将来的には、平等であることが企業の完全かつ持続可能なバリューを引き出す鍵になると、私は固く信じている。だからといって簡単に実現できるとは言わないが、試みようともしない人は歴史の流れに逆行することになるだろう。

Part II

Business Is the Greatest Platform for Change

ビジネスは世界を変えるための最良のプラットフォームである

企業文化

Shared Knowledge

コアバリューを定義して表現するもの

私が思い切って人前に出るとき（かなり頻繁にあることだが）、自分がＣＥＯだと思うことはほとんどない。それよりも正直なところ、ＣＡＱ（Chief Answerer of Questions：最高質問回答者）のような気がしている。

あなたがあえて普通とは異なるタイプの企業、私の場合であれば成功と善行に等しくコミットする企業をつくろうとしていることを世間に公表すれば、みんな興味を示すだろう。特に知りたがるのは、どのように経営し、どんなことに眠れないほど悩み、どのくらい順調にいっているかということだ。パーティー、会議、チャリティーイベント、私の場合はプロバスケットボールの試合のハーフタイムの間でさえ、質問攻めに遭う。

約20年の間に、聞かれる質問の性質が劇的に進化してきた。私たちのビジネスモデルを褒めたたえる人々は、それを見習おうと質問をした。また中には、懐疑的な気持ちを表に出さないようにしつつも、明らかに弱点を探るような質問もあった。セールスフォースが市場牽引力を得て、世間で認知されるようになると、私たちがどのようにイノベーションや採用活動を行い、支援する慈善団体を選定しているかなど、実用的なことを聞かれるようになった。

しかし最近は、他の質問をそっちのけでしきりに聞かれることがある。

「企業文化について教えてほしい」

この「文化」という言葉は、米国はもとより世界中の企業の間で、最も人気のある用語となってきた。ところが、よくありがちな使われ方は、私からすると常に問題含みに見える。

一部のビジネスリーダーは、設備の整ったオフィスに笑顔の人々が集まっている修正済みの写真を載せた美しいパンフレットに、企業文化を代弁させようとしているようだ。あるいは、食通が喜ぶような食事を提供し、卓球台を設置すれば、企業文化ができたと思っている節もある。

真実はというと、企業文化は単なる特典や無料サービスよりもはるかに重要なものだ。それは基本的に、自分たちのコアバリューを定義して表現する方法と言える。

自分の価値観と共通するコアバリューを掲げる企業で働きたいと思う人が増えている。現在、私たちの会社の従業員の半分以上を占めるミレニアル世代の人々は、仕事の未来をどう思っているかについて教えてくれる。若い世代の従業員は、自分の仕事に高い目的意識を持たせたいと考えている。自分の会社が世界の状況を改善することに確実にコミットしてほしいのだ。

ビジネスリーダーが今、その中を進んでいくのは難しいと考えているならば、次世代が労働市場に入ってくるまで待つしかない。次世代は、今の2〜3倍はミッション志向であると、私は信じている。

企業がこうした従業員の要求を満たすようになるにつれて、この文化的なニーズが本物だとわかってくる。企業文化を支える汎用的な既成の一般原則はもはや存在しない。指紋のようにはっきりと異なっている必要がある。

創業以来、セールスフォースの企業文化の象徴は、驚くほど基本的なものだ。主な企業文化の1つが、企業の壁を越えて世の中にかかわるためにコミットすることだ。従業員はコミュニティを支援し、バランスの取れた生活を送り、他の人たちの成長を助けたいと思っている。また、私たちの顧客や他社を成功させたいと願っているのだ。

しかし、２０１８年にクラウドベースの先駆的なソフトウエアビジネスの構築を決意したことをはじめ、自分たちの立場を使ってサンフランシスコの喫緊の課題であるホームレス対策をめぐって住民投票への参加を呼びかけたときもそうだが、気づくと私たちは孤立していることが多い。

中には、これを見てあきれる人もいる。私たちが単に気を引くために美徳のシグナルを送っているのだと決めてかかっているのだ。私たちが記録的な四半期実績を出していなければ、そこまで大胆になれないだろうとも言われる。しかし、こうした懐疑的な見方が私たちの考え方に影響を及ぼすことは絶対にない。

成長し、その状況を長く維持するには、人目を引くバリューをずらりと並べる必要はなく、ただ本物があればよい。バリューを偽ることはできない。企業文化が偽物や亜流、中途半端や見当違いなものであれば、その会社は最終的に傾いていくだろう。

信頼などの基盤の上に築かれ、事業を通じて善をめざす真の文化があれば十二分だが、それは売上げ、成長、利益を増進させようという伝統的なビジネス上の動機づけをそもそも上回っているときに限られる。

セールスフォースを創業した頃を振り返ると、当時は企業文化にこだわる企業はごくわずかだった。私たちはいち早くその仲間入りをしただけでなく、20年前から試行錯誤のプロセスを重ねてきた。

第I部で、その道のりがどれほど困難で厄介であるか、また、それと同時に、どれほど深い満足感が得られるかを紹介した。最初に自分が思い描いた企業文化がいかに実際に息づき、進化していく有機体になるかについても理解していただこうとした。

リーダーとして企業文化とともに進化するかどうかは、その人の肩にかかっている。生きていく指針とするバリューを選ぶこと自体は簡単だが、実践するには途方もない注意力と粘り強さが要求される。

ドラッカーを超えて

経営学の大家であるピーター・ドラッカーがかつて定めた簡単なルールが、私の頭にこびりついて離れない。それは「企業文化は戦略に勝る」というルールだ。セールスフォースでの私の経験上、企業文化はすべてのことに勝る。

私たちが展開するどの事業戦略も、私たちが書くどのコードも、私たちが長年思い描いてきたどのマーケティングキャンペーンも、しょせんは一時的なものにすぎない。周囲の世界が変わればいつでも捨て去り、交換すればよい。

私たちの企業文化は変化のペースに合わせて進化し、自ら息づき、親しみやすくダイナミックになり、私たちを実際に前へ前へと押し進める。将来にわたって繁栄を願う企業にとって企業文化とそれを定義するバリューは、経済的成功の原動力となるのだ。

今日の世界は、経済的、社会的、政治的に課題が山積しているので、企業が通常どおりに事業を遂行したり転換することはもはや不可能になっている。企業が大きくなるほど、また影響を及ぼす対象者が増えるほど、単純に製品で自社を定義づけることが一層難しくなる。

時とともに、従業員、顧客、さらには投資家、パートナー、コミュニティなどのステークホルダーが、あなたが事業を行うに際してどんな哲学を持っているかを知りたがるだろう。あなたに「志」があるかを問うてくるのだ。

私たちは複数のバリューが公の場で対立する悲惨な瞬間を目にしてきたが、それには慣れっこになっている。こうした不快な時期がやって来るのは避けられない。企業文化が強ければ切り抜けられるし、実際にそういう期間を経て強くなれることもある。私たちの場合、こうした状況になると決まって、自分たちが本当は何者であるかを思い出し、妙に安心するのだ。

旧来のビジネスの世界では、所有権で守られた知識が武器となってきた。最も深い知見を共有すれば、ライバルがより強くなるだけで、逆効果である。詮索するような質問に対して、ＣＥＯはおなじみの曖昧な答えでお茶を濁してきた。

私自身もこうした教訓を守り続けてもよかったが、そうはしなかった。信頼と透明性のある環境で経営しながら、同時に防音壁を築いて世間を締め出すことなど、私には想像できない。

私がセールスフォースで学んだことがあるとすれば、誰かに手を差し伸べ、バリューを共有することによって、自ら成長していくコミュニティをつくる力が生まれるということだ。わが社の誰もが、トレイルブレイザーになるために、より大きな責任感、発言力、自在に使えるツールを自分は持っていると信じている。

言い換えると、知識は共有してこそ本当に力を発揮するのである。

だからこそ、私はセールスフォースのCAQとして、常に質問に答えていくつもりだ。私が考える今後のビジネスの行方について話し、自ら起業したい人にはアドバイスをする。それが第Ⅱ部の目的である。私たちの先駆的な企業文化がどのような働きをするのかをとことん見ていこう。

#07 オハナ 企業文化を再定義する

Ohana: Redefining Corporate Culture

あらゆる人を受け入れる

私は、常に破壊的で起業家的な考え方をしてきた。私の場合、それが生まれついての思考回路なのだ。実のところ、会社を立ち上げよう、優れた製品をつくろう、利益を出そう、成長やイノベーションに励もうとする本能は、多くの人の中にある。人間ならばごく自然に試みることだ。ところが、ここに問題がある。企業文化を定義しようとすると、こうした起業家的な衝動は最低の指針になってしまうのだ。しかも、そうした衝動は経済、競争、人材プールなど外部の力に大きく依存するので、自分では完全にコントロールできない。これらを指針として優先させようとすれば、私が初期の頃に犯したような失策につながる。

自分の指針として実際に必要なのは、なぜ構想中の会社をつくりたいのか、どのような方法を取るかをめぐる一連の信条だ。結局のところ、企業は基本的にモノではなく、共通のミッションで団結した人々で構成されている。そのミッションに自分がどうアプローチするかは、自らつくる企業文化が色濃く反映される。

私の知る限り、ビジネスと道徳分野で最も賢い人物の１人で、『人として正しいことを』（海と月社刊）の著者であるダヴ・シードマンは、企業文化とは「組織で人々が互いに関係し、みんなの取組みをまとめ、自らを律するユニークな方法から生まれてくる」ものだと、好んで口にする。もちろん、そのとおりだ。企業文化とは、単に従業員名簿に載っている人々や顧客に対するだけのものではない。その影響範囲には、たとえわずかでも接点のあるすべての人々、当初の計画では夢にも考えなかった遠く離れた人々も、含めなくてはならない。結局、企業文化を定義するとは、単に従業員と顧客の周辺で信頼の輪を描くことではなく、その輪をできる限り広げることなのだ。

いくつか例を挙げよう。インディアナ州議会が差別的な法律を可決する前、私たちが立場上、社会問題に立ち向かうことを求められようとは、まったく想定していなかった。適正な給与かどうかの監査をするまで、賃金の不平等が私たちの対処すべき課題だとは思いもしなかった。２０１８年に、メキシコとの国境で移民の子どもを家族から引き離すときに、税関・国境警備局が当社のソフトウエアを使っていると苦言を呈す従業員がいたが、そのときまで善行へのコミットの対象を自社製品の使われ方の調査にまで拡大すべきだという認識はなかった。しかしいずれの場合も、バリューが私たちに進むべき道を示してくれた。

ここまで読むと、企業文化は単純に複雑な問題を切り抜けるのに役立つツールだという印象を受けたかもしれない。ところが、話はそれほど単純ではない。バリューは、問題Cに対処するために戦略Aか戦略Bを使うかどうかを指示するアルゴリズムとは違う。

このため、私たちの企業文化に「秘密」があるとすれば、バリューに沿って行動することが真の帰属意識を生み出す方法になっていることだ。素晴らしい企業を一緒につくるために一生懸命に働き、コミュニティでともに社会貢献をすることを重視する中で、私たちは徐々に絆を強めてきた。何よりも重要な2つの要素は、ボランティア活動や社会貢献に対する共通のコミットメントと、顧客サービスにおける共通ミッションである。

そのように目的と意義に関する共通意識があったから、セールスフォースの文化がハワイの「オハナ」という概念を具現化するようになったのだ。オハナは「家族」を意味するが、血縁関係のない人を含む拡大家族も指す。

私が最初にオハナを知ったのは、子どもの頃に家族と夏休みにハワイを訪れたときだ。この場所はいつも楽しく平和的だと感じた。大人になると、オハナはお互いに責任を持ち、共通のバリューで結ばれた集団を意味するようになった。それが、私が最初からセールスフォースに求めていた企業文化である。あらゆる人を受け入れ、私たちが行うあらゆることの根底にあるものだ。

最高のチームは家族のように動く

子どもが成長していくように、企業が発展して歳月を重ねるのに伴って、企業文化は継続的に育む必要がある。これが私のセールスフォースにおける最も重要な役割だと考えている。

私たちの企業文化は創業から20年の間に、私が思いもしなかった形で進化してきた。私たちはスタートアップ企業からフォーチュン５００企業へと成長する中で、明示的や非明示的にも、企業文化に命を吹き込み、活性化を促すために数々の新しい取組みをしてきた。特に私たちは急成長してきたので、文化の醸成には日々注意を払う必要があった。

企業文化の保護や醸成には警戒を怠らなかったことが、セールスフォースがフォーチュンの「働きがいのある企業ベスト１００」に11年連続でランクインし、世界中の都市で最適な職場という評判を維持してきた理由だと、私は考えている。

だからといって、成長の痛みがなかったわけではない。どんな家族にも衝突する瞬間があり、セールスフォースでも時折、熱くなって激しい言い争いが起こる。しかし、私が常々言っているように、最優先にすべきは信頼である。

多くの人にとって、最も信頼しているのは自分の家族だ。もちろん、誰しも家族に失望させられることがあるし、私たちがつくろうとしている企業文化の完璧なモデルとなる家族はどこにもいないことはわかっている。しかし、私が思いつく最も近いたとえが家族なのだ。

一部のCEOは、従業員を家族のように扱う考え方は、成功には逆効果になると見なしている。たとえば、ネットフリックスのCEOであるリード・ヘイスティングスは、自社の企業文化や経営哲学を「家族ではなく、チーム」と表現することで有名だ。実際に、その悪名高いパワーポイントは何十万回も閲覧され、他の経営幹部から頻繁に引用されている。そこでは、あらゆる職位で「スター」のいるプロスポーツチームに同社をなぞらえ、「スター」の業績を下回る従業員は社内に未来がないことを明確にしている。

スタープレイヤーがあらゆるポジションでハイレベルなパフォーマンスをすることを期待して、優勝というチームのミッションに貢献しない人はトレードもしくは退職させるというのは、理屈としてはわかる。けれども、私のアプローチは違う。

たとえるならば、わが敬愛するゴールデンステート・ウォリアーズのコーチであるスティーブ・カーが育ててきた文化のようなものだ。スティーブはチームを指揮しているにもかかわらず、優れたバスケットボール・プレイヤーよりも、優れた人々がいるほうが重要だと考えている。

プレイヤーの出入りがあっても、コート内の倫理的態度《エトス》は次の試合や翌シーズンに受け継がれていくことを、彼は理解しているのだ。最高のチームはお互いを信頼し支え合う家族のように、みんなで一緒にプレーする。

確かに、オハナには精神的な要素がある。ハワイのコナで行う合宿研修では時折、経営幹部チームの面々が、温かい波の中で、つま先を熱い砂の中に埋めながら一緒に立っている光景が見られる。これは、これから3日間かけて自社についてうんざりするほど細かく調べ上げる前に行う、伝統的な祝福の儀式だ。

私たちにとって、オハナは単なる儀式や儀礼にとどまらない。オハナとは、４万５０００人の従業員、約15万社の顧客、私たちが日々接する数百万人の人々を、最も身近な家族のように扱うことを指す。

ただし、この企業文化は社内だけのものではない。どこにいても感じたいと、私は思っている。社内をぶらぶら歩き回るときも、顧客と会うときも、何千マイルも離れた他社のＣＥＯと話しているときにも、この文化を感じたいのだ。

たとえば最近、ミネアポリスに本社を置く穀物メジャーで米国最大の非上場企業、カーギルのＣＥＯのデビッド・マクレナンと会った。彼のオフィスを出ると驚いたことに、廊下にトレイルブレイザーのＴシャツとパーカーを着た人々が十数人集まり、私たちと一緒に写真を撮ろうと待っていたのだ。

「この人たちはセールスフォースの従業員ですか」と、デビッドは私に尋ねた。
「いいえ、御社の従業員ですよ。ですが、ここではセールスフォースのテクノロジーを使っていただいているので、私たちの家族の一員です」と、私は答えた。彼らはセールスフォースのトレイルブレイザーだ。また、パイオニア、イノベーター、生涯学習者であり、私たちを刺激し、私たちのオハナを代表している。

オハナは私たちの倫理的態度も表すようになってきた。新しい人たちを続々と招き入れ、すでにかなりの規模の家族になっている。過去2年間で1万8000人の従業員が新たに加わったが、まだまだ続くだろう。したがって、私たちがすべての行いにオハナの文化を確実に浸透させるためには、懸命に努力しなければならない。

社会問題に立ち向かおうというときはオハナに沿って考えないといけないし、新製品のブレーンストーミングをするときもオハナを反映させる必要がある。オハナは、新規採用者の受入れ、新しいオフィス設計、社会貢献や健康、マインドフルネス、ウェルビーイング（身体的、精神的、社会的に良好な状態）の重視などすべてについて、日々どう取り組むべきかを指し示すものでなければならないのだ。

ファミリーへようこそ

セールスフォースでは、入社初日からオハナのメンバーとして迎えられる。入社した人はまず社員証、バックパック、コンピュータを受け取り、午前中はオリエンテーションを受ける。私たちが何者で、何を行うのか、そして社内システムにログオンするプロセスをよく確認した後、私たちのバリューや、自分の選んだ非営利団体でボランティア活動をするために年7日間の有給休暇が取得できる仕組みについて説明を受ける。午後になると、コミュニティへの奉仕活動に送り出し、私たちの本気度を示す。

こんなことをするのは、新しい同僚と一緒に忘れがたい体験をしてもらい、私たちのバリューが単なる意欲的な抽象概念や、悪くすると会社のスライドやプレートにただ書かれているだけの文言ではないことを示したいからだ。私たちのバリューがどれほど息づき、社会貢献が企業文化の中心を占めるかについて、1つの考え方を提示したいと思っている。

そして、「ビカミング・セールスフォース」という集中研修を丸1日かけて行い、私たちの企業文化を詳しく学ぶ機会も設けている。そこでは経営陣が、社内での経験談、スピードの速い環境下で成功するコツ、自社製品の概要などを紹介する。

この研修はキャンプ場で行うので、さまざまな従業員リソースグループ（ＥＲＧｓ）［女性、ＬＧＢＴＱ、障がい者など、社内で共通の特性を持つメンバーの集まり］、倫理研修、そして当然ながら、Ｔシャツやステッカーといったセールスフォースのグッズにも親しむことができる。

同じく重要なのが、既存の従業員が新しい同僚をオハナに迎え入れるようにすることだ。新しい家族が増えるときの準備と同じように、セールスフォースでは、会社全体で新しい従業員がドアを開けて中に入る前からくつろいだ気分になってもらう工夫をしている。

たとえば、各人に「トレイルガイド」をつけて、セールスフォースでの最初の90日間、ガイダンスやサポート、コーチングを行う。最初の数週間は、同僚と一緒に昼食会やチームミーティングも開く。実際に、マネジャーはオリエンテーションの日にスペシャルランチを取るために、新しい従業員を外に連れ出す。初日に絆づくりを始めると、時間をかけずに絆が深まることがわかっているからである。

心身の健康を支える
キャンプB-Well

私は、ハワイでサバティカルを取る前にオラクルで深刻な燃え尽き症候群に陥った経験があるので、オハナでは健康とウェルネスが最優先事項だと、身をもって知っている。従業員とその家族が、健康的な生活を送る支援が受けられると感じることが、みんなの関心事であることもわかっていた。

人は健康であれば、より積極的かつ生産的になり、幸せを感じ、その企業で長く働き続ける可能性が高い。また、顧客やお互いのことをより尊重し、思いやりや感謝の気持ちで接するようになる。

もちろん、ほとんどの企業と同じように私たちも、会員制フィットネスクラブの参加助成金を出したり、瞑想やヨガのクラスを開いたりしている。しかし、そうしたウェルネスプログラムを活用する時間的余裕がない人なら誰でも知っているように、こうしたプログラムを用意するだけでは必ずしも効果的ではない。そこで私たちは、給与制度の分析にデータを使うのと同様に、ウェルネスプログラムの選定や効果の評価にデータを使うことにした。エンプロイーサクセス（ES）チームが従業員のプログラム申請状況を定期的に調査し、問題がありそうな点を探すのだ。

従業員数が2万5000人以上になった頃から、うつ病、薬の過剰摂取、不安神経症などの行動上の健康問題（多くの場合、ストレスが関連している）が目立ち始めた。匿名の医療費請求データを集計してみると、癌や心臓病など他の健康問題よりも、この種の診断結果が急増していることがわかった。結局のところ、私たちは競争の激しい急拡大中の市場や業界で急成長してきた。その副産物として、一部のオハナの間で、ストレスやそれに関連した言動が増えてしまっていたのである。

このデータから対策が必要であることがわかった。シニアＨＲエグゼクティブのジョディ・コーナーとスタン・ダンラップが、サンフランシスコのＵＣＳＦメディカルセンターの精神医学教授、キム・ピーター・ノーマン博士に相談し、ストレスと不安の高まりに対処するために重要な４つのアプローチを明らかにした。

１つ目は「栄養」だ。従業員が健康的な食事目標を立てるのに役立つ情報を提供する。２つ目は「回復」。よく眠り、休みを取り、息抜きをするためのリソースで心身の充実を図る。３つ目は「運動」。健康な身体を維持するための運動や活動に焦点を当てる。４つ目は「たくましさ」。メンタルヘルスを改善し、ストレスを管理し、人生の打撃に耐えるレジリエンス(回復力、再起力)を養うツールを提供する。

これらの４つの柱は、「キャンプB-Well」と呼ばれるプログラムの基盤になった。当社のエグゼクティブシェフのビル・コルベットは、どの従業員も健康的で栄養価の高い食事の調理法を学べるよう短い教育ビデオを作成し、従業員がストリーミングやダウンロードして視聴できるようにした。

食の活動家でバークレーを拠点とする有名シェフのアリス・ウォーターズを招いて、地元産やオーガニックの食材を食べるメリットについて話してもらったり、著名な睡眠専門家のマシュー・ウォーカーを迎えて、睡眠がどれほど健康、学習、業績の改善につながるかを話し合ったりしてきた。

さらに、全従業員を対象に、セールスフォースで用いる目標設定プロセス「V2MOM」にウェルビーイング関連の目標を追加してもらった（第9章で詳しく取り上げる）。社内ソーシャルネットワークツールのチャターのプロファイルに各自の目標と進捗状況を書き込むことで、オハナのサポートを利用するよう従業員に奨励している。

どれだけ多くのオハナのメンバーが各自のウェルビーイングを優先させることに力を入れるようになったかを見ることは、私にとって非常に大きな励みとなってきた。

オフィスの全フロアで
マインドフルネス

より良いリーダーとなり、そして、より良い企業文化の担い手になるために、私は常にさまざまなタイプの専門家にアドバイスを求めてきた。たとえば、退役軍人で政治家のコリン・パウエルを訪ねて慈善事業をビジネスに組み込むのを手伝ってもらい、ミュージシャンのM・C・ハマーを訪ねて、彼が導入して成功している「ストリートチーム」モデルを使ってセールスフォース・エバンジェリストの基盤をつくろうとしてきた。

だから、セールスフォースの企業文化の中にマインドフルネス研修をさらに深く浸透させるために助けが必要だと思ったときも、ごく自然にベトナム出身の禅僧、ティク・ナット・ハンを頼った。

私は長い間、彼の指導の下で瞑想を実践してきたが、この世界で尊敬される精神的指導者は当時、ひょんなことから、脳卒中の病後の保養のため6カ月間、わが家に滞在していた。介護のために、フランスのプラムビレッジ修道院コミュニティの修道士30人も付き添っていた。

ある日、修道士たちをセールスフォースのオフィスに招待した。私は世間知らずにも、彼らがきっと私たちの取組みを絶賛してくれるだろうと思っていたのだ。だから、いろいろと見せてもらったがいま一つだったと言われたときにはショックだった。理由を聞いてみると、さも不満げに、みんなが常に話し、常に働いているからだと言う。「それがここでやっていることです。私たちは仕事をしているのです」と、私は説明した。

それを聞いても修道士たちの見解は覆らなかったが、社内の人々にマインドフルネスを紹介するのを手伝ってくれることになった。修道士の1人、ブラザー・スピリットが7時間の瞑想セッションをしようと申し出てくれたので、早速、社内で参加者を募ってみたところ、記録的な速さで「定員に達した」のである。

これは、私にとって（修道士たちにとっても）、社内の人々がマインドフルネスに親しむ機会がもっと欲しいと思っている十分な証拠となった。単発のセッションでは十分な効果が見込めないのは明らかだ。瞑想を日常的な文化にもっと完全に統合させる必要があった。

私たちは当時、サンフランシスコ本社の新しいオフィス、ニューヨークとインディアナポリスの新設のタワービルなど、成長に合わせて不動産に多額の投資をしていた。従業員にとってより良い、よりマインドフルな場所にするにはどうすればよいかと、修道士たちに聞いてみた。

「フロア全体で静寂に包まれる場所が必要ですね」

彼らは明らかに、大都市の商業用施設の坪単価を理解していなかった。ここは妥協点を見つけるしかない。

「各フロアにマインドフルネスのエリアをつくるのはいかがでしょう」と、私が提案すると、修道士たちは賛同してくれた。

これ以降、世界のどこでも、全オフィスの全フロアに小さなマインドフルネス室をつくるようになった。一息つく必要があるときに、従業員がいつでも逃げ込める静かな場所だ。

いかにも「カリフォルニアっぽく」聞こえるかもしれないが、これは単なるニューエイジ［20世紀後半から出てきた自己意識運動］の思いつきではない。マインドフルネスはあらゆる場所で最も大事なことだ。

マインドフルネスの実践者は健康状態だけでなく、注意力、集中力、仕事の成果においても良い効果が出ている。ニューヨーク・タイムズが報じているように、「マインドフルネスの瞑想を徹底的に科学した」新たな研究は、「プラセボ（偽薬）効果と違って、普通の人々の脳の状態が変化し、健康状況が改善されうる」と結論づけている。

ティモシー・フェリスが著書『タイタンの道具（*Tools of Titans*）』の中で取材した２００人を超える世界的なパフォーマー、経営幹部、リーダーのうち、80％以上がマインドフルネスや瞑想を実践していた。その理由については、第９章「初心」で詳しく説明する。

心理的な安心感でリードする

２０１８年、最も重要なリーダーシップ開発プログラムに、ヒューストン大学の研究教授で、数々のベストセラー本（近著は、勇気、脆弱性、共感、つながりというリーダーシップ文化の構築について論じた『恐れずにリードする（*Dare to Lead*）』）を世に出してきたブレネー・ブラウンを迎えて、50人の最上級幹部と一緒に、半日かけて議論する機会を設けた。その結果、どの行動がバリューを支援し、破壊させるかについて、（時には、気まずい思いもしながら）非常に率直な意見交換をすることができた。

そのときに浮かび上がってきた問題の１つが、発言や悪いニュースを知らせることへの恐怖心だ。この種の恐れが企業文化に蔓延すれば悲惨な結果を招き、企業文化を支える信頼を蝕んでしまう。企業やチームを盛り立てていくには、真の自分をさらけ出すことを恐れずにありのままの真実を積極的に話す人々の存在と、多様な意見が出てくることが大切だ。

実際に、研究によると、お互いに信頼し、思ったことを恐れずに話せる心理的な安心感のある文化をつくれば、より賢明な形でリスクを取り、より良い問題解決を図ることができるそうだ。セールスフォースでイノベーションのエコシステムを非常に重視していることを考えると、これは最優先事項である。だからこそ、当社のエンプロイーサクセス（ＥＳ）のチームは、世界的に認められているその分野のリーダーや専門家と協業し、私たちの言動が一致しているかどうかを確認する方法について助言を受けているのだ。寛容さ、高潔さ、誠実さなどの属性はバズワードであってはならない。社内の１人１人が、安心して自分らしさを出せるようにする必要がある。

経営会議では、出席者は誰でも、最年少であっても、意見を言いやすいと感じてもらえるように努めてきた。心理的に安全だという雰囲気がチームの意思決定、イノベーション、営業成績に及ぼす影響を調査したり、従業員とチームが必要な種類の信頼を築き、みんなが安心して意見を言えるように、ワークショップや人材育成プログラムを設けたりするのもそのためだ。

透明性があって、自社の未来をつくるために自分が貢献できると感じるときに、心理的な安心感が高まることもわかってきた。そこで、経営会議をライブでストリーミング配信することにした。経験豊富なベテラン社員から新入社員までの誰もが質問や意見を投稿することができ、経営幹部はそれを大画面で確認できる状態にしている。

さらに、自分の家族も含めてどの家族も完璧さとは程遠いので、年2回、詳細な従業員調査を実施している。ここでは、企業文化やその価値を実感しているかどうかを従業員に聞きながら、各自の上司についても評価してもらう。

たとえば、上司は明確に方針を伝えているか、インクルーシブな職場環境を促進しているか、自ら責任を取るか、それとも責任転嫁するかなどの資質面について聞く。また、倫理的な行動に関して突っ込んだ質問もする。

回答は機密扱いだが、集計スコアはすべて公開し、チームが改善すべき領域を確認できるようにしている。これは、他部門への異動の判断をするときの参考データにもなる。

直近の調査では、物事を成し遂げるために社内政治や背信行為も辞さない文化があると感じるか、燃え尽き感があるか、いじめがあるかなど、心痛む項目も盛り込んだ。こうした難しい問題を直接聞くところから始めなければ、率直な回答は絶対に出てこない。そして、この種の敵対的で活力を削ぐ行動に直接手を打たない限り、信頼の企業文化は決して構築できないのだ。

心理的な安心感を持つためには、インクルージョンほど重要なものはない。だからこそ、私たちは、人種やジェンダーアイデンティティ、性的指向、宗教まで、各自のアイデンティティのさまざまな側面を結びつける安全な空間を人々に提供する「イクオリティグループ（平等グループ）」（いわゆる属性グループで、同じ目的を持つ少人数の仲間と一緒に活動する）への参加を呼びかけるようにしている。今では私たちの企業文化の中心部分を占めるようになり、2年前には従業員の4人に1

人だったが、最近では約半数がイクオリティグループで活躍している。

イクオリティグループの優れた点は、一番必要なときにコミュニティに向けて発言を促すところにあるが、その一方で、異なるアイデンティティを持つ仲間を討論会に招くこともある。世の中で問題が起こり、私たちの従業員コミュニティに影響が及ぶ場合、メンバーはイクオリティサークルを立ち上げる。これは、健全で生産的かつ建設的に話し合うための安全な場となり、従業員は自分の机で黙って苦しむのではなく、話を聞いてもらえると感じることができる。社内で認識を深め、共感を得るのにも役立つ。

たとえば2017年1月に、トランプ政権が米国とメキシコの国境で家族を引き離したとき、数人の従業員がイクオリティサークルを立ち上げた。同様に、バージニア州シャーロッツビルで白人至上主義者がデモ行進して暴力沙汰になった後、従業員が集まり、胸中の想いや不安感について話し合った。

最も新しいイクオリティグループの「フェイスフォース」は、1年も経たないうちに参加者が1000人となり、目下のところ急拡大中だ。このグループは2人の従業員が、最高平等責任者のトニー・プロフェットの支援を受けて発足させた。

トニーの話によると、社内で宗教関連の行為が許されているかどうかわからなかったので、こっそり祈祷会を開いていた従業員がいたそうだ。コンテンツエクスペリエンス担当ディレクターのスー・ウォーンケからは、自分は新生キリスト教徒だが、職場では十字架のネックレスをブラウスの下に隠したほうがよいか悩んでいるという相談も受けたという。

米国では半数以上の人が、イスラム教、仏教、シーク教、ユダヤ教、キリスト教など宗教を問わず、自分のアイデンティティの根幹には信仰があると述べている。それを考えると、すべての従業員に仕事をするときも完全に自分らしくあってよいのだという安心感を持ってもらいたい。

だから、２０１８年に買収したレベルという企業を創業したジョー・テプローから、「セールスフォースの原動力となっている宗教的調和を実感した瞬間」の話を聞いたときに、私がどれほど誇らしかったかは想像がつくだろう。

ニューヨークタワーのマインドフルネス室の１つで、ジョーがまさにユダヤ教の祈りを始めようとした瞬間に、ソリューションエンジニアのユーセフ・アバーシがイスラム教の昼の祈りをするために入ってきた。ジョーは少し動いて場所を空け、２人並んでそれぞれの宗教の言語で祈りを捧げたそうだ。

楽しさを分かち合う

私は今でも、セールスフォースは闘志あふれる先駆的なスタートアップ企業だと考えている。

それは私たちの文化的なマインドセットの一部なのだ。確かに、創業から20年以上を経て、この本を執筆している時点では、ＣＲＭ市場のトップに上り詰め、私たちの名前を冠した素晴らしいオフィスタワーが世界中にある。しかし、私たちの成長を後押ししてきた若々しい熱意や先駆的な精神を失ったことはない。多くの点で、シリアスに考えすぎないことと言ってもよいだろう。会社の倫理的態度に命を吹き込むためには、楽しむことが欠かせない。

実際に、楽しさと遊びは私たちの文化に欠かせないものとなっている。そのおかげで、セールスフォースがより楽しい職場になるだけでなく、仕事のやり方も改善されるからだ。私たちの従業員は目標を達成しようと身を粉にして働き、ずっと忙しい時間を過ごしている。少しだけ無分別になれれば、緊張感が和らぎ、集中力を取り戻すのに大いに役立つ。初心を磨く助けにもなる。

ダライ・ラマが言っているように、「笑いは思考に良い作用がある。なぜなら、人は笑えば、新しいアイディアを心で受け止めやすくなるからだ」。

このため、セールスフォースのオフィスに足を踏み入れると、ガイド役のアストロ(Astro)、クマのコーディ(Codey)、さらには、カリスマ的なアインシュタイン(Einstein)が目に飛び込んでくる。どれも実物大以上の３Ｄ模型で自撮りに最適だ。おおよそトップを走るビジネスソフトウエア企業の本社で目にするような光景ではない。これらのキャラクターは、ウェブサイトや名刺、営業用資料にも登場する。

ＩＢＭのＣＥＯ（当時）のジニー・ロメッティと一緒に、両社の協業の状況を評価したとき、書類に、国立公園をバックにした当社のキャラクターのイラストが添えられていたことがあった。真面目なビッグブルー（ＩＢＭの愛称）の世界観からすると、当初、この遊び心あるビジュアルには明らかに当惑させられたようだ。

「この漫画は何ですか?」と、ジニーは戸惑っていた。私が、キャラクターは当社製品を象徴するもので、多くの人が素晴らしい休暇を過ごす国立公園の設定は、私たちが家族のために尽くしていることを表しているのだと説明すると、ジニーの表情が明るくなった。どうやら、わかってもらえたようだ。「私の一番幸せな思い出は、家族で国立公園に旅行したことです」

何が人を幸せにするかという研究によれば、それはモノではなく、経験だとされている。だからこそ私たちは毎年約５０００回も「公式」イベントを主催し、主要都市で非公式の集まりや夕食会を頻繁に開くのだ。

ニューヨーク市で最近行った夕食会にマジシャンのデビッド・ブレインを呼んだり（彼はワイングラスを飲み込んでしまった）、顧客のためにヨーヨー・マ、ジョン・レジェンド、ジャネール・モネイ、エディ・ヴェダー、ジュエルなどの優れたアーティストに演奏してもらったり、直近ではドリームフォースでアリシア・キーズ、レッド・ホット・チリ・ペッパーズ、レニー・クラヴィッツ、メタリカのコンサートを行った。

私たちはトレイルブレイザーたちに忘れられない体験をしてもらい、オハナの楽しさを分かち合いたいと思っている。

世界最高の
リビングルーム

企業文化は頭で考えるよりも、直感的なものだ。だから、私はふと気づくと「これはセールスフォースらしく感じるか」と自問していることが多い。

２０１５年の夏にパリのオクターブ・グレアール通りにある新オフィスを初めて訪れたとき、確かにそういう問いが私の頭にあった。そのオフィスは、１９２５年に建てられた印象的な建築物で、エッフェル塔からわずか1ブロックのところにある。ところが、入り口に向かって進んでいくと、すぐに何かがおかしいと感じた。この素晴らしい新古典主義様式の建物のロビーに、ハワイのコアの木でつくられたテーブルが置かれていたのだ。

「なぜこれがここにあるの?」と、私は聞いた。「ここにはそぐわないものに見えるけれど」

「あなたのご希望だと聞いていています」と、案内をしていたチームは答えた。そのときに思ったのが、「ああ、困ったな」ということ。それは啓示だった。私が気になったのは、デザインの問題ではなく、ロビーにハワイの木材を飾りさえすれば、私たちの企業文化を伝えられると思った人がいる事実についてである!

私たちは急成長して、その他の問題で忙殺されていたので、毎日働く場所であるオフィス（物理的な空間）に私たちの文化がどれほど投影されているかについて、立ち止まって考えることがなかったのだ。

サンフランシスコに戻ると、私は市内にある自社の建物を歩き回り、全フロアを上ったり下ったりしてみた。長年の目覚ましい成長を受けて、バラバラにオフィスを増やしていった結果、新たに追加されるたびに、その時々の瞬間が反映されていた。

どのドアを開けるかで、まるで違う企業のように見えた。従業員と訪問者のためにつくり出した場所には一貫性もない。さらに悪いことに、いかにも会社然としていた。私たちはどこにでもありそうな企業になりかけていたのだ！

私たちは明らかに、より一貫性のあるブランド体験と物理的環境、言い換えると、世界中のどこでもセールスフォースのオフィスに入ったら常に伝わってくる文化的アイデンティティをつくる絶好のチャンスを逃していた。良いニュースは、まったく新しい外観を持ったスペースを再設計すれば、私たちの文化を祝福するとともに、チームの創造性を解き放つ機会になることだ。

私がこの大規模プロジェクトに前のめりになったとき、エリザベス・ピンカムにガイド役になってもらえたのは幸運だった。エリザベスはドリームフォースの立上げから企画・運営の責任者を務めていて、イベントで私たちの企業文化を盛り上げる方法をよく理解していた。

今や社員番号51番［前向きな変化を起こすとされる番号］となったエリザベスに、それを職場で再現してもらおうではないか。私たちは当時、ミッション通り350番地で30階建ての新オフィスビル、セールスフォース・イーストの開設に取り組んでいた。新しいワークスペースのデザインの展開を試験的に行うのに最適な場所だった。

このプロセスの間に、2つの言葉がぱっと頭に浮かんだ。1つは「すべてのものを取り去るまで庭は完成しない」という禅の言葉で、もう1つは「自然をじっくりと見れば、すべてのことがもっと理解できる」というアインシュタインの言葉だ。

そこで私は初心に戻り、先入観を捨てて自然にヒントを求めることにした。私が思い描いていたのは禅道場そのものではなく、自然光、本物の植物、岩、暖色、自然の木、そしてもちろん環境に優しい素材を使いながら、外の世界を建物の中に持ち込み、穏やかな雰囲気が醸し出されるワークスペースだ。床は都市公園のように砂利道と緑の芝生で覆われ、どの机でも最適な光や景観を愛でることができる。

頭でビジョンを思い描くのは簡単だったが、それを実現するのはかなり複雑だとすぐに思い知らされた。カーペット、ファブリック、家具デザイン、木目、壁紙、壁の色、ガラスなどなど、逐一選ぶことになった。

セールスフォースの顧客であるバーバリーのクリエイティブチームに連絡を取り、彼らのデザイン哲学や店舗づくりのやり方を学んだ。物理的な模型（モデルフロア）をつくり、すべてのものが実物大でどう見えるかを確認してみてはどうかと提案された。

そこで、そのための会議室をつくり、いろいろなカーペット、家具、照明を試しては、進化するデザインのあらゆるニュアンスを評価していった。魚網をリサイクルしてつくったカーペットからは、砂利道の間をくねくねと草が生い茂る情景が想起された。

最終的に、自然の感覚がデザインにおいて欠かせないものとなった。このプロセス全体を通して、私は何度もモデルフロアを訪れ、いかに会社っぽく感じさせずに、居住性を高め、差別化を図り、自然とつながった場にするか、つまり、どうすればよりセールスフォースらしくなるかについて意見を述べた。

その変貌ぶりは素晴らしかったが、まだ何か足りないという感覚を拭いきれなかった。ある日、エリザベスと一緒にオフィスを案内してもらっているときに、自然な印象は落ち着きを与えるが、色味が足りないと、彼女に語った記憶がある。ある種のアートが必要だった。

そこで私は思いついたのだ。私たちの関係者を使おう！

「従業員を映したビデオ画面を置いたり、写真を展示したりできますね」と、彼女は提案した。

「もっと大きく考えよう」と、私はリクエストした。

こうして生まれたのが「カルチャーギャラリー」だ。さまざまなイベントで撮影されたほぼ実物大のオハナの写真が、すべてのフロアとエレベーターホールの壁に張り出された。エリザベスは、サンフランシスコの近代美術館に行って刺激を受け、白いメタルフレームを用いて写真を展示した。オハナのありようを芸術の域に押し上げて展示すること以上に、私たちの仲間を祝福する良い方法があるだろうか。

ターゲットCEOのブライアン・コーネルやスライブ・グローバルCEOのアリアナ・ハフィントンから、カナダ首相のジャスティン・トルドー、ニューヨーク・タイムズの記者まで、ほぼすべての人が、私たちのオフィスを訪れると決まって「わあ、ユニークですね！」と言う。

気づいているかどうかわからないが、彼らが感じているのは、あらゆる次元で私たちの企業文化が物理的に表現されていることだ。それが私の狙いであり、企業文化に命を吹き込もうとしたのだ。

今では、セールスフォースのオフィスに足を踏み入れた瞬間に、ここはセールスフォースだと実感するだろう。あのパリ訪問で開眼したおかげで、今では従業員、顧客、コミュニティを迎え入れる受付階の大きなロビーの魔力について、私は理解している。

ロビーの壁全体が巨大なスクリーンとなっていて、展示するアートを時折入れ替えていることをはじめ、コーヒーバー、スナック、警備デスクの外で交わされる挨拶、特別なイベント、ネットワークづくりの機会、さらにはDJまで見かけるだろう。エントランスを通って入ってくるすべての従業員と訪問者に、私たちの企業文化を感じてもらいたいのだ！

しかし、サンフランシスコ本社から、ニューヨーク、インディアナポリス、ロンドン、東京に至るまで、すべての新しいセールスフォース・タワーの中で、私のお気に入りの場所はオハナフロアだ。

大きなオフィスタワーの最上階はたいてい役員専用で、なかには専用エレベーターでしか行けない企業もある。私はそうした慣行を完全に否定して、すべてのタワーの最上階（そして、その素晴らしい景色）を、全従業員が仕事や会議、イベント、コラボレーションに自由に利用できる場とした。週末には非営利団体やコミュニティグループを招待して無料で楽しんでもらっている。

２０１７年、私は屋外の仮設エレベーターを使って、サンフランシスコのダウンタウンで建設中の新しいセールスフォース・タワーの61階に上った。完成すれば、私たちの新しい本社となり、ミシシッピ州以西で最も高いオフィスビルになる予定だ。

その最上階の眺めは魔法のように素晴らしいもので、ゴールデンゲート・ブリッジ、太平洋、街の主要なランドマークが一望できる。エリザベスと私はコンクリートの構造床の上に立ち、空を見上げていたので、文字どおり雲の中から頭を突き出している格好になっていた。

唯一の問題は、この素晴らしい最上階の持ち味を十分に引き出すために、どのようにフロアを設計するかだ。

「世界最高のリビングルームをつくろう」と、私はエリザベスに話した。

そうして雲の中のリビングルームは、３６０度の景観が見える窓、コーヒーバー、快適な家具、ぶらぶらして時を過ごすための窓側の席など、温かく心地よいスペースになった。たくさんの生花や植物で天井の梁を覆い、スタインウェイ製のピアノまで持ち込んだ。それから私たちは、「オハナフロアにようこそ。どなたでも歓迎します」と書かれた看板を掲げたのである。

#08 社会貢献

未来のトレイルブレイザーに投資する

Giving Back Means Looking Forward: Investing in the Trailblazers of the Future

好奇心旺盛な子どもたちが持つ伝播力

２０１７年９月、いつになく暖かな日の朝、他のセールスフォース従業員の車列に交じって、私はサンフランシスコのヴィジテーション・ヴァレー中学校へと車を走らせていた。セールスフォースが同校を「養子」として受け入れてから数年間というもの、数人の従業員が定期的に訪問してきた。有給のボランティア休暇を使って、コンピュータサイエンスを生徒に教えたり、授業中に教師をサポートして個々の生徒の勉強を見たり、図書館の本を整理したりするのだ。

この日は違った。中学生たちは立場を逆転させて、私たちに教えたいという。具体的には、生徒たちそれぞれの夢を実現するために、セールスフォースの従業員がサポートしてきた新しいプロジェクトの成果を披露したかったのだ。

生徒たちはカレンダー、その日のニュースや天気がデジタル表示される「スマート」ミラー、一からつくった自撮りブース、音が出るように配線されたスライムの塊でつくった楽器などをプレゼンテーションしてくれた。新たに改装されたばかりのバスケットボールコートを案内してくれたグループもあった。この改装は共同創業者のパーカー・ハリスの多大な支援によって行われ、ハリスは徹夜でアスファルトにラインを引く作業も行った。

生徒たちの誇らしげな様子や学習意欲には伝播する力があり、あちこち案内してもらいながら、私自身が同じ年代だった頃を思い出した。当時の私は、特にプログラミングの不思議さや世界全般の可能性にとにかく夢中になっていた。

彼らのような好奇心旺盛な子どもたちが、どれほど完璧にトレイルブレイザー精神を体現しているだろうかと思わずにいられなかった。子どもたちは、真に初心のまま人生を経験し、自分たちの発見の旅に他の人たちをしきりに連れ出そうとしていた。

この訪問で最も記憶に残ったことの1つが、セールスフォースからボランティアで参加していた、製品イノベーション担当マネジャーのキム・シュアードの並々ならぬ影響力を目にしたときだった。彼はすでに社内でも一目置かれていた。

キムは若い頃から、技術と教育への情熱において、ある種の天才だった。10歳のときに自分のウェブサイト制作会社を立ち上げ、25歳でセールスフォースの熟練エンジニアたちと競い合い、その独自の製品コンセプトにより社内ハッカソンで7回優勝。仕事に１１０％の力を使いながら、同時にヴィジテーション・ヴァレー中学の図書館で放課後に、学ぶチャンスのない生徒のためにコーディングの教室を開いていた。

キムは毎週木曜日になると中学校に行き、コンピュータサイエンス、プログラミング、３Ｄプリンティングの基礎、さらには、チームワークや問題解決といった大事なソフトスキルを子どもたちに教えていた。こうしたソフトスキルは、教室の中でもそうだが、若きイノベーターたちが最終的に就職するときに、きわめて重要になるだろう。

学校ツアーの中で、生徒の1人、リリアン・エメライフが誇らしげに自作ロボットを4つもデモンストレーションしてくれた。キャロライナ・メンディオラは３Ｄプリンターを使って完璧に機能する遠隔制御ロボットの部品をつくり、目の前で組み立ててくれた。私はハイテクビジネスの経験者かもしれないが、その日は好奇心に満ちた子どもの目で、テクノロジーの有望性や可能性を見ることとなった。

ツアーの終盤に運動場を訪れたとき、ある8年生の生徒の母親が至急で聞きたいことがあると、ヴィジテーション・ヴァレー中学のジョー・トラス校長のもとを訪ねてきた。その年に卒業した息子のいる彼女は、「最高のコーディングのプログラムがある高校はどこか」を知りたがっていた。

この問合せに、トラス校長は驚いて足を止めた。これまでずっと学校で勤めてきたが、そんな質問は受けたことがなかったという。以前は、大多数の生徒はコーディングが何たるかも知らず、その分野をもっと学びたいと気づきもしなかったのだ。

それにしても、生徒たちの元気いっぱいの姿には驚くばかりだ。セールスフォースを創業して以来、私は長年、製品デモ、カンファレンス、展示会にいろいろと参加してきたが、そこで目にしたものとはまるで違っていて、恐れ入ったと言うしかない。

より良い世界をつくろうと健全なコミットメントをしている成長中の大企業にとって、最も重要で緊急性の高い世界的な課題に注意を集中させるのは当然のことだ。しかし、この日の午前中に私たち全員に示されたのは、どの社会貢献活動も非常に重要ではあるけれど、学習と知識という形での社会貢献ほど強力なものはないことだった。

私たちがその中学校のために尽くした時間、お金、リソースは、私たちのフィランソロピー活動の合計と比べて小さく見えるかもしれないが、その見返りは計り知れないほど大きい。知識や学習ツールを子どもや十代の若者に届けるために使うお金や時間はすべて、未来の先駆的なイノベーションと未来の労働力の両方への投資になる。

この教室の内外でそれが起こるかどうかはさておき、こうした教育や学習への投資は、セールスフォースで構築してきた企業文化の魂と言えるものだった。

私たちは数年前、地元の子どもに質の高い教育を受ける機会を平等に与えたいと思い、フィランソロピー活動に注力してベイエリアの学校と真のパートナーシップを確立しようとした。

ただし、はっきりさせておきたいことがある。公立学校が必要としているのは、支援者からの寄付金よりも、学校に足を運んで世話をしてくれる人間だ。プロの専門知識を生徒たちに指導する人、教師を支援する人、加えてペンキ塗りの人手も欠かせない。こうした活動はすべて、変化を起こすうえで同じくらい強力なツールであり、セールスフォースの従業員は世界中でそうした活動を展開している。

こうした取組みは、私が近所の公立学校を訪ねたのがきっかけで始まった。あるとき実情を調べようと思い立ち、計画もアポイントもないまま、プレシディオ中学の校舎に入った。ベイエリアには、さまざまな社会経済的な状況の生徒たちが通う、多文化の学校が多い。そうした学校と同様、プレシディオ中学も資金と人員が大幅に不足していた。

廊下を走る生徒たちをよけながら、校長室を見つけた私は、中に入って自己紹介をし、「この学校をもっと良くするために、私にどんなお手伝いができますか」と校長に尋ねた。

校長はどう対応すればよいのか、よくわからない様子だった。私たちには面識がなく、校長からすれば厄介な親が話をしに来たとでも思ったかもしれない。しかし、私が質問した内容や、私が本気であることに気づくと、校長は後日連絡すると約束してくれた。

数週間後、何百人もの中学生が中庭にあぐらをかいて座った。当時、中庭は運動場と化していて、アスファルトが剥がれかけていた。私は生徒たちに、プレシディオ中学を「世界で最も素晴らしい学校」にするのを手伝いたいと語りかけた。

この場当たり的な校長室でのミーティングをきっかけに、世界中の公立学校でも同じようなミーティングが何百回も行われるようになった。

傍観者の立場から抜け出す

地元の学校との協業は、私がプレシディオ中学に足を踏み入れた後で開花し始めたかもしれないが、実際に種が蒔かれたのは、そのはるか前だ。

１９９７年４月、私はインドでのサバティカルからオラクルに戻ったばかりだったが、シリコンバレーでキャリアを積むよりも、もっと多くのことに自分の人生を使おうと決めていた。あるとき上司のラリー・エリソンから、フィラデルフィアに行って、コリン・パウエルが議長を務める「米国の未来のための大統領サミット」に出席するように言われた。

そこで私は、米国の独立宣言と憲法が採択された独立記念館でのイベントに参加した。周りには、元大統領、知事、市長、閣僚、米国のトップ企業のＣＥＯが大勢いた。自分の影響力を拡大しようとしていた野心的な32歳の人間にとって、それは畏敬の念を起こさせる場面だった。

そのサミットの目標は、私たちの社会が直面している問題、特に医療制度の不備、薬物乱用、世界経済で競争するために必要な教育の欠如など、若者を脅かす問題を解決するために米国民の力を結集させることだった。

パウエルは私たちに、米国で非行に走りかねない何百万人もの若者の生活を改善するために活動している非営利団体（アメリカズ・プロミス連盟）への参加を呼びかけた。それはきわめて重要な瞬間だった。

最も尊敬を集める公職者の1人であるパウエルの口から、私がインド滞在中に「抱きしめる聖人」ことアンマに告げられたのと同じメッセージを聞くことになるとは思ってもみなかった。彼の次の呼びかけに応じて、私は誓いを立てた。それが最終的に、私に大きな影響を与えることになったのだ。

「私たちは、米国人の家族の中で最も弱い立場にある子どもたちに手を差し伸べることを誓う。子どもたちは特別な技能を持たず、無学で、さらに悪いことに、愛されないまま育つリスクがある。私たちは皆、週に30分ないしは1時間を割くことができる。私たちは皆、もう1ドル提供できる。私たちは皆、自分たちのような外見、話し方、服装でなくとも、きっと暮らしの中で私たちの助けを必要としている誰かと触れ合うことができる」

ビジネスが社会問題の解決策になりうるというのは、初めて耳にする考え方だった。これほど説得力のある緊急の呼びかけは、一度も聞いたことがなかった。企業に対して、わが国の若者に投資することで、社会貢献に注力することを求める呼びかけだ。

「これは、米国人が傍観者の立場から脱し、同じ土俵に上がるということです」と、パウエルは語った。

私はぜひとも実行しようと思いながら帰途に就いた。すぐにラリーに会って、オラクルはアメリカズ・プロミス連盟に参加すべきだと説いた。ラリーが同意してくれたので、自分たちが最もよく知る分野で支援することにした。ネットワークでつないだコンピュータを経済的に恵まれない学校に持ち込むのだ。こうして初年度は、ロサンゼルスからイスラエルまで、至る所の学校に６０００台のコンピュータを設置した。

その対象校の１つが、北西ワシントンＤＣの都心部にある生徒数２０００人のマックファーランド中学校だった。私たちはネットワークでつないだコンピュータを１００台搬入する計画を立てた。折しも四半期末で、オラクルでは誰もが先を争うように売上げを伸ばそうとする時期であることを考慮に入れていなかった。その結果、ボランティアのなり手が不足することになった。

１００台のコンピュータを３階の部屋まで運ぶ必要のあった当日、気温は37度を超えており、作業の人手は集まらなかった。最終的にコンピュータを届けることはできたが、オラクルのチームにとってこれは最優先事項ではないというメッセージも届けることになってしまった。

その場に行って姿を見せることが重要だと、みんながわかっている組織文化をつくることがいかに大事かを理解し始めたのはこの時だ。オラクルが学校のコンピュータ機器のアップグレードに尽力したのは素晴らしく寛大なことだが、社会貢献は同社の文化と深く結びついていなかったので、それを本当に実現させるためにはさらなる努力が必要だとは、誰も感じていなかった。私がオラクルを辞める2年前のことだが、自分で起業する際には、そこは変えようと決意した。

「1−1−1モデル」の誕生

共同創業者たちと一緒にセールスフォースを立ち上げて約1年後の2000年、従業員数は約50人になっていた。ボランティアを動員して、世の中で何か良いことをするのに十分な最小必要量には達していた。しかし、私たちは急成長中の若い新興企業で、フィランソロピーについて自分たちで構築する時間も専門知識もなかった。誰かを説得して、一緒になって支援してもらう必要があった。

テクノロジーの導入と企業財団での就労経験を持つ経営コンサルタントのスザンヌ・ディビア

ンカが適任者だとわかったが、最初に会って打診したとき、彼女は私たちの意図に懐疑的なようだった。

ドットコムブームは、現実的にもペーパー上でも莫大な財産を生み出していた（その多くはその後のバブル崩壊で消えていった）。こうした起業家の一部は、個人資産の一部を慈善目的で寄付すると話していたが、そのほとんどが口先だけだった。

セールスフォースの取組みは、創業者が肩入れする大義のために少額の寄付金を出して終わるものではないことを、スザンヌに納得してもらう必要があった。フィランソロピー活動を企業環境の中に統合させる課題について、私がオラクルの経験から学んだことを説明し、それとは違うタイプの企業をつくっているのだと、私は彼女に請け合った。セールスフォースにはミッションがある。コアバリューと同じくらい社会貢献にも力を入れるつもりだ、と話した。

実のところ、私たちのコアバリューのあちこちには、社会貢献がもともと組み込まれていた。結局、他の人を助ける行為そのものが信頼を築き、信頼の証しになる。私たちの動機づけがお金以上のものであることを、従業員や顧客に示すのだ。

私が望んでいた社会貢献のやり方は、明日の労働力に投資することにより、今日だけでなくこの先何年も、顧客の成功を支える先駆的なイノベーションを推進し続けることにほかならない。さらに言うと、すべての人々が教育を受けられるように注力することは、なんといっても不平等に対する最高の解毒剤となる。

スザンヌは、これが巧妙なトリックではないとわかると、私たちの始めたばかりの取組みを引っ張る仕事を引き受けてくれた。セールスフォースにはすでに革新的な新しいテクノロジーとビジネスモデルがあった。そして今、スザンヌと私はそれを補完する新しいフィランソロピーモデルをつくろうと決意していた。

私たちは、フィランソロピー目的の財団を設立し、利益と従業員の就業時間の両方を寄付しながら、うまく活動を進めているベン&ジェリーズなどの企業にアドバイスを求めた。株式公開の前年から自ら立ち上げた財団に１００万ドル相当の自社株式を提供してきたイーベイなどのシリコンバレーの新興企業とも話をした。

ＮＰＯがインターネットを利用できるように、シスコシステムズが製品と従業員の就業時間を寄付していることも知った。玩具メーカーのハズブロの会長、アラン・ハッセンフェルド（後にセールスフォースの取締役になってもらった）は、従業員がコミュニティへの奉仕活動のために月４時間、有給休暇を取得できるようにしていると教えてくれた。アウトドアアパレルのティンバーランドでは、世界中の社会福祉貢献団体を通じて、従業員が就業時間のうち年40時間をボランティア活動に充てていた。

こうした例を数週間かけて検討した後、私たちの新しいモデルにはすべてのリソース（お金、製品、資本、人）を統合する必要があることに気づき始めた。そしてたどり着いた答えが、株式の１％、製品の１％、従業員の就業時間の１％を、私たち自身が設立したＮＰＯに投入することだった。

場当たり的にフィランソロピー活動を推進するのではなく、このような形で企業文化の中に社会貢献を完全に埋め込む。このモデルであれば、一貫性を持って資金と支援を配分することができるだろう。そして、取組みの効果はしっかりと追跡する。

企業のフィランソロピー活動の新しいモデルの説明として、覚えやすい方法を考え出すのは簡単だった。最もシンプルな公式、「1-1-1モデル」を示せばよい。私たちはまだどの点においてもリソースがたいしてなかったので、設定や運用はかなり楽にできた。従業員は少なく、製品はまだ発売前で、資産もなかった。ただし、私たちには与える力があり、それをバックアップするエネルギーを心の底から信じている。それだけあれば十分だった。

社会貢献の民主化という試み

セールスフォースではすべての従業員に対して、自ら選んだ場所でボランティア活動をするための有給休暇が入社初日から与えられる。また、その従業員が最も重要だと考えている場合は内容を問わず、企業側はその人の寄付金に同額（最高５０００ドルまで）を上乗せすることにした。本業と切っても切れない文化の中にフィランソロピーを完全に融合させて、全員がそれぞれしっくりくるやり方で時間や能力を提供しやすくなることを、私はめざしていた。

２０００年６月までに、私たちはセールスフォース財団（Salesforce Foundation）を正式に発足させるために準備を進めていた。オハナの全メンバーに、このミッションに本当の意味で関与してもらうには、財団の基金の配分方法について個々人が強い発言権を持ち、どのような目的で年間7日間の有給「ボランティア休暇」を使って支援するかを自分で決められるようにしないといけない。

今日の従業員は、お金やボランティアの時間をどこに割くかについて決定権を持てれば、社会貢献に参加する可能性が高い。スザンヌはこれを「社会貢献の民主化」と呼んでいる。彼女の指揮下で財団が成長するにつれて、従業員はさまざまな方面で当社のフィランソロピー活動に取り組むようになった。

病院、学校、フードバンクなどの地域機関、カンボジア、アフリカ諸国、インドとネパールのチベット難民キャンプなどでも、従業員たちはボランティア活動を行ってきた。ハリケーン・カトリーナなど大規模災害が起こったときにも自発的に現場に行き、地域の再建や学校の復旧を手伝った。

大規模災害が起こったときには、優先すべき緊急課題は山ほどある。医療、食料、水、避難所が必要になる。しかし、地元の救援活動者や政府がさまざまな取組みを整理し、少ない労力でより多くのことをする際には、情報、ナレッジネットワーク、データへのアクセス、それを活用するコンピュータのリテラシーがどれほど役立つかという事実に、私たちは驚いてしまった。

そこで、たとえば２０１０年にハイチでマグニチュード７・０の地震が起こり、３００万人が被災したとき、セールスフォースは従業員の寄付金に同額を上乗せする試みを含めて救援基金に寄付しただけでなく、ハイチ政府やショーン・ペンによって設立されたＪ／Ｐハイチ支援機構のような地元組織にセールスフォースのテクノロジーを無料で提供し、避難所にいる人々の情報収集ができるようにした。

その後、ボランティアの従業員を50人派遣し、ポルトープランスの人口が密集している貧しいコミュニティの小学校にコンピュータを設置した。同様に、２０１７年にハリケーン・マリアによってプエルトリコが壊滅的な被害を受けたとき、従業員は義援金として25万ドルを集め、現地で再建支援に向けたボランティア活動を行った。

しかし、私たちがインパクトを与えられる最大の機会は、オハナのメンバーの大半が一堂に会するときだ。ドリームフォースは、最大の顧客イベントであるだけでなく、私たちの手掛ける年間最大の社会貢献イベントでもある。

これまで、ネパールに新設した学校をはじめとして、世界中の学校に寄付するために１００万冊の本を集めてきた。ＮＰＯのライズ・アゲインスト・ハンガー（当時は「ストップハンガー」という名称だった）と組んで、食料不足や貧困に苦しむコミュニティ向けに１００万食を提供した。毎年恒例のドリームフォース・コンサートではＵＣＳＦベニオフ小児病院の募金活動を行っている（７０００万ドル以上を集めた）。

過去20年間で、セールスフォースは約３億ドルの奨学金を出し、従業員は世界中のコミュニティで４００万時間以上ボランティア活動に励んできた。私が一番気に入っている統計データは、社会貢献活動をする従業員がなんと88％にのぼるというものだ。私たちが成長を続けるのに伴い、その数字も伸びていくだろう。

こうした取組みから恩恵を得ているのは、私たちの時間や寄付を受け取った人だけではない。インディアナ大学のリリー・ファミリー・スクール・オブ・フィランソロピーの調査によると、社会貢献は生産性の向上、従業員の満足度、優秀な人材の雇用に影響しているそうだ。

私たち自身のデータでも、社会貢献はセールスフォースへの入社理由の第2位であり、従業員が企業に留まる理由でも上位3位に入る。確かに、瞑想室やコーヒーバーを備えた豪華なオフィスビルがあり、従業員に公平かつ平等に報酬を支払うことは、もちろん害にはならない。

しかし、セールスフォースの４万人の従業員は、それ以上のことに動機づけられている。他の人のために何かしようと気にかけているのだ。地域社会を支援したい。子どもたちにできる限り最高の教育を受けさせたい。技術格差を埋め、就労者が将来の荒波に備えられるように支援したいと願っているのだ。

可能性があることを教える

セールスフォース財団は初期の頃、株式公開前に確保しておいた株式をもとに、主に非営利団体に助成金を出すための手段だった。何千ものＮＰＯ、ＮＧＯ、教育機関に、当社のテクノロジーのサブスクリプション型サービスを無料で10口まで提供し、当社のソフトウエアを使って学生、寄付者、スタッフなどのステークホルダーとつながるように支援した。需要が増え続けて、組織側がサブスクリプション契約の口数を増やしたいと求めるようになったので、私たちは寄付額を大幅に増やすことにした。

私たちは気づいてみれば、ＣＲＭソフト開発販売会社のフィランソロピー機関として、ユニークな立ち位置にあった。すべてのＮＰＯ（米国だけでも１５０万以上にのぼる）、ＮＧＯ、教育機関には、寄付者、学生、卒業生、スタッフ、パートナー、クライアントなどの「顧客」がいる。そして、他のビジネスと同じように、こうした組織は営業、顧客サービス、マーケティング、取引状況の全般においてＣＲＭツールを必要としている。

ＣＲＭツールを使えば効率性は向上するが、料金の高さが大きな障壁となっていた。そこで私たちは、追加の契約申込み分を大幅な割引料金で提供することで、その障壁を取り払った。同時に、こうしたサブスクリプション契約は割引料金であっても私たちの会社の収益につながり、そこからコミュニティに還元できるようになってきた。

非営利の世界のこうした重要なブレークスルーは、私たちに重要な教訓も授けてくれた。詰まるところ、セールスフォースは他のテック企業と同じく、お客様が情報にアクセスして整理し、理解するのを助ける事業を手掛けている。これは当然ながら、営利団体であれ非営利団体であれ、組織にとって欠かせない機能だ。そして将来的には、情報のパワーを活用する能力の開発は、こうした企業や組織を運営しリードしていく人々にとっても重要になる。

立ち上げたばかりで、まだ製品がなく、従業員もわずかだった頃でさえ、セールスフォースを先駆的な企業にしたいなら、世界に通用する人材が必要であることはわかっていた。それはつまり、将来のトレイルブレイザーたちがデジタル化された情報経済分野の労働力として成功するために必要な教育とスキルを習得できる場所、つまり、学校や若者向け施設に投資する必要があるということだ。

そのため、コリン・パウエルのパワーアッププログラムと組んで実施した、私たちの最初期のプロジェクトの1つは、私たちのオフィスの通りを挟んで向かい側にあるエンバーカデロＹＭＣ

Ａなど、子どもたちが放課後にやって来る施設にコンピュータを持ち込み、何列にも並べた。

私たちは、ＹＭＣＡの窓のない地下室に設置場所を確保し、壁に青い空と白い雲を描いた（セールスフォースのオフィスと同じだ）。次に、旧式で使い物にならないコンピュータの代わりに、最新のテクノロジーを搭載したコンピュータを何列にも置いた。

放課後に子どもたちがやって来ると、こうしたテクノロジーを操作するだけでなく、セールスフォースの従業員ボランティアからライブでその使い方を教わることもできるようになった。

ＳＴＥＭ教育を もっと！

２０１２年、私たちは青年団体、公立学校、慈善団体、ホームレス保護施設など多種多様な組織に対して助成金を出したり、ボランティア活動を行ったりしていた。私たちが問題意識を持った非常に多くの要因について支援できるのは素晴らしいことだと感じていたが、その一方で、こうした散発的なやり方では意味のある効果を出せていないのではないかという懸念があった。

親友のロン・コンウェイは、伝説的なシリコンバレーのベンチャーキャピタリストで、慈善家にして、Salesforce.orgの取締役にもなってもらっている。彼は当時のサンフランシスコ市長のエド・リーとも親しかった。そこで彼は、リー市長も交えて、この街に最も必要なものは何かを議論しないかと提案してくれた。

お気に入りの朝食スポットであるエラズで、私はリー市長に何を自分の遺産として残したいかと尋ねた（彼は２０１７年に亡くなった）。彼は一言「教育だ」と言い、かなり間を空けてから続けた。

「とりわけ中学校で、子どもの運命はほぼ決まる。（中略）私たちの子どもたちには、卒業後にあなた方のようなテック企業で自分が働いている姿を思い描けるような機会を与えてやりたい」

数年後、リー市長は子どもの頃まさにそうした境遇にあった1人、エボニー・フレリックス・ベックウィズとの協業を始めた。エボニーは現在、私たちのフィランソロピー活動の最高責任者を務めている。彼女はサンフランシスコの恵まれない地域（実際には、ヴィジテーション・ヴァレーから数ブロック先）で育った。シングルマザーで秘書として働く母親の職場について行ったときに、いつの日かダウンタウンのピカピカのタワービルで働きたいと夢見るようになった。

エボニーは大学でコンピュータサイエンスを学んだ後、金融機関に就職し、その後、テクニカル・ビジネスオペレーションの責任者としてセールスフォースに入った。私から見て、Salesforce.orgの社会貢献事業にデータ重視のアプローチをこれまで以上に採り入れるにあたって、彼女は間違いなく適任者だった。

エボニーとスザンヌ・ディビアンカは、Salesforce.orgのＣＯＯ（現ＣＥＯ）のロブ・アッカーと一緒に、大量のデータを用いて、従業員がボランティア活動をしている対象分野や、その内容が長期的に持続可能であるかどうかを調べた。というのも、私たちは公立学校教育に関するフィランソロピー活動を優先させたいと思っていたからだ。

着地点がその分野になったのも、当然といえば当然だろう。私たちはコンピュータサイエンス教育を2倍に増やし、地区内の全学校にＳＴＥＭ（科学・技術・工学・数学）教育を根づかせるつもりだった。

リー社長に会ってから1年後の２０１３年、サンフランシスコの教育長のリチャード・カランザ（その後、ニューヨーク市教育局長に就任）が私を訪ねてきた。中学校にＷｉ－Ｆｉを導入して、教室で使うノートパソコンを購入するために、数百万ドルを寄付してほしいという。「もっと大きく考えてください！　皆さんにとって理想の学校とはどんなものですか。何が必要なのかを教えてください」と、私は告げた。

最終的に、セールスフォースはサンフランシスコ統一学区とオークランド学区に今後10年間で1億ドル寄付することを約束した。ただし、従来の企業からの贈り物と違って、私たちの場合は従業員が現場に行って支援する。この2学区だけでも、教室で生徒を指導するボランティア活動にこれまで４万時間を費やしてきた。

その結果、サンフランシスコは米国で初めて、全学年にコンピュータサイエンスの教育カリキュラムが揃っている学区となった。私たちはより多くの教室に、より多くのＷｉ－Ｆｉを導入して、数学とテクノロジーに関するフルタイムの教師やコーチを増やし、より少人数のクラスを実現している。その結果は数値で示すことができる。

今やサンフランシスコの公立学校で学ぶ生徒の90%がコンピュータサイエンスを身につけている。コンピュータサイエンスの授業を受けた女子生徒は２０００％増、マイノリティは６６００％増となった。私たちがどれだけのお金や時間を寄付するかということ以上に、こうした進歩こそが真の成功の尺度だと思う。

「見えるものにはなれる」

このような成果を励みに、私たちは世界中の拠点を置く地域の学区で、同じような協業を行っている。たとえば、米国で第2の大きなハブ拠点であるインディアナポリスでは、公立学区に50万ドルを寄付した。２０１８年だけでも、従業員の約90%が地元の学校やＮＰＯの活動に参加し、６万５０００時間を割いている。

ただし、ボランティア活動が生徒や若者の生活に与える影響は、時間、成績、テストの成績だけに留まらない。むしろ、「どんなことができるかという可能性」を彼らに示すことが大きい。

ニューヨークのハブ拠点の初期メンバーで、営業マネジャーからバイスプレジデントに昇進したステファニー・グレンがチームづくりのためにボランティア活動を取り入れたのも、こうした理由による。ステファニー率いる営業チームは、クイーンズの学校で金融リテラシーを教えてきた。また、大学の学位を持たない若者向けの人材開発プログラム「イヤーアップ」からは、インターンを受け入れてきた。営業部門でインターンをしたブリトニー・アルバレスのように、その多くが後にセールスフォースで、フルタイムで働いている。

「見えないものにはなれない」という言葉もあるように、こうした子どもたちには、私たちのような企業での明るい未来を見てもらいたい。だからこそ、ニューヨークを本拠とする経営幹部のパトリック・ストークスは２０１８年に、86%の生徒が無料の昼食を利用するデュアル・ランゲージ・ミドルスクールを選び、コーディング教室を開く以上のことに踏み込んだのだ。

彼とSalesforce.orgのバイスプレジデントのジェニファー・ストレッドラーは、校長のクリスティナ・ジェリネックと協力して、同校の「尖った」(成績トップではなく、高いポテンシャルを持つ)生徒32人をマンハッタンのセールスフォース・タワーに招いた。

パトリックやジェニファーら従業員は、「ローテーション・キャリア・パネル」と名づけたプログラムを用意した。さまざまなチームの従業員で構成される少人数グループに中学生に入ってもらい、どんな仕事で、どのように働いているか(時には、どれだけ稼いでいるか!)など質問できるようにしたのだ。

こうした刺激的な会話の効果なのか、無料のセールスフォースグッズの効果なのかはわからないが、一部の生徒は「大学を卒業したら、こういう場所で働きたい」という目標を立てて帰っていった。

そして、その多くが実際にそうなっている。Ｋ12（幼稚園・小学校・中学校・高校までの義務教育期間）のＳＴＥＭ教育に対応するために、地元の公立学校の選定も含めた多様なプログラム「フューチャーフォース」をつくった目的もそこにある。このプログラムではこれまで、ＮＰＯやＮＧＯと提携して職業訓練を行ったり、大学やコミュニティカレッジから人材を募集したり、都市部の若者たち数百人に実習生として働く機会を提供し、その半数以上を採用してきた。

スキルアップによる社会貢献

リソース不足に悩むコミュニティの教育問題を考えるとき、私たちの頭はすぐに公教育制度に向かいがちだ。しかし、教育資源へのアクセスが必要な対象は、もはや学校に通う子どもや十代の若者だけではない。ＡＩとロボット工学の台頭により、世界中の職場が大規模な変革に直面している。

多くの業界で、日常業務はますます機械にアウトソーシングされるようになった。自動化によって、非常に多くの仕事、さらにはキャリアまで取って代わられる世界で生き残るためには、これまでとは違う種類の教育が必要になる。このため、セールスフォースでは従業員教育も優先事項としている。

世界経済フォーラムの報告書「仕事の未来2018年版」によると、2022年までに全従業員の50％以上が大幅な再教育を受ける必要があるそうだ。たとえば、営業や製造部門の人々は、より多くの技術的スキルを習得しなくてはならない。

今日、経済協力開発機構(OECD)加盟国全体の少なくとも4人に1人の労働者について、現在の仕事に求められるスキルとのミスマッチが起きていることがすでに報告されている。大人の再教育と職業訓練の必要性が高まっているにもかかわらず、ほとんどの人は今のところその機会がなかったり、機会はあっても利用できなかったりする。

数百万もの人が機械とアルゴリズムによって仕事から締め出されれば、世界経済と地域経済に大きな打撃を与えるだろう。それを放置すれば、その巨大な亀裂からさらに割れ目が伸びて、そのまま広がり続けていくだろう。

これは、技術革新の結果としてもたらされる、避けて通れない経済的混乱に対処する、千載一遇の機会だと私は見ている。つまり、キャリアが中断もしくは代替されると気づいた人々に、適切な形で職の安全を確保するのだ。今後10年間で失業者よりも多くの雇用が創出される可能性がある。研修や再教育への投資は、行き場をなくした人を労働市場に再び参加できるようにする重要なステップと言える。

　私たちに必要なのは、21世紀の社会契約を新たに構築することにほかならない。この重大かつ複雑な課題を、政治家だけに任せておくことはできない。どの企業も傍観することなく、自動化が加速する中で明日の仕事に向けて、労働者に対する訓練や再教育をいかに行うかに強い関心を持っている。

　米国だけでも技術系の求人は50万件近くにのぼるが、米国の大学でコンピュータサイエンスを学んだ卒業生は、２０１８年度で6万３０００人にすぎない。一方で私たち企業は、未来の労働力を教育する素晴らしい大学になりうる。だからこそ私たちは多くの場合、最も権威ある大学でも得られない専門的な指導や実践的な経験を通じて新しいスキルを習得してもらおうと、お金をかけて従業員、インターン、実習生のトレーニングを行っているのだ。

　人材開発プログラムに投資しているのは、セールスフォースだけではない。ＪＰモルガン・チェースはコミュニティカレッジや、世界中の女性、退役軍人、マイノリティ向けの非伝統的なキャリア開発プログラムに数億ドルを投じている。

「コミュニティカレッジやキャリア教育の悪いイメージを払拭し、労働者を再教育してスキルアップの機会を探り、高収入の職を求めて競い合える機会を、取り残された人々に与えなければならない」と、ＪＰモルガン・チェースのＣＥＯであるジェイミー・ダイモンは語る。

　ダウ、ＩＢＭ、シーメンスは、それぞれの業界のスキルギャップを埋めるために、実習生プログラムを設けてきた。キャリアワイズ・コロラドは複数のビジネス部門において需要の高い職業に就けるように、今後10年の間にコロラド州で2万人の実習生を生み出そうと取り組んでいる。

セールスフォースでは、オンライン学習プラットフォーム「トレイルヘッド（Trailhead）」を使って、従業員と顧客の両方が、急速に変化する今日のデジタル経済に欠かせない新たなスキルを継続的に習得できるようにしている。

「ヴェットフォース（Vetforce）」では、米国の現役軍人、退役軍人、その配偶者向けに無料トレーニングを提供し、技術職に就くために必要なスキルを学べるようにしている。私が個人的に感銘を受けたのが、海兵隊で失明した後、このプログラムを通じて認定情報技術管理者になったT・J・マッケロイだ。彼は今や、他の障がいを持つ退役軍人に、テクノロジー関連のキャリアを歩めるように指導している。

明日の担い手を育てる

私の主な関心がホームレスや海洋問題にあるのに対し、共同CEO（当時）のキース・ブロックが個人的に重視するのは人材開発の分野だ。彼は保険会社のステートファームで大規模なデジタルトランスフォーメーションのプロジェクトを担当したとき、私たちのソフトウエアを最も良い形で実装するだけで終わらせなかった。

ステートファームＣＥＯのマイケル・ティップソードと一緒に、販売代理店から保険請求処理の担当者まで、ＡＩによる技術進歩によって影響を受ける人々全員が、それぞれのキャリアで成功するうえで必要なトレーニングを受けられるようにしようと考えたのだ。このスキル再教育の一部は現在、トレイルヘッドを通じて実施されている。

キースは、人材開発に関するメッセージを広範囲に届けることにも力を入れている。「ゲームに参加しましょう」と、彼は直近の年次パートナー会議に集まったＩＴコンサルティング大手のアクセンチュア、ＰｗＣ、ＩＢＭなど１０００社に呼びかけた。

「これはプロジェクトや収益の問題ではありません。顧客企業とそこで働く従業員たちに本当の意味で成功してもらうためのものです」

私たち企業は全国に数百万人の従業員を抱え、自動化の影響を受ける労働者の再教育のために、メンターをつけて一緒に併走しながら、学習や成長を続けるためのツールを提供することで、巨大なインパクトを出すことができる。

企業だけでなく、コミュニティカレッジ、大学、退役軍人団体、ＮＧＯ、義務教育の学校、政府などとも協力しながら、スキルギャップを埋めて有望な労働者を養成し、力強く成長する経済の担い手となる未来の従業員を育成する支援をしたいと思っている。

今日の労働力に対応するだけでは、もはや十分ではない。明日の担い手も育成するために、一生懸命に取り組む必要があるのだ。

シリコンバレーの仲間たちに私はよくこんな質問をする。トップクラスのベンチャーキャピタルが投資先企業に対して、コミュニティに奉仕する公共慈善団体に株式の1％を投じるよう義務づけたらどうなるか。その答えは明白だ。

アップル、シスコシステムズ、マイクロソフト、オラクルなど、成功しているシリコンバレーの企業の多くが、世界最大級の公共慈善団体を発足させ、私たちが直面している最も難しい問題に対処するプログラムのために数十億ドルを拠出してきた。

私たちは、巨大なスケールで社会貢献をする方法を探す必要がある。その答えがビジネスだ。グーグルなどの一部の企業は「1－1－1モデル」の変形版を採り入れており、私たちは他の組織と協力しながらこのモデルを世界中に広めてきた。

また、あらゆる規模や成長段階にある企業が、従業員の就業時間、製品、利益または株式の1％を慈善団体に寄付するよう促し、そのためのフレームワークを提供する「プレッジ1％（1％の誓い）」のシード資金も拠出してきた。

イエルプ、トリップアドバイザー、グラスドア、トウィリオなど、これまでに100カ国の8500社以上がプレッジ1％に参加し、「1－1－1モデル」を通じて10億ドル以上のフィランソロピー活動を創出してきた。

企業は社会貢献とこの先の展望が二者択一ではないことを理解している。それは、私たちのイノベーションへの投資を補完し、私たちが支持するすべてのことの基礎となる。なぜなら、私たちがより良い未来への約束に信頼を置いていることを意味するからだ。

「これは、米国人が傍観者の立場から脱し、同じ土俵に上がるということです」

コリン・パウエル（今日セールスフォースの取締役を務めている）のこの言葉が、私の頭からずっと離れない。しかし、社会経済的な格差が広がり、教育、情報、機会へのアクセスはますます階層化されているため、彼の言う土俵が決して誰にとっても同じものではないことも痛感している。

初めて就職するよりも前から、こうした亀裂は広がり始める。それを正すためには、資金もサービスも足りていないわが国の学校教育から始める必要がある。屋外広告を出すとすれば「公立学校を選ぼう」か、少なくとも「公立学校に時間やリソースを寄付しよう」となるだろう。

ＣＥＯから夏休み中のインターンまで、社内の全員が先を見通すことの代名詞として、また、世界中の若者を同じ土俵に戻す機会として、社会貢献について考え始める必要があると私は信じている。こうした子どもたちは私たちの未来だ。子どもたちに投資をしよう。

#09 初心
空白のページから同じページへ

Beginner's Mind: From a Blank Page to the Same Page

完全なる武装解除

人間の奇妙なところは、人生のある時点で誰もが、問題を先送りにしようとする普遍的な誘惑に負けてしまうことだ。少しずつ努力を続けて対処するよりも、何度言われても甘く見てしまい、ひとりでに解決するかもしれないと思い込もうとする。

２０１８年６月、私はついにその連鎖に終止符を打たざるをえなくなった。問題の矛先が変わってこの身に降りかかってきたのだ。

私の場合、問題はかなりシンプルだった。負荷があまりにも増えすぎたのだ。過去数年間にこなしてきたスケジュールのせいで、私はバッテリー切れの状態だった。友人や家族、リラックスや運動、そして何よりも思索に費やす時間や気力がほとんどなかった。職場ですら、一度に5つのことを同時並行させるのが常態化し、私はいつもイライラし、気が散ってばかりで、過密スケジュールに追われ、どうにも気が休まらなくなっていた。

皆さんが考えていることを言い当てよう。「マーク、休暇というものがあるんだから、少し休めばいい」。まさしく、私はそうすることにした。

とはいえ、すべてから逃れることはもはや、遠く離れた心躍る場所に私の肉体を移動させるだけの問題ではなくなっていた。時差を超えて数千マイル離れた場所であろうと、純粋な休みを取る唯一の方法は、仮想世界から電源プラグを抜くこと。それも完全にだ。

そこで私は、正真正銘の休暇にしようと心を決めた。いわゆるデジタルデトックスだ。1日か2日ではなく、いつもより長めの週末でもない。今回は丸々2週間に照準を合わせた。電話は取らない。テキストメッセージ、メール、ニュース速報、ツイッターも一切見ない。

この稀有な機会を最大限に活かすために（そして、自制が利かなくなるのを警戒して）、私は2段構えの予防策をとった。

1つ目が、南太平洋の離島に行くことだ。こうした場所には、世界有数の手つかずの美しいビーチや、驚くほどの生物多様性がある。そして、私たち夫婦がなぜこれほど海を愛しているのか（そして、世界的な海洋保全の取組みにどれほど多くの時間とお金を投じたか）に改めて気づかされる。さらに言うと、仕事がまったく捗らない場所でもある。

２つ目の予防策は、お膳立ては簡単だが、無条件で受け入れるのがひどく難しいことだ。出発する日に、ｉＰｈｏｎｅとｉＰａｄの電源を切って封筒に入れ、休暇後に戻る予定となっていたハワイの自宅に送ったのだ。

もちろん、完全にオフィスを無人にしたわけではない。非常事態に備えて、私の補佐役であるジョー・ポックに滞在先の電話番号を伝えた。万が一、状況が本当に悪化しそうな場合は、妻の携帯電話に連絡を入れてよいとも言い残した。

このように一切の習慣を断ち切るのは初めてではなかったので、どのくらい調子が狂うものであるかは感覚的にわかっていた。最初の数時間や数日は、飛行機を待つ間や、海辺のレストランに座っている間に、身体がつい反応するはずだ。本能的に手を伸ばし、携帯電話が見つからないので、しばらく狂ったようにポケットを漁った後でようやく理解する。ああ、そうだ。武装解除したのだ、と。

しかし今回は、飛行機の座席に落ち着き、小さな窓をのぞき込み、静かな青い太平洋が広がっているのを見たとき、私は不安よりも安堵感を覚えていた。

ここ数年は猛スピードでかっ飛ばしてきた。私の引き受けてきた責務が増えて手に余るほどになり、ガジェット類が身体の一部のようになっている。急にそういうものから解放されたのだ。

頭をすっきりさせて、心の赴くままに過ごそう。

今この瞬間だけを意識する

１６２１年、あるオランダ人医師が、バロック時代を代表する画家、ピーテル・パウル・ルーベンスのアムステルダムのアトリエを訪ねた。

ルーベンスの作品は世界で最も権威ある美術館のいくつかに収蔵されているだけでなく、彼自身がルネサンス的教養人としても広く知られている。画家活動の傍ら外交官としても活躍し、数カ国語に堪能で、一流の美術品収集家でもあった。さらに運動する時間まで見つけていた。ルーベンスはすべての活動を一日の中に詰め込むためにマルチタスクに長けていたことでも有名だ。

しかしその日、オランダ人医師は、自分の高名な患者についてこれだけの情報を持っていたにもかかわらず、目の前で繰り広げられている光景に目を疑った。巨匠はキャンバスの前に立ち、猛烈に絵の具を塗りたくっていた。その隣にはアシスタントを座らせて、古代ローマの歴史家、タキトゥスの作品を音読させつつ、自分自身は同時に別のアシスタントに手紙の口述筆記をさせていた。そんな状況で、ルーベンスはなんと医師に挨拶し、広範な話題について会話を始めたのだ。

ルーベンスは明らかに並外れた人物であり、複数の異なる思考経路を同時にたどれる独自の知的能力が備わっていた。会社を経営させれば、きっと辣腕ＣＥＯになっただろう。

悲しいかな、私はどう頑張ってもルーベンスではなかった。そうだったらよいのに、とよく思ったが、私の場合、注意散漫になっていると自覚する瞬間は、特に生産的ではないようだ。研究によると、そう感じるのが普通らしい。マルチタスクは多数のことを杜撰にこなす、かなり確実な方法であることが証明されてきた。


経営者にとって、これは大いに問題がある。ＣＥＯ職というものは、起きている間は1分1秒でも仕事の時間を新たにひねり出そうと果てしなく働き続けている。しかも、このように感じるのは徐々にＣＥＯだけではなくなってきている。生活のペースが加速するにつれて、どの職位の従業員も、終わりの見えない仕事に追われてプレッシャーを感じているのだ。

とはいえ、４万５０００人の従業員と大勢の顧客を擁する企業を率い、常に新しい製品を発売し、企業を買収し、スタートアップ企業に投資しながら、同時に巨大なフィランソロピー機関を運営していく以上、特にせわしないペースになるのは間違いない。

私はほぼ毎朝、瞑想の時間を取り続けているが、瞑想を終えてふと我に返った瞬間から戦闘状態に突入する。会議に次ぐ会議、製品レビュー、夕食会、カンファレンス、スピーチ、募金活動、研修旅行、ブレーンストーミングのセッション、メディアの取材、アナリスト説明会で、私のスケジュールは埋まっている。この仕事は気をつけないと、自分が呑み込まれてしまうのだ。

近年、自分で選んだのであれ、必要に迫られてであれ（あるいはその両方でも）、私の時間の必要性が指数関数的に増してきた。優先事項も同様だ。あらゆることが緊急かつ重要だと思われる場合、規模を縮小するのは、とんでもなく難しくなる。

ただし私個人としては、社会貢献は絶対に譲れないものだ。妻のリンと私は個人的に慈善事業に5億ドル近くを寄付し、地球のためになる活動をしている営利企業へのインパクト投資家にもなっている。

正直に言うと、もっと多くのことをしたいといつも願わずにいられない。たとえば、リンと私は、２０１８年にニュース誌を発行するタイムの買収を決断しなくてもよかったかもしれない。でも、タイムは世界に前向きなインパクトを与えている重要な報道機関で、自由で開かれた報道の実現を守ることは私たちのバリューとぴったりと合う。この本を執筆しようと決めたことにしても、おそらく同じことが言えるだろう。

ＣＥＯの仕事は、あらゆる側面でへとへとに疲れるかもしれないが、退屈ではない。義務でやらなくてはならないことでさえ、ワクワクした気持ちになる。ＣＥＯたちが仕事を5時で切り上げてゴルフに出かけていた時代をうらやましく思うことは断じてない。私は自分のやっている仕事が大好きなのだ。

要するに、第4次産業革命によって、すべての人の世界とのかかわり方が変わり、時間と空間は即時にコミュニケーションを取る際の障壁ではなくなった。だから、ビジネス関係者はみんな、「自分の仕事」の定義をアップデートする必要があることも理解しておかなくてはならない。

さらに、テクノロジーがほぼ一夜にして、100年近く用いられてきたビジネスモデルを覆すような時代には、誰もが過去から解き放たれてオープンマインドにならない限り、こうした未知の海をうまく渡っていけるとは思えない。

将来的に企業を引っ張っていく唯一の方法、もっと言うと、企業で働く唯一の方法は、パソコン作業から顔を上げて、より広い視野を持つことだ。ただし、毎日の雑音やカオス状態から自分の心を守る術を学ばない限り、世の中を認識し直すことはできない。

今日では、単純に電源を切って考える時間をつくるだけでは足りない。じっくりと考える時間を取る必要がある。初心を磨き、新しい考え方を受け入れることは、心に良いだけでなく、サバイバル戦術と言える。

初心に返って人生と向き合うことは広い意味で、好奇心、感謝の気持ち、学習を自ら進んで取り入れる方法となる。つまり、白い紙を引っ張り出すことであり、自分は専門家だという考えを手放すということだ。サンフランシスコで布教活動をした禅僧の鈴木俊隆《しゅんりゅう》が述べているように、「初心者の心には多くの可能性があるが、専門家の心にはほとんどない」のだ。

専門家は、物事を確実に知り、最終的には正しいと証明されることを望んでいる。私は初心者として仕事や生活に向き合うとき、それまでの執着、恐れ、先入観、さらには願望からも解き放たれ、身も心もオープンになってその瞬間を意識する。

２０１８年に家族との休暇を過ごした後で、僧侶の友人たちがわが家を訪れたが、それが休暇前だったとすれば、私はきっと叱られただろう。マルチタスクが習慣となり、心が忙殺され、今この瞬間に十分に意識を向けていない、と。

ぼんやり歩いていくうちに、私たちみんなが暮らす世界、自ら良くしようと注力してきた世界に向かって窓を開けているのに、どんどん靄《もや》がかかって見えなくなっていた。これは意思決定に適した状態とは言えない。

リーダーが有能であるためには、過去から学び、未来を予測する、その両方が求められる。しかし、多少なりとも今を意識する時間が割けないとすれば、そのどちらもできないのだ。

共同ＣＥＯの就任

私の瞑想の旅は、オラクル時代に取った長いサバティカル期間に、ハワイの人けのないビーチで始まった。ハワイでは毎日瞑想し、イルカの親子の近くでたっぷりと泳いだ。その後のインドやネパールでの体験を通して、私はペースを落として、自分の優先順位を見直すことができた。

初心の考え方にはまだ精通していなかったが、混乱した頭を整理する必要性は理解していた。今を十分に意識し、変化に心を開くことができなくなっていたからだ。

常々私は、東洋の哲学や精神性に興味を持っていたが、その教えに没頭して多くの精神的指導者に会ったことで、驚くほどの強さでそのとりこになった。頭がすっきりし、解き放たれ、生まれ変わったような気持ちがするのだ。瞑想の力と初心を実践することの重要性を、固く信じるようになった。

冒険や心の探求の旅に出て、戻る頃にはマインドフルネスの伝道者となっていたエグゼクティブは、私が初めてではない。傍から見れば浅薄な自己満足や、シリコンバレー全体の一時的流行に見えるかもしれない。しかし、何よりも確実に言えることがある。この鍛錬は、私をより幸せで生産的な人間にしただけではない。重要な「ビジネス戦略」でもあったのだ。

セールスフォースが成長してきたのは、何度か大きな軌道修正をすると決断し、それを実行してきた結果である。その全期間をグラフに表してみると、そうした決断の瞬間はたいてい私が電源を切って初心に戻り、再びつながった時期から始まっていることがわかるだろう。

結局のところ、極度のストレスや危機にさらされると、慎重に熟慮する時間をほとんど持てず、勘に頼らざるをえなくなる。そうした意思決定はある意味、リーダーの真の力量を示すバロメーターと言える。つまり、行動しなければならない瞬間に何をするのかが、わかってしまうのだ。

本当の自分や本当に信じていることと再びつながる時間を持たないと、最も重要なときに勘頼みで失敗してしまうだろう。

２０１８年、家族や自然とのつながりを取り戻したことで、長い間手をつけてこなかった問題にようやく向き合う気持ちになれた。

晴天のビーチで長い散歩をし、大好きな海で人生を肯定する体験（一番のハイライトは、トンガで家族と一緒にザトウクジラの群れに囲まれながら泳いだことだ）をしながら2週間を過ごすうちに、肩の力が抜けて、雪だるまのように膨らんだ負荷に対する解決策を見出せるほど頭も冴えてきた。

しばらくの間、私が熟達する「何でも知っている」意識は、タコのように動き続ける以外に選択肢はないことを告げていた。つまり、何百万もの異なる方向に触手を広げ、進んでいく先にあるすべてのことに自分の痕跡を刻み込もうとするやり方だ。

頭をすっきりさせたところで、数字は私の好みでないことがはっきりした。２０１８年までに、フォーチュン５００社の86%がセールスフォースの顧客となり、あらゆる種類と規模の事業を約15万件も扱うようになった。

ところが、私は相変わらずたった1人であり、やらなければならないことは会社と歩調を合わせて拡大していた。セールスフォースが成長すればするほど、より多くの製品の本格展開、マーケティングキャンペーンの立上げに伴う、経営チームの開発セッション、スピーチ、顧客との会合に出なくてはならなくなっていた。

それでも私は、もっと多くのことができればいいのに、と常に思っていた。そして、過密スケジュールに追われ、あれこれ首を突っ込みすぎて過重労働に陥る中で、ふと気づいたのだ。これまでどおり、この問題を先延ばしにすれば、さらに悪化するだけだと。


その解決策は何カ月間も、私の心の奥底に潜んでいた。そうした離島から飛び出し、邪魔するものから完全に自由になって、ようやく前に進めるようになった。取締役会にかけて、当時ＣＯＯだったキース・ブロックに共同ＣＥＯになってもらう時が来たのだ。

キースにはすでに経営に携わってもらってきたが、明らかに不十分だった。私が正気を保ち、セールスフォースにふさわしいリーダーであるためには、キースの役割を拡大し、私と一緒に会社を引っ張ってもらう必要があった。

そうすれば、私たちの協業をもう一段階引き上げるだけでなく、将来の成長を加速させることにもなる。キースには成長戦略、執行、運営を担当してもらい、私は引き続きテクノロジー、マーケティング、ステークホルダーの巻込み、企業文化のビジョンとイノベーションに注力しよう。

キースを共同ＣＥＯとし、報告を上げるのは私ではなく取締役会とすることで、私は一部のコントロールを手放すことになるだろう。しかし、電源を切って何週間か過ごすうちに私の意識は変わり、周りの人をもっと信頼したほうがよいことがわかった。会社全体の重さが私の肩にかかり続ければ、誰にとっても良くない。

この新しい体制であれば、私は会議にもっと気を配り、もっと身を入れることができ、おそらく遅刻の常習犯でもなくなるだろう。これは劇的とも言える動きだったが、セールスフォースが長期にわたって繁栄するのにきっと役立つはずだ。同時に私は、過密スケジュールでおろそかになっていた注意や集中を再び取り戻せるだろう。

人生における最良の学び、マインドフルネス

私の人生における最高の投資の1つは、瞑想を学んだことだ。瞑想に関する知識の多くは、さまざまな領域で「マインドフルネスの父」として知られるティク・ナット・ハン師から学んだ。ベトナム戦争を終結させるために活動し、マーティン・ルーサー・キング・ジュニアの推薦でノーベル平和賞の候補にもなった人物だ。

弟子から「タイ(Thay)」(ベトナム語で「先生」の意味)と呼ばれる彼は、マインドフルネスを、今この瞬間に自分の内側や周囲で起こっていることに気づくことだと定義している。そして、瞑想の良い効果を得るために、何年も山籠もりする必要はないとも説く。実際、今この瞬間に戻って

くることは、呼吸していることに気づくのと同じくらい簡単だ。

ティク・ナット・ハン師いわく、マインドフルの状態になって、その瞬間を「意識する」ことで、毎日の活動に喜びと奇跡の輝きを与えられる。不安が消え、時間を超越した感覚が根づき、優しさ、共感、思いやりなどの資質が生じるようになる。それが詰まるところ、初心の源なのだ。

数年前、サンフランシスコのわが家にタイが滞在していた間、私たちは毎朝６時に瞑想に励んだ。そうやってマインドフルネスの世界最高の師と一緒に過ごした瞬間はもちろんかけがえのないものだが、私が真の教えを授かったのは、ある晩、数人のテック企業のＣＥＯを招いて夕食会を開いたときのことだ。

「私たち１人１人が自らに問いかける必要があります。あなたが本当に欲しいものは何でしょうか。本当にナンバーワンになりたいのですか。それとも、幸せになりたいのですか」。そうタイは言って、自分がその日訪問した、セールスフォース、グーグル、フェイスブックでどれほど多くの「苦悶」を見たかについて説明した。「自らの成功の犠牲者にはなっても、幸せの犠牲者になる人は誰もいなかった」と、彼の目には映っていたのだ。

今日のビジネスの競争的な性質と、その中で成功を測る方法でさえも、持続可能な優れた企業の構築に間違いなくつながるという確信を、私は完全に持てたことがない。それどころか、そういうものは幸せの実現に役立たないという思いが強くなっていた。

「苦しみが増えるのなら、より多くのお金を持ったところで何の役に立ちますか」と、タイは述べた。「あなたに善い志があるならば、社会変革を支援することで人生に意味が与えられ、自分がもっと幸せになれることを理解すべきです」

もちろん、セールスフォースで働く全員がこうした教えを受け入れ、瞑想やマインドフルネスの研鑽に注力してほしいと期待しているわけではない。それでも、第7章で取り上げたように、瞑想をウェルネスプログラムに組み込み、オフィスの全フロアにマインドフルネスのためのスペースを設けることで、長い時間をかけてマインドフルネスを私たちの企業文化に融合させようとしてきた。

職場にマインドフルネスを持ち込んでいるのは、セールスフォースだけではない。ターゲット、フォード、ナイキ、アップル、ゴールドマン・サックスなどでも、マインドフルネス研修が従業員のためになり、ひいてはビジネスにも有益だと見なしてきた。どの企業も、初心に戻ることは新しい機会を発見し、企業文化を損なう不穏な兆候を見つけるのに役立つと理解しているのだ。

当然、マインドフルネスの実践方法はいろいろある。寺院で寝起きして毎朝1時間をかけて瞑想する必要はないが、時々は電話に一切出ないようにすることは絶対に欠かせない。私は、必ず呼吸を整える時間を少し取って、自分が何をすることになっていようと、そこから一歩下がってみるようにしている。

会議に出ても、目を閉じて心をオープンにしながら、2〜3分間ただそこに座っていることもある。私がただぼーっとしたり、寝たりしているのではないと、チームの面々は十分に承知している。それどころか、これは私にとって今を十分に意識するのに役立つ瞬間であり、こうしたときにこそ最高のアイディアが浮かんでくるのだ。

マインドフルネスの最も重要な側面は、単に心を開いてその瞬間に意識を向けることだけではない。じっくりと耳を傾けることも大切だ。自分の声だけでなく、他の人の声にも、である。

これを実践するのは簡単そうだが、最初のうちはそうでもない。というのも、私たちの心は結論に飛びつき、聞きたくないものに耳を貸さず、気分や偏見に左右される傾向があるからだ。

最近行った経営幹部との社外会議でもそうだった。このときは1日がかりで数字を点検し、業績改善に向けた検討課題を明らかにするという難しい作業をしていた。後で、厳しい質問をされている間中つらかったと打ち明けた参加メンバーもいた。そう思ったとしても仕方ない。その晩、私の頭の中でのべつまくなしにあれこれ考えが駆け巡り、ぐっすりと眠れなかった。

ところが翌朝、心が落ち着いて明瞭になると、私はメンバーの話に十分に耳を傾けていなかったことに気づいた。数字に集中するあまり、緊張を和らげてノイズを減らし、初心に戻る必要性をそっちのけにしていた。心から傾聴していなかったのだ。

そこで社外会議の会場に勢いよく入った私が最初にしたのは、「10分間、みんなでマインドフルネスをしよう」と、声をかけることだった。総勢40人のメンバーはすぐにコーヒー、卵、ターキーのベーコンを片づけて、楽な姿勢を取った。

「昨日はこの部屋でいろいろあったけれど、そのすべてを胸に取り込んで、それから吐き出して、息を吸おう」

「ここまでの道のりで自分が犯したミスをすべて許し、他の人を許そう」と、私は付け加えた。

「昨日のプレゼンテーションの精神を尊重し、皆、真実を語り、実際に感じたり思ったりしていることを話せますように。誰かが率直な意見を言わなくてはならないときに、あなたはじっくりと耳を傾けられる。心で聞くことができる」

その後、今この瞬間に私たちが直面している現実、つまり、膨大な数字や厄介なオペレーションの詳細にゆっくりと心を戻そうと、みんなに呼びかけた。

今は、経営会議をマインドフルネスのセミナーにすることはあまりない。瞑想がしっくりくる人ばかりではないことに気づいているし、そういう考え方も尊重している。

ただし、これだけは言える。あのときの会議では、明らかに室内のエネルギーが変わった。私たちは全員じっくりと耳を傾け始めたのだ。

初心を磨き、マインドフルネスを実践することは、もっぱら重大で画期的なアイディアを引き出すための方法だという印象を与えたかもしれない。それは事実だが、今この瞬間を意識して、自分のいる場所やそこで起こっていることに注意を向けることで、私たちの時間の大部分を占める些末な問題の対処に役立つこともある。業界に革命をもたらすような素晴らしい製品のビジョンであろうと、チーム再編の構想であろうと、顧客基盤の拡大計画の微調整であろうと、よく言われるように、神は細部に宿るものだ。

これは初心の裏の面と言える。つまり、自分のアイディアを現実にするためには、他の人を説得して自分のビジョンに同調してもらい、今後の針路を考えなくてはならない。優先順位をつけることが求められるのだ。大企業の場合、優先順位をつけるだけでなく、それに加えて何万人あるいは何十万人もの従業員に共通理解を持ってもらう必要がある。

これをどう実践するかは、私が１９９０年代から取り組んできた課題だった。自分の人生を変える初めての経験となったサバティカルの後、オラクルの仕事に戻った私は、個人的にも、プロフェッショナルとしても、成長しようと全力投球したが、社内にはエグゼクティブ研修や専門能力の開発プログラムがなかった。
そこで私は、何百万人もの米国人がしていることに倣った。セミナーに参加したり、ビデオを見たり、録音テープも聴きながら勉強を始めたのだ。心身の健康などに関する著書で知られる医学者のディーパック・チョプラなど、直接会ったことのない人々を師と仰ぎ、そこから大いに刺激を受ける中で、自分の価値観や自分にとって本当に大事なことについて考えさせられた。当時、私は車の中で自己啓発用カセットを、それこそ何百時間も聴いていたと思う。

この期間中、私は奇妙なアイディアのるつぼの中でもまれていた。時間とともに、ひたむきに初心を磨こうとする概念と、その他の多様な人格修養の哲学が交ざり合い始めた。そこから、偶然にある組合せが生まれた。

私はオラクルで昇進してダイレクトマーケティングを担当するようになったが、自分に期待されていることはおろか、新しい役職で何をしたいのかも見極められずにもがいていた。それなりの予算を持ち、現状よりも大幅にコストを抑えるという責務は課せられていた。

しかし、私がどうやってそれを実現するかはそれほど重要ではなく、長期や短期の計画もなかった。自分のめざすリーダーシップや成果の測り方に適したフレームワークが必要だった。

そこで、ずっと欠けていた部分を補うためにフレームワークの手直しを始めた。目標を特定し、それに向けてどう動けばよいかを明らかにし、どのくらい目標を達成できたか(これは大事な点だ)

を評価するための、明確で簡単な方法を編み出したのだ。

私は頭を空っぽにして、白い紙を取り出し、簡単な問いをいくつか書き出した。私が達成したいことに対するビジョンは何か。これは最初に問うべき質問だ。というのも、どこに行きたいかという目的地がはっきりしなければ、そこにたどり着こうにも運任せになってしまう。

論理的に考えると、次に来る質問はこうだ。この目標について自分には何が重要か。ビジョンを支えるバリューは何かということだ。

バリューをいくつか挙げた後で、私は重要性を考えながら順番をつけていった。これはある種の二択問題で、せめぎ合う優先事項について選択を迫られることになった。すぐに悟ったように、すべてが重要というのは、ひいては、どれも大事ではないということだ。

私は自問した。何が最も重要なのか。市場投入時間が短いことか、それとも、より多くの人を雇用することか。イノベーションか、あるいは数字を達成することか。

簡単ではなかったが、最終的に、時間とお金を投じる際の優先順位が明確になった。

ビジョンとバリューを確認したら、その実施方法を確立しなくてはならない。そこで、フレームワークの３番目の作業として、業務遂行のために全員が取るべきアクションとステップのあらましを書き出した。こうした手法にも優先順位をつけ、それぞれにかかる費用の概算を出した。

４番目の作業は、ビジョンを実現するために克服すべき障害を明らかにすることだ。成功にこぎ着けるまでに、どのような課題や問題が立ちはだかっているのか。どの障害を解決することが最も重要か。どのように解決するのか。

そして最後に、適切な測定方法を考え出すという難題に取り組んだ。どうすれば成功したとわかるのだろうか。私の考えでは、主観的な「イエス」や「ノー」の判断ではうまくいかない。どんな状態になれば成功と言えるかを判断するには、データと評価基準が必要だ。

このフレームワークは最終的に、私が「Ｖ２ＭＯＭ」と呼ぶプロセスとなった。ビジョン（Vision）、バリュー（Values）、手法（Methods）、障害物（Obstacles）、評価基準（Measures）の頭文字をとったＶ２ＭＯＭは、次の５つの質問に集約され、全従業員との連携やリーダーシップを取るためのフレームワークとして使うことができる。

①ビジョン……何がやりたいのか
②バリュー……自分にとって何が重要か
③手法……どのようにやり遂げるか
④障害物……何が成功の妨げとなるか
⑤評価基準……どうすればやり遂げたことがわかるか

Ｖ２ＭＯＭの５つの要素から、目的地に関する詳細な地図と、そこに向かうためのコンパスも得られた。これはセールスフォースのストーリーにおいて主要な部分を占めるようになり、私たちの成功の大きな要因となった。

Ｖ２ＭＯＭのプロセスは毎回、白紙の状態で始まる。過去をベースに私たちの未来を決めたくないからだ。初心に戻ってスタートすれば、私たちは頭を整理し、時代遅れとなった前提を捨て去り、邪魔なものを取り除き、何をするにせよ、Ｗｈａｔ（何）、Ｗｈｙ（なぜ）、Ｈｏｗ（どのように）に集中できる。

さらに、それを紙に書いて残すことで、みんなの歩調を合わせやすくなる。積み荷ともども船を安全に港に到着させるためには、私たち全員が同じ船に乗り、同じ方向に漕ぎ出し、船を沈没させかねない同じ岩や浅瀬を探す必要があった。

私は毎回白い紙で始めることに加えて、書き出す際の４つの重要原則も考え出した。第１は、すべてに優先順位をつけること。第２は、すべての言葉を大切にすること。第３が、覚えやすい計画にすること。第４が、理解しやすくすることだ。

優先順位をつけて、共通理解を深める

３年後、オラクルを辞めてセールスフォース立上げの準備中に、私が何から着手したかは、お

そらくご推察のとおりだ。私は共同創業者たちと一緒に、手元にあった一番大きな紙（アメリカン・エキスプレスの大型封筒）を引っ張り出して、その裏面に新会社のビジョンとバリューを殴り書きした。これが、私たちの最初のＶ２ＭＯＭ（基本的に、最初のビジネスプラン）となった。

　このＶ２ＭＯＭから、長い道のりが始まった。今となってみれば笑い飛ばせることだが、私たちがどれほど尊大で、時には無知だったことか。それでも、私たちはアメリカン・エキスプレスの封筒に書き出したことを何とか達成してきた。

　Ｖ２ＭＯＭは、初心を忘れずにビジネスプランを策定するための最適なフレームワークになった。ビジョンを明確に表すことで、現実から乖離するのを免れた。バリューを書き出すことで、守るべき信条との接点を持ち続けてきた。

　障害物に名前をつけることで、そこから目を背けずに立ち向かわざるをえなくなった。どんな状態になれば成功と言えるかを定量化することで、自分自身やお互いに対して正直であり続けた。

　Ｖ２ＭＯＭが私たちの最も重要な管理ツールであることは、セールスフォースのあらゆる意思決定の指針となり、従業員が４００人になり、今日のように４万人を超えても、会社全体で１つのぶれない針路が定まっていることでも証明できるだろう。

　根本的に、Ｖ２ＭＯＭはみんなが一丸となって力強く実践する取組みである。それによって、チームと企業が最優先すべき事柄について共通理解を持てる一方で、従業員は各自の仕事が会社全体の成功にどう貢献するのかをはっきりと見通せる。私の理解では、Ｖ２ＭＯＭはそれ以上のものでもある。

Ｖ２ＭＯＭの良さはそのシンプルさと、組織のライフサイクルの全段階で使えることにある。向こう見ずなスタートアップ企業がビジネスプランの概要を説明するのに役立つフレームが、上場企業が年間目標を概説するときにも同じく有効なのだ。しかも、厄介な問題に遭遇するときは決まって、それを書き出してプロセスの中で理解していなかったからだとわかる。

セールスフォースでは今日、Ｖ２ＭＯＭの適用範囲を広げて、個人と会社全体のチームのどちらにも活用している。毎年、すべての部門、すべての従業員にそれぞれドラフト（草案）を作成してもらう。その結果、この企業意識を高める実践的取組みが組織全体で徹底される。従業員１人１人が作成するので、Ｖ２ＭＯＭの数は４万件以上にのぼる。本当に上から下まで組織全体に浸透しているのだ！

透明性を促すために、Ｖ２ＭＯＭはすべて社内ソーシャルネットワークのチャター上で公開し、どこかの保管場所に隠すことはない。このガラス張りのやり方は、部門の壁を打破し、全社の活力を結集させるのに役立つ。

誰でも全員のＶ２ＭＯＭを検索して、それぞれわが社の将来にどう貢献しようと思っているかを閲覧することができる。全従業員向けに、それぞれのＶ２ＭＯＭの各項目の進捗状況を追跡できるアプリまでつくった。

あえて言うならば、私たちはＶ２ＭＯＭをかなり真剣に受け止めている。私は8月に入ると、セールスフォースに6番目に入社したジム・キャヴァリエリと一緒に、翌会計年度のトップレベルのＶ２ＭＯＭのドラフトをつくり始める。

それから数カ月間、経営幹部チームと一緒に一言一句にまで心血を注ぎ込み、毎年2月に開催する新年度最初の社員集会で、大勢の上級管理職たちを前にそれを発表する。その時点で、各部門から忌憚のないフィードバックをもらい、改善点を探ってより良いものにしていく。

このとき、優先順位や活動項目などの議論が戦わされ、仲間内でピリピリした空気になることもあるが、その結果として、常にグループ全体の認識が深まり、足並みが揃っていくのだ。

このプロセスは人間関係を円滑にするのにも役立つ。取締役会でキースを共同ＣＥＯにすることが決まった後、新しい役割を具体化するためにＶ２ＭＯＭを作成した。私たちは協力しながらチームとしてのビジョンやバリューを明らかにしていく中で、互いのスキルセットをどう補足し合えばよいかを理解することができた。セールスフォースの経営という仕事とは別に、私たちが相互の信頼を最も重要なバリューとしていることを知っても、おそらく誰も驚かないだろう。

初心と白い紙に立ち返る

セールスフォースの従業員のうち、V2MOMプロセスとマインドフルネスの概念を結びつけた人が何人いるかはわからない。しかし、長年やってみて、私の中で明確になったことがある。この取組みにおける真の力は、プロセス全般で初心を保つことにあるということだ。

もっとも、V2MOMについて言えるのは、リーン方式［無駄を省いて最小限の資源で最大限の価値を生む経営手法］やアジャイル方式［短いプロセスを繰り返すことで、状況の変化に迅速に対応できるようにする開発手法］といった、シリコンバレーで流行りの経営管理手法と違って、そもそもテック企業向けにつくられたものではないことだ。

実際V2MOMには、技術特有の要素はまったくない。あらゆる種類の企業やプロジェクトのビジョンやバリューを具現化するための方法と言える。

当社のCSO（最高戦略責任者）のアレックス・デイヨンは、幅広い業界の顧客とともにV2MOMを作成している。時には、セールスフォースと契約を結ぶ前ということもある。

たとえば、アレックスが以前、メタリカのドラマーであるラーズ・ウルリッヒと一緒に作成したV2MOMは、バンドがソーシャルメディアでのエンゲージメント［ユーザーなどとの関係性］をもう一段階引き上げ、その音楽性に根差してブランドをさらに成長させて、「世界で最もソーシャルなつながりを持つバンド」になるためのものだった。

デザイナーのステラ・マッカートニーが、フランスの高級ブランドグループのケリングから自己の名前を冠した会社の株式を買い戻したときにも、アレックスが彼女の個人的な計画策定を支援した。

前向きな考え方をするステラは、自分のブランドの全権を取り戻した後の重要な時期に、人々が「格好よく見えて、良い気分になり、良いことをする」というビジョンに注力し、ビジネスだけでなく環境面の損益も含めて、自身の価値観に照らして意思決定したが、そのときにもＶ２ＭＯＭが一役買った。いつの日かステラ・マッカートニーが、コンポスト化（堆肥化）が可能な洋服を発表するのを見守ってほしい！

私たちらしい企業文化を構成する要素の中でも、Ｖ２ＭＯＭほど素早く問題の核心にたどり着けるものは少ない。実際に、私が若い起業家に助言を求められたときにいつも真っ先にやるのは、白い紙を引っ張り出すことだ。

たとえば２０１８年、オンデマンド配達サービスのポストメイツのＣＥＯであるバスティアン・レーマンと飛行機に乗り合わせた。私は投資家として数年間、バスティアンに助言をしてきた。彼のスタートアップ企業は、１時間以内にほぼ何でも配達することを約束したサービスでセンセーションを巻き起こしてきた。彼はきわめて頭脳明晰で意欲的な人物だ。

しかしこの出張では、少し様子が変だった。「いつもの愛情あふれる姿が少しばかりしぼんでいるね」と、私はバスティアンに言った。

この先に待ち受けているリストラなどの変化を思って「少し落ち込んでいる」ことをバスティアンは認めた。

私は彼に基本的な質問をした。「君が本当に求めているものは何だろう？」「どこをめざしているんだ？」。それに答えて、彼が長々と説明し始めたので、私は途中でさえぎった。その憂鬱な気分を吹き飛ばす解毒剤は明らかだった。急成長する企業のビジョンとバリューをはっきりさせる必要がある。このときも、私は白い紙を取り出した。

サンフランシスコに着くまでに、バスティアンはポストメイトの上位４つのバリューを特定していた。帰宅したら、自分の手法、障害物、評価基準も埋めてみるつもりだと、彼は言った。

そうやって基本に立ち返ったことで、ポストメイツはバスティアンが憂慮していた変化の波を乗り切ることができた。それ以降、同社はオンデマンド配達の業界リーダーとしての地位を固め、上場申請にこぎ着けたのである。

ところで、セールスフォース創業時に作成した最初のＶ２ＭＯＭはその後、どうなったのだろうか。共同創業者のパーカー・ハリスは何を思ったのか、あのアメリカン・エキスプレスの封筒を捨てずに保管していた。そして２００４年６月23日のＩＰＯ当日、それを額縁に入れて私にプレゼントしてくれたのだ。

ビジネスを始めるときも、チームや組織の中で連携を図ろうと取り組んでいるときも、個人的な挑戦や目標に取り組んでいるときも、１つの原則が適用できる。初心と白い紙から始めることだ。

#10 ステークホルダー 私たちは皆、この地球上でつながっている

Stakeholders: We Are All Connected on This Planet

私たちは倫理的な会社なのか？

２０１８年夏、私は家族と一緒に太平洋上の島で休暇を過ごしていた。ここ数年で最も長く完全に電源オフの状態にしていたのだが、想像を絶することが起こった。それは、私の不在が災いする類いの状況であり、それが現実のものになってしまったのだ。

何の前触れもなしにセールスフォースは突然、複雑で激しい大打撃を招くような危機に巻き込まれた。私が連絡を絶っていたせいで、その炎は一層激しく燃え広がったようだ。

妻の電話にサンフランシスコからＳＯＳが入ったときに、私たちはイースター島のビーチに着いたばかりだった。私は世界を半周し、母国で起こっていることから（その点でいうと、世界のどこ

で起きていることからも）解放され、能天気なほど何も知らずにいた。

後から知ったのだが、このとき、トランプ政権の移民政策をめぐって、国内の議論はすでに激しく紛糾し、感情的な対立に発展していた。これが、考えてもみなかった形でセールスフォースに影響を及ぼしていたのだ。

トランプ政権が国境をフェンスで覆い、移民を国外追放するための政策を次々と発表する中で、緊張はどんどんエスカレートしていった。米国とメキシコの国境で繰り広げられている忌まわしい人間の悲劇に関して、トランプ政権に対する懸念を表明するために、私は積極的に声を上げ、企業としても同様の対応をしていた。

移民収容施設で連邦政府職員が移民の子どもたちを家族から引き離していると報じられると、当然ながら大勢の米国人が憤慨した。2018年4月にニューヨーク・タイムズが、親から引き離された子どもが700人以上にのぼり、そのうちの100人以上が4歳未満だったことをスクープすると、すでに燃え盛っている火にバケツで油を注ぐ格好となった。

そして今、米国にいる私のチームが火急の知らせとして伝えてきたのは、4人のセールスフォース従業員が私宛てに送った公開書簡のことだった。それは、創業時に掲げた4つのバリューに対する重大な違反に抗議する内容で、867人の署名が添えられていた。

彼らが問題視していたのは、米国の税関・国境警備局（CBP）が私たちの顧客だったことだ。

私たちはその年の3月に、ＣＢＰがビジネスプロセスの一部を近代化するため、セールスフォースを選んだというプレスリリースを発表していた。公開書簡を出した4人の考えはこうだ。ＣＢＰの職員に当社のエンタープライズソフトウエアを使用させれば、私たちがトランプ政権の国境における移民政策を支援していることになる。また、ＣＢＰとのビジネスは当社が支持するすべてのことに背く行為であり、この状態が続くのを黙認すれば、自分たちがそもそもセールスフォースで働こうと思った根本的な理由が否定されるとも感じていた。

　書簡は具体的に、「国境で今、子どもを親から引き離すという非人道的な行為が起こっているとするならば」ＣＢＰとの契約を「見直す」ことを私に求めていた。

「私たちの多くは、不正に立ち向かう会社として高く評価されていたから、セールスフォースで働くことを選択しました。自分のしている仕事が、弱者に対する非人道的な扱いに加担するのではなく、友人や隣人に前向きな影響を与えるものであってほしいと思います」。その後に、予期しなかった言葉が続いていた。「平等というコアバリューが脅かされていると、私たちは考えています」

　ただし、彼らが知らなかったこともある。それは、ＣＢＰが私たちのソフトウエアを使用しているのは、人事管理の機能を刷新し、業務の一部を自動化するという特定の目的に限られ、移民の子どもを親から引き離すこととは無関係だったことだ。とはいえ、その区別は明確になっていなかったし、政治がヒートアップしている瞬間には、そんなことは一蹴されてしまった。

私はデジタルデトックス中で、公開書簡に回答することはおろか、この対立を知ったのも遅かったので、一部の従業員は当然ながら不安を募らせて公開書簡をメディアに流すことにした。そのため、私が1カ月間の（ほぼ）邪魔の入らない自己探索の旅と家族と過ごす時間を切り上げて戻ってみると、セールスフォース・タワーの外にメディア関係者の車が何台も止まっていた。公式にコメントすべきだとわかっていたが、その前にじっくりと耳を傾ける必要があった。そこで、私は書簡を書いた本人たちと電話で話してみることにした。

言うまでもなく、私は常にテクノロジーの力を信じてきた。テクノロジーは、私たちが世界やお互いにつながり合う方法を完全に変えつつある。しかし、地球上で最も融通が利く強力なツールは、1や0で書かれるコンピュータコードではなく、私たちの言葉だ。

大多数の人は普通、1日に何千語も使い、その言葉がいかに早く形や意味を変えうるかについて考えたりしない（もちろん、私もそうだ）。

「We can trust Salesforce（私たちはセールスフォースを信頼できます）」、あるいは「We are an ethical company（私たちは倫理的な会社です）」といった短文があるとしよう。

この順番で単語が並んでいれば、明快かつ正確なメッセージが伝わってくる。従業員、顧客、あるいはたまたま出会った人でも、このとおりに言ってくれれば、私の1日は断然、素晴らしいものになるだろう。

ところが、この順序が少しでも変わると、同じ言葉が伝える内容はひどく不快になる。今回がその一例だった。電話をかけて数分後、相手が2つの単語の順番を変えて質問をしてきたのだ。私は、腹にパンチを食らったような気分だった。

「**Can we trust Salesforce?**（私たちはセールスフォースを信頼してもよいのでしょうか）」

数分後、別の人からも同じようなことを聞かれた。

「**Are we an ethical company?**（私たちは倫理的な会社でしょうか）」

これまでの20年間で、誰かからこうした考え方について本気で質問されたことはなかった。私は激しく動揺していた。文字どおり、驚きのあまり言葉を失っている自分に気づいたのは、生まれて初めてのことだ。まさに自分の根幹が揺さぶられるような思いだった。

すでにお話ししたとおり、従業員、顧客、パートナー、コミュニティなどのステークホルダーが成功できないならば、セールスフォースのような企業の成功は不可能だ。しかし、私はすぐに学んだ。それが誰であれ、ステークホルダーの信頼を失えば、企業が最高レベルで成功し、繁栄することなど決してありえないのだ、と。

社会との統合が真の成長をもたらす

セールスフォースを設立して３年後の２００２年冬、私は初めて世界経済フォーラムの招待状を受け取った。私はこのとき、世界経済フォーラムの創設者で、ビジョナリーリーダーでもあるクラウス・シュワブと初めて会った。

クラウスは、私がこれまで出会った中で最も賢く、思慮深く、最高の学歴の持ち主の１人だ。ハーバード大学公共政策大学院（ケネディスクール）で行政学の修士号を取得し、経済学と工学の博士号も保有する。１９７２年には、ジュネーブ大学の最年少教授の１人となった。

１９７１年、クラウスが33歳のときに創設した世界経済フォーラムは、彼のリーダーシップの下で、世界で最も影響力のある機関の１つに成長した。ちなみに、このドイツ生まれの人物はダンスフロアの魔術師で、登山やクロスカントリースキーの腕前も有名だ。

現在、世界経済フォーラムの会長を務めるクラウスは、実業界における最大の知的貢献とも言える概念を開発した（２００２年に彼に会った時点では、まだ聞いたことがなかったが）。彼はそれを「ステークホルダー理論」と呼んでいた。

私たちが初めて言葉を交わしたとき、彼はいつものようにホテルのロビーに立ち、大勢の人に囲まれながら、丁寧に挨拶をしていた。おそらく、背の高い私は人混みの中でも目立っていたのだろう。彼のほうから自己紹介をしに来てくれた。

クラウスが私の目を見ながら話したことは、私の脳裏に永遠に焼きつけられた。「『統合』は、あなたのビジネスで考えるべき最も重要な言葉です」。彼が立ち去った後で、いったいどういう意味だろうかと、私は首をひねった。

その後、次世代のグローバルリーダーと呼ばれる世界経済フォーラムのプログラムに集まった私たちのグループに向かって、クラウスは語りかけた。あなた方には企業や組織の若いリーダーとして、４つの壁を確実に乗り越え、それぞれのコミュニティの垣根も越えて、私たちのビジョンを広げてほしい、と促したのだ。

世界には大勢の多種多様な人々が存在し、その人々の運命は直接的、間接的に多くの形で私たちの運命と絡み合っている。デジタルでつながった世界では、私たちの未来は投資家、顧客、従業員、コミュニティと結びつく以上に、全人類に影響を及ぼす世界的な課題と結びついている。その中には、富裕層と貧困層の格差拡大から、気候変動、サイバーセキュリティやプライバシーの複雑な問題、さらには米国の国境における危機も含まれている。

次第に、クラウスの言う「統合」が、仕事でやり取りするメールではほぼ見かけない類いのつながりを探せということだとわかってきた。実際に、企業が本当の意味で成長する唯一の方法は、社会の中に、そしてより良い世界の構築に向けたより大きな取組みの中に、企業が完全に組み込まれることだという。

あなたの会社が他の人と接するたびに、それがたとえわずかであっても、あなたはその人の将来の幸せにいくばくかの責任を負う。ある意味でこれは負担になるが、絶好の機会とも言える。

その小さなやり取りによって、その人が何を必要としていようと、どんな差し迫った問題を抱えていようと、多少なりとも効果を出せれば、あなたのことはずっと印象に残るだろう。それが信頼に根差した絆をつくる最初のステップとなる。言い換えると、こうした相互交流の１つ１つが人間関係への投資であり、そうした投資は長い年月をかけて積み上がっていく。

こうした視座を持って振り返ってみると、その当時のセールスフォースに対する私の見方は、かなり近視眼的だったことがわかる。１０７カ国で7万社の顧客が当社のサービスにアクセスし、私たちは時間、お金、製品を慈善活動に寄付することを約束していたが、それは、私がこれまで検討してきたインプットとアウトプットでしかない。

私は、セールスフォースがより大きな世界にどう組み込まれているかを考える時間を十分に取っていなかった。ふと思ったのだが、企業経営はまるでカメラの後ろに立っているようなもので、レンズの絞りを開く必要があった。

私たちのステークホルダーは、ビジネスの場面で直接交流した人々だけではない。顧客、従業員、株主、パートナーはもちろん、友人、隣人、コミュニティ、地元の学校区も含まれる。さらに、私たち全員が暮らす地球も含まれていた。

ビジネスリーダーに突きつけられた要求

私はいつも環境と深く結びついていると感じてきた。サンフランシスコとハワイで暮らしているので、幸運にも毎日、海が見える。世界中の都市にいる顧客を訪問しながら、気候変動の悪影響を目にしてきた。しかし、近年の出来事を見るにつけ、危機感は募るばかりだ。

２０１９年の世界経済フォーラムで、私は自ら主催した討論会で世界が直面する気候危機についての強烈な注意喚起を促されたのである。その討論会には、ミュージシャンで慈善家のボノとウィル・アイ・アム、世界的に著名な人類学者のジェーン・グドール、国連気候変動枠組条約（ＵＮＦＣＣＣ）元事務局長のクリスティアナ・フィゲレス、ＳＯＭＰＯホールディングスＣＥＯの櫻田謙悟の各氏が参加していた。

聴衆の中に、スウェーデンから来た16歳の少女、グレタ・トゥーンベリがいた。彼女は果敢にも「権力者たちに真実」を語り、ヨーロッパ全土で気候変動の意識を高めようと、若者にストライキを呼びかけてきた。私がこの学生活動家に意見を求めると、彼女は恥ずかしそうにマイクを手に取った。その瞬間、彼女がそこにいる誰よりもスターのオーラを放とうとは、思いもしなかった。

気候変動は実存する危機だと、グレタは話し始めた。「私たち全員がつくったと言う人もいますが（中略）そうではありません。なぜかというと、みんなが罪を犯しているとすれば、誰も責任を取りません。でも、責任は誰かにあるのです」

小さな肩に長い三つ編みをまっすぐに垂らしたグレタは続けた。「この部屋にいる一部の人たち、特に一部の企業は、想像を絶する額のお金を稼ぎ続けるために、自分たちがどれだけの価値を犠牲にしてきたかを正確に知っているはずです。そして、今日ここにいる皆さんの多くは、そのグループに属している方々だと思います」

室内は突然、水を打ったように静まり返った。「人類の未来は、あなた方の手に確かに委ねられています」と、彼女は締めくくった。

しばし間を置いた後で拍手が起こったが、断固たる支持表明というよりも、ぎこちなさが漂っていた。この10代の環境活動家から手厳しい批判を投げつけられた世界で最も有力なビジネスリーダーたちは、どう反応すべきかまったくわからなかったのだ。彼女の指摘が正しいことは重々承知していたので、なおさらだった。

あらゆる企業、そして、地球で暮らすあらゆる人にとって、環境が重要なステークホルダーである事実は否定しようがない。気候変動で空気が吸えなくなり、海洋の温度が上がって酸性化し、海面が上昇している中で、私たちは受け身のまま座して待つわけにいかない。熱波、干ばつ、ハリケーン、竜巻、山火事など、極端な気象現象は、年を追うごとに頻度や激しさを増している。今のペースのまま河川や海洋にプラスチックゴミを投棄し続ければ、２０５０年までに海洋プラスチックゴミの量は海水魚の重量を超え、生態系全体に壊滅的な反動が雪崩を打って広がっていくだろう。

国連の気候変動に関する政府間パネルがまとめた２０１８年の報告書によると、人類が地球温暖化をコントロールして甚大かつ有害な破壊を回避するためには、あと10年ほどしか残されていない。産業革命以前の水準よりも気温が１・５度以上高くなれば、極端な暑さ、干ばつ、洪水が起こり、数十億もの人々が貧困に陥るリスクが増すと警告している。

伝説的な博物学者のデビッド・アッテンボローは、沈痛な面持ちで「エデンの園はもはや存在しない」と述べている。

第４次産業革命のテクノロジーがかつてないほど私たちの生活の中に深く浸透するにつれて、理論上は驚くほど簡単なはずの選択に私たちは直面するのだろう。こうした進歩を活用して、すでに世界の富の大部分を獲得し、地球に被害をもたらしてきた1％の人々に恩恵を与えることもできるし、次世代のために地球を保護することもできる。

たとえば、ＡＩを搭載したドローンと衛星を使って魚の乱獲を促進したり、水中ロボットを使って海底を採掘して略奪したりするのか。あるいは、ドローンと衛星を使って海洋を監視して違法漁業をやめさせ、ロボットを使って海水の塩分、温度、酸素レベルを追跡するのか。

気候変動の時計の針は刻々と進んでいる。政府や政治リーダーは、ダメージを元に戻す政策を通過させて施行するために、終わりなき戦いで身動きが取れない。企業が立ち上がらざるをえなくなっているのだ。

全企業共通の最重要ステークホルダー、地球

こうしたことはますます頻繁に起こり始めている。リチャード・ブランソン卿とBコーポレーションが共同で創設したBチーム(The B Team)などのNPOは、ビジネスリーダーに刺激を与えて、人々と地球を第一に考えた包括的かつ持続可能な経済を構築する方向へのシフトを主導するよう促している。

こうしたNPOは、責任を持って倫理的かつ持続可能な活動に力を入れている企業が報いられるというメッセージを広める支援をしている。ユニリーバの元CEO、ポール・ポールマンは言う。「それは利益に先立つ目的ではない。より良い利益を引き出す目的である」

なぜなら、人材や顧客はますます雇用主や取引先の企業に対してより多くの説明責任を求めるようになり、環境をステークホルダーとして扱う企業に魅力を感じる可能性が高いからだ。

新興シューズメーカーのオールバーズは、重要なステークホルダーとして環境を扱うことにコミットしてきた企業の好例である。急成長中の同社は、持続可能な農業と動物福祉の厳しい基準を満たしつつ、靴づくりで一般的に使用される合成材料よりも生産時のエネルギー消費量が60%少ないウールを使用したエシカル（人や社会、環境に配慮した倫理的）な靴を世の中に広めた。また、ＮＰＯのソールズ・フォー・ソウルズと協力して、リサイクル回収した靴を世界中の必要とする人々に提供している。

アウトドア用品のパタゴニアは、自社のサプライチェーンの環境への影響を最小限に抑えるために、サービスセンター、オフィス、小売店に、ソーラーパネルやＬＥＤ照明器具、エネルギー効率の高い設備を入れている。同社は、環境ＮＰＯに売上げの１％を寄付しているほか、今では法人顧客からブランド入りロゴウエアの注文を受ける場合は地球重視の企業に限定している。

ＥＣサイトを運営するエッツィは最近、配送に伴う温室効果ガスの純排出量をゼロにするカーボンニュートラル配送に完全移行することを発表した。同社は宅配便によって発生する全排出量についてカーボンオフセットに取り組むことを約束し、業界全体のお手本となる基準を確立した。

世界の大手企業でさえ、気候変動への取組みを強化すべきだと理解している。コカ・コーラ、ペプシコ、ユニリーバを含む２５０社以上が、２０２５年までにすべてのプラスチック包装について、再利用、リサイクル、堆肥化のいずれかを可能にさせると約束している。

セールスフォースでは、「１－１－１モデル」を通じて環境問題に取り組む組織を支援しているだけではない。２０１３年に再生可能エネルギー１００％で事業運営を行うことを約束して以降、私たちは世界中で温室効果ガス排出量を実質ゼロにすることを実現し、顧客にカーボンニュートラルな「クラウド」サービスを届けている。

２０１８年だけでも、８０００人以上の従業員が参加する当社のグリーンチーム「アースフォース（Earthforce）」が、地域社会の環境問題のためのボランティア活動に計2万時間以上を捧げたことを、私は誇らしく思っている。

私たちはこうしたバリューを自社の文化に浸透させているだけでなく、文字どおり、私たちの基盤に組み込んでいる。サンフランシスコのセールスフォース・タワー内には、米国の商業高層ビルで最大の排水再利用システムが装備され、年間で数百万ガロンの節水を実現している。慢性的な干ばつに苦しむカリフォルニア地域に本社を置く私たちにとって、これはきわめて重要な取組みだ。

個人的にも環境問題にも力を入れてきた。２０１６年に、米国有数の海洋研究センターであるカリフォルニア大学サンタバーバラ校の革新的な海洋科学者、ダグラス・マッコーリーと一緒に、妻と私はベニオフ・オーシャン・インスティテュートに資金を拠出し、海洋に関する研究病院のようなものを開設した。世界中の誰でも海洋の健全性に関する問題を提起し、研究のために生物学者、エンジニア、エコノミスト、社会科学者が参加するチームを組むことができる。

私たちはまた、フレンズ・オブ・オーシャン・アクションにも資金を拠出している。ここには、水域に依存する生態系に対する差し迫った脅威に関して、迅速な解決策を打ち出せる50人以上のリーダーが参加している。

ダニエラ・フェルナンデス率いるサステイナブル・オーシャン・アライアンスにも、私は勇気をもらい、その活動を支援している。彼女たちは、海洋保全と持続可能性の向上に特化した新しいテクノロジーとビジネスプランを持つスタートアップ企業と提携する「アクセラレータ」プログラムを立ち上げた。

企業はあまりにも長い間、自社の文化、慣行、ビジネスモデルに持続可能性の要素を組み込むことは「コストがかかりすぎる」「ロジスティック面で不可能だ」と言い続け、自社の行動が環境に及ぼす影響を無視したり、まともに取り合わなかったりしてきた。

しかし、こうした言い訳はもはや通用しない。自社の最大のステークホルダーである地球の利益にかなわないのであれば、他のステークホルダーの利益にかなうこともないだろう。

潘基文・元国連事務総長は述べている。「私たちは貧困に終止符を打てる最初の世代であり、気候変動の最悪の影響を避けるべく対策を講じられる最後の世代だ。私たちが道徳的、歴史的な責任を果たせない場合、次世代の人々は私たちを厳しく非難するだろう」

もちろん、彼の指摘は正しい。ただし、ことビジネスとなると、もう一言付け加えたい。火星で不動産を売っているのでもない限り、どの企業にとっても最も重要なステークホルダーは、私たちが今暮らしているこの地球だ。それは、希望的観測の偽善的なパーツではない。レンズを広げて自分の目で見てほしい。

休暇を取るには最悪のタイミング

言うまでもなく、地球を救うというこの仕事は壮大な取組みだ。ただし、非常に大きな課題だとしても、１つ言えることがある。環境はセールスフォースにかかわる全員が合意して、一枚岩になれる稀有な問題だ。ステークホルダーは誰一人として、私たちのコミットメントを問題視したことがない。

誰もが信じる大義のためにキャンペーンを一度限りでも行えば、どこかほっとした気持ちがするのは認めよう。残念ながら、私たちが直面する緊急の問題のすべてが、それほど見事に足並みが揃うわけではない。

２０１８年６月、私が家族と休暇を過ごしていたとき、セールスフォースは記録的なペースで成長を続けていた。８年連続でフォーブスの「世界で最もイノベーティブな企業」に名を連ね、ＣＲＭプロバイダーとしてトップの座を５年連続で守った。２０１７年６月からの１年間で株価は58％上昇し、株主も満足していた。
そこに、ＣＢＰとのビジネスについて従業員から「公開書簡」が届いたのだ。この出来事の背景に目をやると、政府機関による自社製品の利用をめぐって従業員がこうした行為に出たテック企業は、私たち1社だけではない。

その年の春、グーグルでは４０００人の従業員が、ＣＥＯのサンダー・ピチャイに宛てて「グーグルは戦争に関与すべきではない、と私たちは信じている」と書かれた公開書簡を送り、戦場でＡＩを用いる国防総省のプログラムに参加することについて抗議した。２カ月後、グーグルは２０１９年の軍事契約を更新しないことを発表した。

同じ年にマイクロソフトの従業員は、４億７９００万ドルの米軍との契約破棄を経営幹部に求める公開書簡を発表した。「戦争と弾圧のための技術開発はお断りだ」として、より厳格な倫理ガイドラインと監視を求める内容だった。

これに対して同社は、国防総省には技術提供を約束しており、「ＡＩと軍事に関係する重要な倫理問題や公共政策問題への対応では、積極的な企業市民として関与し続けるつもりだ」と回答した。

６月には、アマゾンの従業員がＣＥＯのジェフ・ベゾスに公開書簡を送り、法執行機関など政府当局に同社の顔認証技術を提供しないように求めた。「テクノロジー大手が米国防総省に背を向けようとするならば、この国は困った状況に陥るだろう」と、ベゾスは反論している。

その前年、ホワイトハウスが少数のイスラム教国からの移民の入国制限を試みたとき、私は強く反対し、移民がセールスフォースで重要な役割を果たしていることや、より良い生活を求めて米国にやって来るすべての人々の権利を保護することに、私たちがどれほど尽力しているかについて、かなり時間をかけて話した。

トランプ政権が移民に関するゼロトレランス（不寛容）政策を発表し、メディアが家族の分断について報じ始めたときには、私は悲嘆に暮れた。より良い生活を求めて米国に来た家族がこのような仕打ちを受けるのは考えられないことだ。難民として米国に渡ってきた曽祖父のアイザック・ベニオフを思って、私はすぐさま国境で家族を支援しているＮＰＯに資金を寄付した。

米国民のバックグラウンドや出身国はさまざまで、まさに人種のるつぼだ。毎年、世界で選りすぐりの優秀な学生たちが米国に大学で学びに来るが、卒業後にはそれぞれの母国に送り返している。それよりも、グリーンカードをホチキス留めした卒業証書を全員に進呈して、米国内に残ってもらったほうがよい。

米国の長期的な競争上の差別化戦略を一言でまとめるならば、「移民」だ。結局のところ、国に競争力をもたらす差別化要因は、ＡＩでもバイオ工学でも、その他の技術でもない。人材なのである。

6月14日に、国境を越えて不法侵入したとして捕らえられ、旧ウォルマートの建物に収容された１５００人の移民の子どもたちの記事を読んだ後で、私は聖書のマタイ伝からの引用をツイートした。

「イエスは彼に言った。あなたは心を尽くし、魂を尽くし、思いを尽くして、あなたの神である主を愛しなさい。これが第1の大切な戒めだ。そして第2の戒めもこれと同様に重要である。自分を愛するようにあなたの隣人も愛しなさい」

私はホワイトハウスの高官にも手紙を書き、この恐ろしい政策に終止符を打ち、子どもたちを家族と再会させるように働きかけた。

6月17日、私は電話とノートパソコンを手放し、予定どおり休暇を取った。その数日後、チャターに公開書簡が投稿されたとき、私の秘書室長を務めるジョー・ポックは経営陣に注意を促したが、経営陣は緊急非常事態でない限り私を煩わせるなと指示し、私の不在中は様子を見ることにした。それから数日が静かに過ぎた後、書簡が外部に漏れて大混乱が始まったのである。

私が完全にオフラインになるには、明らかにタイミングが悪かった。積極的に発言するリーダーがいる企業では、良いときも悪いときも、リーダーのコメントをみんな期待している。自ら創業した企業が一大事だというときに、私は行方不明者となっていた。「どうしてマークは黙っているのか」と、みんなが言い始めた。

6月27日、ジョーがついに電話をかけてきた。「何が起こっているかご覧になっていますか」

「どうやったらそんなものが見られるっていうんだい？　イースター島にいるのに！」と、私は言った。「オンラインでつながっていないから、見当もつかないよ」

「……、こちらでは問題が起きています」と、ジョーは暗い声で言った。

簡単に事実関係を説明してもらった後で、私は何をすればよいかと聞いた。

「ぜひともお願いしたいのがツイートです」と、彼は言った。「みんな、あなたの意見を聞きたがっています」

当然ながら、この電話は私の意表を突くものだった。何かの誤解だと、私は確信していた。私たちがＣＢＰに提供していたサービスは、国境で子どもたちを引き離すために使われていないという事実を、私は知っていたからだ。その旨をメッセージにして出すように経営陣に伝え、留守中に手を打つようジョーに伝えた。

バリューが衝突するとき

セールスフォースのすべてのステークホルダーが、経営方法をめぐる私の意思決定に１００

パーセント同意しているなどという幻想を抱いたことはない。しかし、一部のステークホルダーであっても、公式の場で私たちの商慣行に異を唱えてバリューの遵守に疑問を投げかけたのは、この公開書簡が初めてだった。

そこまでの事態になるとは夢にも思っていなかったが、それが現実だ。私たちにとってこの議論を無視する選択肢はなかったが、前へ進めるのもなかなか厄介だった。

一方では、ＣＢＰとの事業はコアバリューである平等に反していると感じ、契約破棄を願う従業員を、私たちは支援する義務があった。他方では、セールスフォースは理由もなくＣＢＰとの契約を破棄することはできないし、そのつもりもなかった。

ＣＢＰは顧客だ。私たちには顧客、株主、投資家に対する責任がある。どう転んでも、最も大事なバリューである信頼に背くと一部の人々に思わせてしまうことは避けられないように思えた。ある重要なステークホルダーの利害が、別のステークホルダーの利害と対立する場合、どちらを優先すべきなのだろうか。

おまけに、別のステークホルダーである他の顧客まで介在し始めた。外部に漏れた書簡の最後の段落に、当社の全製品の利用状況とその有害度合いを調べる計画を立てるように会社側に求める記載があった。

一部の顧客、特に公共部門の顧客は、こうした計画が実施されて物議を醸す兆候が少しでもあれば、たとえそれが根拠のない批判であっても、私たちが世論の圧力に屈して契約破棄に走るのではないかと案じていた。

そして彼らは、躊躇することなくこうした懸念を口にした。公共部門事業の責任者を務めるキース・ブロックやデイブ・レイ、その他の営業担当幹部のもとには、顧客からの問合せの電話が殺到した。

セールスフォース製品が有益に使われているか、それとも悪用されているかを誰が判断するのか。何を基準に、誰がその境界を定めるのか。すべての顧客がセールスフォースのコアバリューと完全に一致していないといけないのか。私たちがソフトウエアの提供をやめて、自分たちを困難な状態のまま置き去りにしないと考えてもよいかを、知りたがっていた。

これはすぐに私たちチームが向き合わなくてはならない、完全に別の信頼問題へと発展していった。そこに、さらにもう1つのコアバリューであるカスタマーサクセスの問題も重なって、状況は一層ややこしくなったのである。

初めて尽くしのことばかりだったが、中でも3つのコアバリューが対立しているように見えたのは、セールスフォース史上、この危機が初めてだった。平等という観点からは、子どもたちが家族から引き離されているので、私たちは人権を守らなくてはならない。カスタマーサクセスのためには、顧客の成長を支援する企業としての立場を取らなければならない。信頼、それは、セールスフォースがコアバリューとコミットメントを尊重する企業であることを表す根幹となる概念だ。

その間もずっと衆人環視の状態で、私たちがやるべきことについて相反する意見が多数寄せられた。すべてのステークホルダーの声にじっくりと耳を傾け、検討する際には透明性が必要だとわかっていたが、この会話がどの方向に進むのか、私は気が気でなかった。当社製品の「倫理的、人道的な利用」は、創業からこの時まで、私たちが立ち向かうべきテーマではなかった。

　この話題を取り上げる報道機関が増えてきたので、ＣＢＰとの契約は国境での家族の分離問題とは無関係で、セールスフォースがすべての人の平等を重視しているという、事実に基づく単純明快な声明を発表した。

　これは１００パーセント真実だったが、同時にＣＢＰが顧客であることを明記したことで、ＣＢＰが影響を及ぼすあらゆる人と私たちとの間に二次的な関係が生じたのは間違いない。キースはその翌日、セールスフォースが離れ離れになった家族を支援する組織に１００万ドルを寄付するほか、私たちの影響力を高めるために従業員の寄付金に同額を上乗せするつもりだと発表した。

　非常に多くの目が私に向けられていたので、休暇の間は黙っているという誓いをついに破ることにした。「国境で子どもたちを家族から引き離すことに反対する。それは人の道に外れることだ」と、妻の携帯電話を使って書くと、ジョーがチャターでそのメッセージを全従業員に伝えた。「オハナの懸念について耳にし、国境で家族を支援する行動を取りまとめてくれたわが社のすべての従業員を大変誇りに思う」

この最後の文はお追従ではない。心の底からそう思っていた。声を上げて、セールスフォースが正しいことをしているかと疑問を呈するほど意識の高い従業員がいることが、私には誇らしかった。

当時の従業員数３万２０００人のうち、ごく一部が署名した書簡だとして切り捨てることはできない。彼らは、私たちが日々話していることをまさに実践したのであり、明けても暮れてもバリューを重視する企業の一員だ。先述したように、私は休暇から戻るとすぐに、こうした従業員と電話で話せるように取り計らった。

テクノロジーの倫理的利用

ビデオ電話の間、単語の並び方を変えて信頼と倫理を危ぶむ質問をしてきた面々は、当社製品の倫理的利用が大切であること、当社のテクノロジーがＣＢＰで利用されることへの不安、国境で人々が非人道的な扱いを受けていることへの懸念について、断固としつつも含みのある口調で話した。自分たちが経営陣を信頼し、最終的には正しい行いをすると信じていることも、同時に伝えたがっているようだった。

この４人の話を注意深く聞いた後で、私は聞いた内容を振り返ってみた。突然、ＣＢＰだけの話ではないことに気づいた。確かに、ＣＢＰとの契約がきっかけとなったが、実際にはもっと大きなことだ。これは、世の中の文化がそうであるように、私たちの企業文化をどのように進化させるべきかという話だった。

具体的に言うと、一見対立しているようでも、コアバリューに忠実であり続けていることを保証する手立てが求められていた。この4人と、その背後にいる何百人もの従業員が本当に望んでいるのは、新しいプロセスと一連のガイドラインを導入し、既存の、そして今後の契約を評価し、顧客が自社のテクノロジーを悪用していないかどうかを見極められるようにすることである。

突然、この状況を少し身近に感じられ、バリューの衝突という問題の扱いにくさが少し和らいだ。主要なステークホルダーである従業員が、同一賃金やＬＧＢＴＱの権利と同じように、ある問題を明らかにしてくれたのだ。彼らが一役買う形で最終的にたどり着いた解決策は、素晴らしいものだった。

このビデオ電話の数週間後、顧客、従業員、投資家、そして、私たちがこれまで時間や資金、製品を寄付してきたＮＰＯを含む他のステークホルダーの話を聞くために、私は多くの時間を割いた。こうした議論を通じて、意図しない結果を防ぐために、自社のテクノロジーの倫理的利用を判断するプロセスをどう再調整するのかが、私の中で明確になっていった。

同じ頃、セールスフォース・タワー前で約50人が抗議デモに参加した。彼らは私の写真とともににプラカードを持ち、あれこれと好ましくない文脈で私の名前を挙げて、ＵＣＳＦベニオフ小児病院に数億ドルを寄付しながら、同時に子どもたちを国境の檻に入れている偽善者だと主張した。テレビでこうした写真を見たり、ソーシャルメディアで叩かれたりするのは、確かに気分の良いものではない。過去の戦いで面の皮が厚くなっていなかったならば、こうした状況を乗り切れたか、いささか心許ない。

私は熟考している間、自分の知る真実だけに集中するよう努めた。今回のケースでいうと、セールスフォースについて不当な説明がされているかどうかは関係ない。重要なのは、倫理的利用のガイドラインを今後明確にする責任があることだった。

7月26日、私はチャターに従業員向けの声明文を投稿した。社内のイクオリティ推進室に倫理的・人道的な利用に関する推進室と呼ばれる部署を新設し、テクノロジーの倫理的、人道的な利用を含むミッションを拡大することを発表したのだ。

この部署はコーポレートガバナンスに特化したテクノロジーの倫理的・人道的な利用に関する推進室と手を携えて活動する。新たに任命された最高倫理的・人道的利用責任者とそのチームは、業界団体やソートリーダー、専門家も交えて、すべてのステークホルダーと協力しながら、テクノロジーの倫理的利用に関する業界標準、ガイドライン、生活の枠組みを開発、促進、実装する。

初代の最高倫理的・人道的利用責任者となったポーラ・ゴールドマンは、顧客の成功だけでなく、前向きな社会変革を推進し、人類全体に恩恵をもたらすようなテクノロジーの戦略的枠組みを開発することが自分のミッションだと述べている。

テクノロジーが本質的に善でも悪でもないことは、誰もが知っている。私たちの言葉と同様に、テクノロジーは単なるツールにすぎない。本当に重要なのは、その使い方だ。結局のところ、テクノロジーの倫理的利用を徹底することは、あらゆるビジネスにおける中心的な機能と言える。

だから、次に私たちのテクノロジーの利用をめぐって問題が起こったとしても、その時々の政治動向や勘に頼ったり、コアバリューの一部を無理に特別扱いしたりする必要はない。その代わりに私たちは、多様な専門アドバイザーを集めた部署を設置し、私たちのテクノロジーの利用状況を評価するプロセスを開発してきた。

テクノロジーの倫理的、人道的な利用を評価するうえで、将来的にはきっとすべての顧客層にヒアリングすることになるだろう。しかし、より重要なポイントは、私たちが再び危機を乗り越えて、さらに強くなったことだ。今回は、私たちの息の根を止めかけたものに、私たちは救われた。それは言うまでもなく、私たちのバリューである。

社内の不安、メディアの大騒ぎ、抗議、対話など、いろいろあったにもかかわらず、警鐘を鳴らしてくれたステークホルダーたちには感謝してもしきれない。

CBPクライシスでは、すべてのステークホルダーの声を聴くという素晴らしい役割をこなしていると自負しているときでさえ、実存する危機が一瞬で浮上してくることを痛感させられた。

その教訓は至ってシンプルだ。「信頼は銀行に預けることはできない」。瓶に宝物のビー玉（信頼）をたくさん集めたからといって、しばらくしたら何個かこぼれ落ちてもよいというものではない。日々のあらゆる出来事、あらゆる複雑な状況が致命的なつまずきとなり、瓶が丸ごとひっくり返り、（せっかく築き上げてきた信頼関係が）すべて瓦解してしまう恐れがある。

しかし同時にそれは、バリューにどれだけコミットしているか、そしてすべてのステークホルダーがいかに正しいことをしているかを示す機会にもなる。

自分ののぞき込んでいるカメラが「風景」モードに設定されていることを確認して、目いっぱい大きな写真を撮影することがポイントだ。

#11 アクティビストCEO 企業が本気で社会を変える

The Activist CEO: Taking a Stand Is Not Optional

いつの日かやって来る危機と対峙する

スマートで持続可能なビジネスを構築する第1原則は、自己満足をきっぱりと捨て去る方法を学ぶことだ。今日、私たちリーダー役を担う人間の大半は、青空で陽光がさんさんと降り注いでいても、遠方の千切れ雲に神経をとがらせるよう自ら訓練している。戦略会議を開き、最悪のシナリオの検討に没頭し、大量の発行済み株式に誓って用心に用心を重ねる。

それでも、不意打ちは絶対に避けられない。

ビジネスに関して私が気づいた最も厄介な点は、常に周辺部分に問題が潜んでいて、いつの日か会社に害を及ぼす可能性があるにもかかわらず、Cスイート（最高○○責任者）の面々は誰もそうした問題を表に出そうとしないことだ。

こうした問題はたいてい、特に捉えにくいものでもない。たとえ大多数の経営幹部が時間を食うタスクフォースを押し付けられないようにと見て見ぬふりをしても、従業員レベルでは大っぴらに話し合われていることが多い。

経営幹部たちは問題から目をそらし、正当化する。こうした問題は自分のコントロールを超えているし、責任の範囲外だと宣言して、自分の心を落ち着かせるのだ。これは、社内の問題に限ったことではなく、企業を取り巻くコミュニティで起きている問題にも当てはまる。たとえば、困難な状況にある公立学校やインフラ崩壊などの問題がそうだ。

こういうことは、最善の意図を持って創設した企業であっても、成長し、どんどん複雑な有機体になるにつれて起こりうる。創業者は自ら膨らませたバブルの中に閉じ込められて（悪くすると、そこに隠れて）しまう。そして、問題が身に降りかかってきた瞬間から、解決しようにも手が足りなくなり始める。

かつてイノベーションと規模の拡大に投じてきたエネルギーはすべて、別の優先事項である、防衛と維持に費やされることもある。泳ぐよりも、ただ浮かんでいようとするのだ。

大小を問わず、あらゆる危機が実存する脅威のように思い始めると、現状維持をめざすようになり、そこから逸脱しようとすれば社内抗争を誘発しかねない。

２０１８年の晩夏、一部の同僚にとっては周辺的でも、私にとっては明らかな問題に何らかの手を打つべき時だと判断した。それは、慢性的でかつ急激に悪化しているサンフランシスコのホームレス問題であり、私が毎日目にするものだ。

イノベーションと富にあふれる都市の中で、人間らしい生活を送るための最低限の基本的欲求を満たせずにいる人々が驚くほど大勢いる。私はずっとサンフランシスコで暮らしてきて、ホームレスは常に町中にいたが、これほどひどい状況は見たことがない。サンフランシスコでは、約７５００人の個人と、公立学校に通う１８００人の子どもも含めた１２００世帯以上がホームレスになっているのだ。

多くはセールスフォース・タワーからわずか数ブロックの路上に住み、子どものいる家族は車中、公園のテント、ぎゅうぎゅう詰めのホームレスシェルターで生き延びている。路上生活者の多くは精神疾患とドラッグ依存症に苦しみ、ヘロインの注射針や人糞が歩道に散らばっている。

残念ながら、この危機は私たちの都市に限られたことではない。シアトルやロサンゼルスなどの場所でも、そこかしこでホームレスの姿を目にする。住宅価格が高騰し、多くの人が路上生活に追いやられるのに伴い、この問題はますます深刻化している。ニューヨーク市では、過去１年間に仮設住宅に住んだことのある学齢期の児童は11万５０００人近くにのぼる（公立学校の生徒の約10人に１人）。これは過去最高の水準だ。

カリフォルニア大学バークレー校の研究では、サンフランシスコの一部地域は、貧困にあえぐ発展途上国よりも衛生状態が悪いことが明らかになった。２０１８年に来訪した国連高官は、市内のホームレスのひどい有様に「心底ショックを受けた」と語った。

そして、ここにいる私たちは新たなデジタルエコノミーの勝ち組であり、ウーバーの車や電気自動車をかっ飛ばしていても別に非難されるいわれはなく、自分には行動する力もないと思っている。

無視できないホームレス問題

２０１７年、ドリームフォースの数日前に、私はイベント開催場所のモスコーニセンターに近いサード通りを歩いてみた。ひどく不潔で、ゴミ、糞便、ドラッグ用品が散らばっていた。それは、ホームレス問題について大胆な対策を講じる必要性を示す明白な証拠だった。

サンフランシスコ市長は、ドリームフォース周辺の街路をきれいにするよう取り計らってくれたが、それだけでは十分でないことは明らかだ。私たちのイベントのためだけでなく、すべての住民のために、常に街路をきれいにする必要があった。

その翌年、私たちは61階建てのセールスフォース・タワーをオープンさせた。雲の上の私たちの止まり木と、そこから見下ろす街路とのコントラストの激しさを思い知って、私は当惑してしまった。

従業員はタワー内のオハナフロアで、バリスタが淹れたエスプレッソをすすり、息を呑むような街の景色を見ながら、中折れ帽をかぶったピアニストが奏でるアップビートの音楽を楽しんでいる。

その下の歩道では、数千人ものホームレスが、家賃が数百万ドルもするコンドミニアムと豪華なオフィスビルの間で物乞いを余儀なくされ、ゴミ箱をあさっている。中には身体の具合が悪い人や精神を病んだ人もいる。

ホームレス化とそれに追い打ちをかける大きな経済格差が、わが社の将来の見通し、さらにはサンフランシスコとシリコンバレーのビジネスコミュニティ全体に大きな影響を与えかねない事実を無視できるわけがない。

サンフランシスコでは、デジタル革命のすべての負の副産物として、ごく一部の人々を除いて、手頃な価格の住居が足りず、チャンスもつかめない人が膨大な数にのぼる。私たちの顧客や従業員を含めて、サンフランシスコ市民やここを訪れる何百万人もの人々にとって、この結果は健全とは言いがたい。

同じデジタル革命が私たちに富をもたらしてきたにもかかわらず、テクノロジー業界では誰一人として、自分が生み出すのに一役買った富の明白な副産物に対処するために十分に取り組んでこなかったのだ。

悲しい真実ではあるが、サンフランシスコでは、テクノロジー業界もおおむねこの危機の片棒を担いでいる。わが社の高給取りのエンジニアと経営幹部の多くが、不動産価格を天文学的な数字に押し上げてきた。

この本を執筆している２０１９年時点では、１ベッドルームのアパートの家賃が平均３７００ドル、住宅価格の中央値はなんと１６０万ドルだ。その結果、手頃な価格の住居がほとんどなくなり、勤勉な中流階級の人々は事実上、市内に住めなくなってしまった。

もちろん、こうした格差はサンフランシスコに始まり、サンフランシスコに終わるという話ではない。とはいえ、不平等の拡大による悪影響に手を打ち始めなければ、サンフランシスコは今後、炭鉱のカナリアと化すだろう。

ＮＰＯのオックスファムによると、２０１８年時点の世界全体で見ると、地球上で最も裕福な26人の純資産は、世界の最貧層である約38億人の合計純資産と同額だという。地球上の約半数の人々は１日５・５ドル未満で生活している。

米国でさえ、成人の40％が不意の出費に４００ドルを出す余裕がない。カリフォルニア大学サンフランシスコ校の研究によると、５歳までに適切な教育と医療を受ける機会を持たない子どもたちは、残りの人生で不利な立場から抜け出せないという。

自分には直接影響ないと誤解していたとしても、私たち全員がこの件を気にかけるべきだ。なぜなら、現実に歯止めの利かない資本主義は誰のためにもならないし、どの企業もそこから桁外れの富を享受することもないからだ。

路上生活者が1人いることは、教育を受け、就労し、地域経済やコミュニティに貢献する人材が1人少ないことを意味する。この不平等な格差が、私たちを分断して二極化させ、対立を助長している。

もっとも、セールスフォースのような企業がこの問題の大きな部分を占めているからといって、私たちが解決策を示せないわけではない。

私は長年、慈善団体と提携して、ホームレスの家族に対して満たされていない基本的欲求の一部を提供しようと試みてきた。公教育と公衆衛生を改善するために、サンフランシスコ市長や市の職員たちと密接に協力してきた。

セールスフォースはサンフランシスコ統一学区で最大の民間資金提供者となり、オークランド統一学区で年間最多の寄付を行った。しかしその間もずっと、ホームレス問題は悪化の一途をたどっているように見えた。

企業の運命は社会と絡み合っている

この危機に対して、直ちに継続的な資金注入を行う必要があった。慈善的な寄付金に頼る段階はもう過ぎていた。こうした寄付金は多くの場合、他に充当すべき対象や流行のテーマがあると遅々として進まなくなる。

サンフランシスコはホームレス問題の解決に資金を手当てするために制度変更が必要だったが、市役所や慈善団体にはそれができなかった。このジレンマを解決できるのは、サンフランシスコの営利事業者だけで、その多くはここに拠点を置くことで税控除の恩恵を受けてきた。

私はしきりに仲間の創業者やＣＥＯにホームレスの話をして、今後どうなると思うかと聞いてみた。サンフランシスコ市が市民の基本的欲求に応えられない場合、世界のテクノロジーの中心地であり続けられると本当に思うか。投票者がうんざりして、何らかの行動を求めないと本当に思うのか。この偏った方程式をつくった責任のある人間が解決に参加しないとすれば、誰が解決しようとするのだろうか。

しかし、彼らの多くは、『勝者総取り(*Winners Take All*)』の著者、アナンド・ギリダラダスが呼ぶ「選挙で選ばれたわけではない上位カースト」であることに満足し、一般市民や機関は「勝者のおこぼれ」にすがったままでよいと思っている。それよりも、世界を変えるために仕組みを変えるという重大な仕事を、私たちが引き受けるべき時だというのに。

２０１８年秋、私は実際にインパクトを与えられると同時に、社会問題の対処における企業の役割について強力なメッセージを送るために動く機会を見出した。フォーチュン５００社のＣＥＯとして目立つ立場にあったので、集められる限りのツールを使って、この問題に取り組むだけでなく、公の場でそうすることが私の責任だと信じていた。

全従業員、顧客、仲間たちに、行動主義が（特定の職業や地域などを守る）守護聖人、慈善家、ＮＰＯだけのものではないと示すことが必須となる。今日では職場にいる全員が、世界の状況をより良くする責任と能力を兼ね備えているのだ。

私たち共同創業者はセールスフォースで１人目の従業員を雇う前に、社会貢献にコミットすることを企業文化の中心的信条にしようと決めていた。それ以来何年も、この意思決定の波及効果が会社全体で力強く響き渡る様子を私は見てきた。

しかし、今はその分担金を上げるべき時だ。ホームレスとの闘いで覆い隠されているものをすくい上げることで、平等というコアバリューに対する私たちのコミットメントを刷新し活気あるものにする基調をつくるだろう。

11月に、サンフランシスコ市は「プロップC：わが町、わが故郷」と呼ばれる抜本的なホームレス対策法案を採決することになった。市内の大企業限定で法人税を引き上げて、ホームレス問題に対するより恒久的な解決策の財源に充てようというものだ。

具体的には、セールスフォースをはじめとする大企業（年間売上高5000万ドル以上）から0・5％の税金を徴収し、ホームレス向けの住宅やサービスの新たな財源として年間3億ドルを捻出する。個人や中小企業はこの税金の対象外だ。

私にとっては、頭を悩ますまでもなかった。サンフランシスコの最大の雇用主として私たちは、ホームレスの味方になるのか、それともただ自分自身のためになればよいのか、明確な立場を取らなければならない。

プロップC法案を通過させることに、私は注力することにした。将来だけでなく今変わるために、企業が最も強力なプラットフォームになりうると心から信じている以上、今こそそれを証明する時だ。あらゆる人の平等性を約束する企業として、プロップCを支援する必要がある。取締役会、経営陣、従業員もそれに同意してくれた。

プロップCの票集めに向けた私の働きかけは小さく始まった。午前中に少し時間を割いてメールを送り、時折ツイッターに投稿していた。しかし、私の中でこの機会やこの瞬間の重要性が明確になってくるにつれて、プロップCは優先事項となっていった。

チャイナタウンで投票を呼びかけ、地元出身の国会議員であるナンシー・ペロシ（すぐに下院議長に再選された）と一緒に、ドロレス・パークで数百人のサンフランシスコ市民を前にスピーチをした。

活動家や支持者を交えて朝食会や夕食会を主催し、地元と全国ネットの両方のニュース番組では解説役を務めた。票読みをして、プラカードを持ち、キャンペーンのスローガンをツイートし、投票推進運動のバッジを身に着けた。

プロップCの命運はどう転ぶかわからない状態だったので、中間選挙が近づく頃には市内で過熱する戦いの中に完全にわが身を投じていた。私の見解では、プロップCはホームレスにとっても、サンフランシスコのすべての人にとっても、セールスフォースにとっても必要なものだった。

ステークホルダーにとって重要な大義のために戦うことは、四半期ごとにアナリストからかかってくる電話に応えるための準備と同じくらい大切なCEOの仕事だ。コミュニティの健全性を守ることは、革新的なテクノロジーをお客様に届けるのと同じくらい重要なビジネス上の優先事項である。

確かに、私はこれから浴びせかけられるであろう激しい批判に身構えていた。もっとも、武装は万全だった。市内のほぼすべてのテック企業のCEOや億万長者が反対しようとも、気にすることはない。私は1ミリのためらいも感じていなかった。

というのも、過去の社会正義をめぐる戦いで、すでに（手厳しい形で）学んでいたからだ。従業員、顧客、投資家、パートナーは単に、私がこの問題に取り組むことを支持するだけではない。喜んで私をその渦中に送り込んでいたのだ。

それは主として、私たちの運命はすべて絡み合っているからだ。ホームレスのためになることは、私たちの会社やコミュニティ、サンフランシスコ市のためにもなる。

企業のソーシャルアクティビズム
という新時代

２０１５年秋、私はウォールストリート・ジャーナルから、毎年恒例の招待者限定のテクノロジーカンファレンスでの講演を依頼された。このイベントを宣伝するプレスリリースの説明には、「今日のデジタル世界のグローバルな約束と課題を考える」ために集まった、世界のテック企業のリーダー、政策立案者、起業家のサミットとあった。

私は壇上でウォールストリート・ジャーナルの編集者か記者から、インタビューを受けることになっていた。私のＰＲ担当のジーナ・シェブリーに、誰がインタビュアーを務めるのかと聞いてみると、モニカ・ラングレーだという答えが返ってきた。

聞いたことのない名前だったので、テクノロジー担当のベテラン記者に代えてほしいと頼んだ。しかしジーナは、モニカのことは下調べ済みだからと、私に請け合った。モニカは同紙の看板記者の１人で、ＣＥＯ、億万長者、大統領候補に取材して一面記事を飾ってきたという。私はしぶしぶ承諾した。

カンファレンス当日の朝、モニカと私は簡単な顔合わせをした。壇上で初対面となるのを避けるためだ。

「こんにちは、マーク」と、彼女は言った。「楽しいインタビューにしましょう！」。それは構わなかったが、彼女の次の言葉を聞いて、私は固まった。

「最初に、あなたがインディアナで行ったＬＧＢＴＱの権利をめぐる戦いを中心に取り上げます」。そして、付け加えた。「ところで、あなたのことはアクティビストＣＥＯとして紹介しますね」

私が真っ先に感じたのは、困惑だった。待ってくれ。これは招待客限定のテクノロジーカンファレンスではないか。２００人の聴衆はクラウドやＡＩ、デジタルの未来に対する私の展望を聴こうと足を運ぶはずだ。テクノロジーカンファレンスである以上、差別的な法律を覆すための戦いについて壇上でインタビューされるのはＣＥＯらしくないし、完全に政治的だ。

おまけに、「アクティビストＣＥＯ」という言葉は、ちっとも嬉しくなかった。第１の理由は、それが誰の口から発せられるかで、まったく違う聞こえ方になるからだ。残念ながら、私の属すサークルの大多数の人が口にする場合、およそ褒め言葉とは見なされないだろう。

第2の理由は、私がやっていることがあまりにも規格外、もしくは、ＣＥＯの型から逸脱しているから、特別なラベルが必要だとする考えが、直感的に嫌だと思ったのだ。ひとたびＣＥＯになってパワースーツを着れば、性格、価値観、基本的な人間性という一定の特徴を捨て去る必要があるとの考えには、どうも賛同しかねる。個人的にもそうすることを拒んできたし、そのほうが会社のためにもよいとわかっていた。

ところで、この本の表紙を見た人は、共著者がほかでもない私を「アクティビストＣＥＯ」と呼んだモニカ・ラングレーであることに気づいただろう。そして、この本を一緒に書いたくらいだから、このとき私が難色を示したにせよ、彼女と一緒にステージに上がったのだろう、と思ったはずだ。その推測は当たっている。

私たちがインディアナ州とジョージア州、ノースカロライナ州でＬＧＢＴＱの権利を守るために立ち上がったことについて、彼女が私に質問したのも事実だ。数カ月後、モニカはウォールストリート・ジャーナルの一面に記事を書き、「アクティビストＣＥＯ」のマーク・ベニオフが「企業のソーシャルアクティビズムという新しい時代を切り開いた」様子を詳しく伝えた。

その後の1年で、この言葉が次第に良いものに思えてきた。より正確に言うと、私がそう名乗れるくらい成長したのだ。２０１７年、私はモニカに声をかけて、セールスフォースの経営幹部になってもらった。私がそういうＣＥＯに実際になることに及び腰になっていると、彼女は見抜いていたのだ。

社会を変える責任を放棄してはならない

私は次第に、ＣＥＯには2タイプあることを確信するようになった。世界の状況をより良くするのが自分のミッションの一部だと思っているＣＥＯと、株主のために結果を出すこと以外には責任がないと感じているＣＥＯだ。

過去には、後者のタイプのＣＥＯがはるかに多かったと思う。政治プロセスに関与するのはほぼ完全に自己利益のためのみで、税制や世界貿易などの問題に関する政策の行方に影響を及ぼすためにロビイストを雇ったり、政治行動委員会［企業や業界団体などが政治家を支援する目的でつくる資金管理団体］に資金提供することに終始する。従業員、コミュニティ、世界全体のことは後回しで、株主に対する受託者義務に徹していたのだ。

私としてはそういう感覚は許せないが、完全に理解もしている。１９８０年代にビジネススクールで学んでいたとき、経済学者のミルトン・フリードマンの不朽の言葉を学んだ。彼は著書『資本主義と自由』（日経ＢＰ社刊）の中で「ビジネスの社会的責任はたった1つである」と記した。その答えはもちろん「利潤を増やす」ことだ。

フリードマンは、１９７０年にニューヨーク・タイムズに寄稿した文章の中で、「雇用の提供、差別の撤廃、汚染の回避、その他のスローガンの対象の責任」は企業にあると主張する経営幹部は、「自由社会の基盤を損なう」罪を犯している、とまで論じている。

恐れながら言うと、フリードマンは間違っている。当時でも間違っていたが、今日の状況では二重の意味で間違っている。

企業のすべきことは株主に利益をもたらすことだけではない。私たちはあまりにも大きくなり、あまりにもグローバル化し、あまりにも人々の日常生活に入り込むようになった。確かに私たちの役割は利潤を増やすことにある。しかし、世界の状況をより良くし、株主だけでなくステークホルダーの価値を高めることも私たちの役割だ。というのは、すべてのステークホルダーの利益のために尽くすことは、精神面で良いだけではなく、ビジネスのためにもなるからだ。

これには統計的な裏付けもある。ニールセンが60カ国のオンライン買い物客を対象に行ったＣＳＲ（企業の社会的責任）調査では、社会的、環境面で好ましい影響を及ぼそうとコミットする企業の製品やサービスには、割り増し価格を出してもよいと、66％の人が回答した。

２０１８年のデロイト ミレニアル年次調査によると、ミレニアル世代はビジネスの成功を利益以上のもので評価すべきだと考えている。この世代が最優先事項に挙げたのは、革新的なアイディア・製品・サービスの創出、環境や社会への前向きな影響、雇用創出、キャリア開発、人々の生活の質の向上、職場でのインクルージョンや多様性の促進だ。

２０１９年のエデルマン・トラストバロメーターでは、75％の消費者が非倫理的な企業からは購入しないとし、86％が倫理的な企業により愛着を感じると回答している。

フォーチュンのＣＥＯイニシアティブ２０１９は、１１００人の経営幹部、マネジャー、従業員を対象に調査をしているが、回答者の87％がビジネスにおける道徳的リーダーシップの必要性がこれまで以上に大きくなっていることに同意した。

ただし、自分たちのリーダーが常時あるいは頻繁に道徳的リーダーシップの行動を取っていると答えたのは、調査対象の従業員のわずか７％にすぎない。これは、信念と行動との隔たりは相変わらず途方もなく大きく、各社の経営陣は信頼や平等などのバリューに沿って行動していないことを指すのだろう。

とはいえ、デジタルで瞬時にフィードバックが来る時代において、自社の従業員、顧客、関係するコミュニティにとって重要な問題に、企業やリーダーはもはや見て見ぬふりをすることは許されない。

近年では、より多くのＣＥＯが社会的、政治的な問題について、少なくとも生き残りを懸けた問題として、発言するようになってきたのは偶然ではない。現実に目をやれば、政府などの権限を持つ機関が、党派の論理、瀬戸際政策、果てしない手詰まり状態によってますます身動きが取れないため、企業の参加が一層求められている。第３章で取り上げたように、深刻さを増す信頼の危機、教育格差の拡大、所得の不平等、人類が直面する巨大な環境問題について、責任を放棄して傍観していることは不可能になっているのだ。

ブラックロックのラリー・フィンクは書いている。「ステークホルダーは、デリケートな社会的、政治的な問題に取り組むように企業に迫っている。とりわけ、政府の取組みがあまり効果的でないと考えている場合はそうだ」

そして、「分断が深まり続けているので、特に世界の将来的な繁栄にとって中心的な問題に関して、企業は関係する国、地域、コミュニティに自社のコミットメントを示さなければならない」とも指摘している。私たち企業が、変化に向けた最大のプラットフォームになる可能性を秘めている理由もそこにある。

態度表明する
ＣＥＯたち

世界の収益創出主体のトップ１００のうち70%を占めるのは、国家ではなく企業であることを考えてみてほしい。ウォルマート、アップル、サムスン、エクソンモービルなどの企業がそうだ。この種類の企業で働く人々は、ＣＥＯから新入社員まで、勇気を出して社会問題に取り組み、真の変化をもたらす責任があるだけでなく、リソースや経済力があり、行動を起こすことへの暗黙の許可も与えられている。

その事実を私が直接的に目にしたのは、２０１７年、イスラム教徒が過半数を占める７カ国出身の市民や難民の入国を禁じると、トランプ政権が決定した直後のことだ。セールスフォース、フェイスブック、マイクロソフト、グーグルなど１７５社以上が米国最高裁判所に、この禁止令は「米国企業とその従業員、経済全体に実質的な損害」を与え、「米国企業にとって世界トップクラスの人材の雇用がはるかに困難かつ高額になり、世界市場での競争力を削がれる」として、その取り消しを訴えた。

残念ながら、最高裁は渡航禁止令の修正案を認めたが、私たちが意見表明したのをきっかけに、全国的に議論されるようになった。そこから、この問題にお金や注目が集まるようになり、一斉に反対の声が上がり、政府の方針に異議を申し立てる法的措置へと至ったのだ。

トランプ政権が気候変動に関する国際的な枠組みであるパリ協定からの離脱と、若年層の不法入国者に対する国外強制退去の延期措置（ＤＡＣＡ）の撤廃を決めたことにより、ゼネラル・エレクトリックからアップルまで、幅広い企業のＣＥＯやビジネスリーダーもこうした政策に反対の声を上げざるをえなくなった。

たとえば、ディズニーのＣＥＯ（当時）であるボブ・アイガーは、「地球を保護し、経済成長を促進することは私たちの未来にとってきわめて重要で、この２つは矛盾するものではない」とし、ホワイトハウスのパリ協定に関する決定に抗議した後、大統領の諮問委員会のメンバーを辞任した。

メルクのCEOケン・フレージャー、GMのCEOメアリー・バーラ、IBMのCEO（当時）ジニー・ロメッティは大統領戦略政策フォーラムのメンバーだったが、バージニア州シャーロッツビルで起きた騒動は（白人至上主義者だけの責任ではなく）「さまざまな側面」があったとする大統領の主張を聞いた後で、フォーラムを解散に導いた。ちなみにこの事件では、白人至上主義グループのメンバーが車で突っ込み、女性1人が亡くなっている。

私たちの社会を分断する重大な問題について、公的な立場を取る企業の例を挙げればきりがない。２０１８年2月、フロリダ州パークランドの学校で銃乱射により17人が犠牲になる悲劇的な事件が起きた後、デルタ航空は全米ライフル協会の集会に参加する目的で利用する会員顧客に対して割引制度の適用をやめた。

企業の役割は純粋に株主価値を生み出すことだとする時代遅れの考え方にいまだに賛同する人々から、その対応について批判を受けたとき、デルタ航空のCEOエド・バスティアンはフォーチュンにこう語った。

「私たちの意思決定は経済的利益のためではありません。私たちのバリューは売り物ではないのです。（中略）私は政治家になるつもりも、社会活動家になるつもりもありません。地球上で最高の航空会社を経営しようと考えています。その一環として、私たちにはお客様、従業員、コミュニティのパートナーに対する責任があります」

ニューノーマルの幕開け

ＣＥＯは時には、経済的な損失を招く、つまり、一部で顧客離れが起こるとわかっていても、意思決定を下さなければならない。ただし、人は自分と同じものを重視する企業と仕事がしたいと思っているので、離反する人と同じくらい（それ以上でないとしても）留まる人がいることは間違いないだろう。

私は昔からユニリーバの元ＣＥＯのポール・ポールマンに触発されてきた。彼は在職期間中、企業戦略にアクティビズムを組み込んできた。自社がより健康的な製品を生産し、労働者の待遇を改善し、再生可能なエネルギーを採用するよう積極的に声を上げてきたのだ。

「私たちはこの世界を正気に戻し、自己利益よりももっと大きな利益を優先させなければならない」と語っている。彼がＣＥＯを務めた10年間で、ユニリーバの株価は2倍以上になった。ここでも、顧客は自分の信じることを支持する企業にお金を使っていることが証明されている。

おそらく、こうした傾向を最も端的に示すのが、２０１８年にハーバード・ビジネス・レビュー誌に掲載された、「ＣＥＯのアクティビズムが主流になった」と宣言した論文だろう。執筆者のアーロン・Ｋ・チャタージとマイケル・Ｗ・トフェルによると、これはニューノーマル

（新常態）の第1波にすぎないという。

「社会的、政治的な問題についてCEOが発言するようになるほど、そうした行動がもっと期待されるようになる」「ツイッター時代には、沈黙しているほうがより目立ち、より重大な結果が生じる」と、彼らは書いている。

ほかならぬ従業員が求めている事実がある以上、企業はますます困難な問題に対してわれ関せずの姿勢では済まされなくなっている。

2019年のエデルマン・トラストバロメーターでは、調査対象の従業員のうち、CEOが困難な問題に取り組むことは非常に重要だと答えた人は71％、CEOは政府の介入を待たずに率先して社会問題の対応に当たってほしいと考えている人は76％にのぼった。こうした必須課題について見て見ぬふりをする企業からは、クライアントや顧客が遠ざかっていくだけでなく、最も優秀な人材も去っていく。

私たちはこれまで顧客、従業員、コミュニティ（ローカルとグローバル、その中間のすべて）を別々の構成要素だと考えていた。しかし実際には、たいした違いはない。いずれも自社がサービスを提供している大規模なエコシステムの一部なのだ。自分たちが欲しいと思う革新的な製品を提供するだけでなく、自分たちが大切にしているバリューを守るためにコミットメントすることも、私たちに求めている点では一致団結している。

大企業に
ホームレス税を！

成功と善行が相対するものではないことは、すでに何百もの企業が立証してきた。このため、２０１８年秋にプロップCが出てきた頃には、私たちの会社だけが岩を転がしながら急な坂道を上っている感じがしなくなっていた。ところが、いざフタを開けてみると、それは完全に正しいわけでもなかった。

ホームレスの支援に対して、私に個人的な思い入れがあったことは認めよう。少年の頃、祖父のマーヴィン・ルイスが街で出会ったホームレスに20ドル札を与える姿に、私はいつも感銘を受けていた。

祖父は市の行政官としてもホームレスを擁護した。私が気に入っている祖父のエピソードの１つが、サンフランシスコ市の行政委員会で「街の最高の商店街からほんの数ブロック」先に住むホームレスの子どもたちを題材とする短編映画を上映しようとしたときの話だ。市長は阻止しようとしたが、祖父は決して引き下がらなかった。

妻のリンと私が、サンフランシスコのホームレス、特にその家族の苦境を終わらせようと活動し始めたとき、私はおそらく祖父と精神的に交信していたのだろう。

私たちは２０１１年に、サンフランシスコ・クロニクルに掲載されたジル・タッカーの記事を読み、小学４年生のホームレスのルディの話を知った。ルディは弟や両親と一緒に、ホームレスのシェルター、バスの待合所、公園で夜を過ごし、日中はすきっ腹を抱えてぐったりしながら、バスを乗り継いで小学校に通っていた。

それ以来リンと私は、市内のホームレス用の住宅とサービスの財源として約２０００万ドルを寄付してきた。２０１６年には、ホームレス家族をなくすサンフランシスコ市のヘディング・ホーム・キャンペーン（家に向かおうキャンペーン）に１０００万ドルを、２０１８年にはサンフランシスコのテンダーロイン地区のホテルをホームレス向け住宅に変えるブリストン・ホテル・ハウジング・プロジェクトに約６００万ドルを寄付した。また、Salesforce.orgは、ホームレス撲滅に向けて約６００万ドルの支援金を拠出してきた。

こうして私は長年、市内の富裕層のほぼ全員に頭を下げて自分の主張の正当性を説明し、他の人にも参加を呼びかけてきた。しかし、慈善活動だけではシステム全体の変化は実現しないし、ホームレスをはじめとする社会問題の真の解決策にもならないことも、学んできた。

プロップCについて、テック企業のコミュニティが手放しで承認すると期待していたわけではないが、多くの企業や個人がこの新たな課税案を全力で拒んだことには、やはり驚いてしまった。

リフトやストライプのような企業、マイケル・モリッツやポール・グラハムなどのベンチャーキャピタリストは、「プロップC反対」キャンペーンに資金を寄付した。中には、実際にこの私に電話をかけてきて、反対するよう促す人もいた。

彼らのビジネスに基づく議論を拝聴したが、言い分はこうだ。プロップCは説明不足で、ある問題に法人税で対応するようでは先行きが危ぶまれる。将来的に、さまざまな社会問題に対する税金が増えていく可能性がある。増税に賛成するキャンペーンで危ない橋を渡るべきではない。企業にとって自殺行為だ！

しかし私は、ホームレスの問題は非常に重要であり、私たちの市が立ち上がって手を打つべきだと感じていた。

与えることで、受け取る

何か言われるたびに、私はこう答えてきた。当社の14年間の株価チャートを見てほしい。私たちが暮らし、仕事をしているコミュニティに対してセールスフォースが社会貢献することに、当社の投資家が不満を抱いていない表れだ、と。

不満どころか、逆に投資家は喜んでいる。２０１８年は市場全体として過去10年間で最悪の年だったにもかかわらず、セールスフォースの株価は31％上昇した。私たちは２００４年の上場以来、２０１８年６月までに３３００％の株主リターンを届けてきたのだ。これは、善行と成功が一致する確かな証左と言える。

プロップＣに反対する企業の一部は、こんな主張もしていた。主な懸念は自分たちの利益率や株価のことではない。サンフランシスコ市を思って、この取組みに反対しているのだ！

この逆説によると、５０００万ドルを超える企業の売上高に対してわずか０・５％の税金をかければ、家賃がさらに高騰し、創出した雇用や支払う税金もろとも企業が市外に移転する恐れがあるそうだ。

こうした理屈には首をかしげてしまう。彼らの目には、ホームレスが、比較的痛みの少ない増税よりも、自社のビジネスやコミュニティに対する実存的な脅威として映っていない。そのことが、私にはさっぱり理解できなかった。

私が思うに、アマゾンが２０１９年の初めにシアトルで新たな法人税の提案を打ち負かしたのを、同輩である業界リーダーたちは注意深く見ていたのだろう。しかし、彼らにその戦略を追随させてはならないと、私は心に決めた。

シスコシステムズＣＥＯのチャック・ロビンスやベンチャーキャピタリストのピーター・フェントンなどのビジネスリーダーが、プロップＣを公の場で支持してくれたのはありがたかった。

それでも、プロップC法案は資金不足のため、11月６日の投票では勝ち目がないと思われた。そこで、私は仲間を呼び集めることにした。

セールスフォースの経営陣にある計画を提案したところ、みんなすぐに同意してくれた。それは、セールスフォースはコアバリューの実践にコミットする企業として、キャンペーンを支援する取組みに５００万ドルを寄付するというものだ。私は個人的に２００万ドルを寄付した。

当社の政府関係部門、法務部門、広報部門の従業員も支援を申し出てくれた。投票者に賛成票を投じるように促すテレビCMを作成し、ホームレス対策プログラムの財源として個々の住民は１ペニーも支払う必要がないことを指摘した。課税対象は私たちのような大企業なのだ！

投票の１カ月前の世論調査で、プロップCは劣勢だった。その後、私はノンストップでツイートキャンペーンを行い、メディアに出て、スピーチを開始した。疲労困憊したことは認めるが、状況を好転させるために自分の力でできることは何でもしようと、とにかく必死だった。

プロップCキャンペーンの間、私を導く光となったのが、サンフランシスコ市の名前の由来となった守護聖人、アッシジの聖フランチェスコだ。特に励まされたのが、「闇があるところに光を、（中略）絶望のあるところに希望をもたらすことができる」、そして最後に出てくる「与えることによって受け取る」という言葉だ。

テック長者との論戦

皮肉にも、仲間のテック企業のあるCEOの反対表明が、最終的にプロップCにとって追い風となった。サンフランシスコの寵児ともいえるテック企業2社、ツイッターおよびスクエアの創業者兼CEO、ジャック・ドーシーだ。

11月6日、投票日まで3週間を切った時点で、ジャックはプロップCを支持する私のツイートに返信して、「私はサンフランシスコとカリフォルニアのホームレス問題の解決を支援したい。これ（プロップC）がベストな提案だとは思わない」と、ツイートしたのだ。私はすぐさまツイートを返した。

「やあ、ジャック。フィードバックをありがとう。あなたは市内のどのホームレス対策プログラムを支援していましたっけ？　ツイッターとスクエアが、何のためにどのくらい財務レベルで参加しているかを教えてください。すべてのホームレスの子どもが路上生活から抜け出せるように、当社が取り組んできた『ヘディング・ホーム・イニシアティブ』の調達額は3700万ドルですが、貴社はいくら拠出しましたか」。私はその答えがゼロだとすでに知っていた。

その後、ツイッターとスクエアの時価総額が500億ドルに達し、ジャックの個人資産も60億ドル以上であること、さらには市内の主要な大通りであるマーケット通りにオフィスを構えるために、特別な税優遇措置を受けていることを指摘した。
「私たちの市、ホームレス対策プログラム、公立病院、公立学校に対する貴社やあなたご自身の個人的な社会貢献は、正確にいくらなのでしょうか」と、大仰に尋ねた。

メディアがその日、「テック大手の舌戦」「テック長者がホームレスで戦争状態に突入」といった見出しで、(彼らに言わせると)私たちの「ツイッターの確執」をめぐって大騒ぎしたことは言うまでもない。

これらの記事は、私の立場を圧倒的に支持したと思うかもしれないが、そうでもなかった。インク誌は、「ベニオフは、ザッカーバーグに敵対することに飽き足らず、大勢の仲間のテック系億万長者にも噛みついている。(中略)最近封切られたゴジラ対モスラの映画のように、ベニオフは余計なお節介を焼いている」と書き、ファスト・カンパニー誌は、ジャックをアンチ・ホームレスだと「ツイッターで辱めた」として、私を非難した。

その点については、訴えのとおり、私は有罪だ。ホームレスのためか、自分自身のためかという二者択一の問題に仕立てたのだから。私は屋上に立ってみんなと一緒に声を上げ、最終的にサンフランシスコ市はそれを聞き入れてくれた。ジャック・ドーシーとの確執によって最もホットな話題となったプロップCは、11月6日に61%という高い支持を得て可決されたのである。

この新たな資金は年間3億ドルほどで、あらゆる角度からこの危機に対処するために割り当てられた。1000台以上のシェルターベッド、4000カ所の居住場所が新たに提供され、重度の精神疾患治療には最大で7500万ドルをかける。さらに、何千人もの住民が家から追放されるのを防ぐための支援や助成金にも充てられる。これは、サンフランシスコ市民がそもそもホームレスになるのを防ぐ重要な措置だ。

プロップC法案が可決して数週間以内に、テクノロジー大手をはじめとする地元企業はメッセージを受け取った。自社のリーダーが正しいことをしていないことに失望している従業員が多かったのだ。そしてリーダーたちは、従業員が顧客と同じ種類の期待を抱いていることに気づき始めた。

サンフランシスコのテック業界のように逼迫した雇用市場では、こうした「その他の顧客」を幸せにし続けることも同じく重要だ。優秀な技術者はみんな、自分の勤める企業が自分と同じ価値観ではないと感じて、今の職場に満足できなければ、次の職場探しに苦労しないことを知っている。

そのため、サンフランシスコでは、エアビーアンドビーがホームレス問題に500万ドルを拠出し、トゥウィリオのCEOであるジェフ・ローソンがベイエリアのホームレス向けのサービスに100万ドルを寄付した。シアトルでは、マイクロソフトが手頃な価格の住宅構想を打ち出し、アマゾンがホームレス支援のために資金や敷地内スペースを提供している。

かつて新たな税金に反対する立場をとっていた企業も、緊急問題の解決に向けた資金を生み出す仕組みを支援することにより、自分たちが今、先頭に立って私たちのコミュニティや国々を第一に考えていく必要があることに、ようやく気づきつつあるのかもしれない。

市民の義務と企業の責任

とはいえ、プロップＣ法案が通過してから数カ月後にそれまでの戦いを振り返ってみたとき、反対者がひどく多かったことに私は愕然とした。増税を緩和しようと立ち上がったＣＥＯだけでなく、市街に住む同胞である市民の苦境を毎日目撃しながらも、その解決策に反対票を投じる一般のサンフランシスコ住民もいたのだ。

そのときに気づいたことがある。プロップＣに反対した人は、ホームレス問題の解決が大事だと思わなかったのではない。その解決に向けた最善策について異なる見解を持っていただけなのだ、と。

リンと私はこの気づきをきっかけに、ＵＣＳＦベニオフ・ホームレス＆ハウジング・イニシアティブに３０００万ドルを提供した。これは、信頼性の高い科学的な調査を行い、人々がどのようにホームレスになるかについて政策立案者、地域社会のリーダー、一般市民が理解し、この問題を軽減させる解決策を明らかにすることを目的とした取組みだ。

世界はホームレスの真実のために、北極星のような指針を強く必要としている。ホームレスや住宅問題に関して本当に変化を起こせるプログラムに私たちが確実に投資するうえで、データはきわめて重要だ。

たとえば、慢性的なホームレス状態の成人に恒久的なサービス付き住宅を提供すれば、こうした人々の85%以上の居住が長期的に安定し、多くの場合はトータルで政府支出の削減につながるというデータがある。

このイニシアティブのディレクターを務めるマーゴット・クシェル博士は、ホームレス化を予防・阻止する最も効果的な方法を設計するために、貧困、家庭内暴力、年齢、家族の規模、職業安定所の利用などの要因を研究するチームを率いている。

医学、新たな調査、データに依拠することで、どのような対策が最も効果的なのかという議論が不要になればよいと思う。直感や思い込み、怪しげなセールスパーソンや政治家が口にする部分的な真実をもとに自らの立場を決めるのではなく、シンプルに科学を指針にするのだ。

お互いに戦うのをやめて協業を始めれば、変化は起こりうる。それは私たち市民の義務であるとともに、私たち企業の責任でもある。

もちろん、企業がすべての解を持っているわけではないし、企業のリーダーも同様だ。実際、変化を求めて最も熱心に声を上げるのはお察しのとおり、Ｃクラスから遠く離れたところの人たちだ。こうした人たちがいてこそ、私たちが一緒に参加して幻想に風穴を開け、快適な場所を抜け出して、コミュニティやお互いに対する自分の責任を思い出すことができる。

世界中で何億もの人々が毎朝起きて仕事に出かけるときに、自分の価値観を家の中に置いてこなくてもよい。困難な問題について意見を表明する権限が与えられていると感じていれば、より良い従業員になるだけでなく、より充実した人間になれる。

そして、私たちがリーダーとして、自分の信じる大義について発言すれば、従業員は同じことをやってみようという気持ちになる。個々人の価値観やどの問題を追求しようとしているかには関係なく、行動を文化規範にすれば、トレイルブレイザー、アクティビスト、変革の触媒役になるために、あらゆる職場のあらゆる人々が権限を持てるようになる。

世界中のＣＥＯと企業が、最も複雑なビジネス上の問題を解決する際に使うのと同じ着眼点やイノベーションを、最も複雑な社会的問題の解決に適用する未来を想像してみてほしい。すべての人が世界をより良い場所にするために自ら尽力するアクティビズム文化を私たちが一緒に創出していけば、そうした未来を現実のものにできるのだ。

おわりに

Epilogue

この本の執筆を始めて間もない２０１８年１月、サンフランシスコの事業拠点としてセールスフォース・タワーが正式にオープンした。この61階建てのビルは市内で最も高く、ミシシッピ川以西でも屈指の高層ビルの１つだ。

嘘偽りない気持ちとして、感無量だった。このプロジェクトには何年もかけてきた。ミッション通りの好立地を探し、ロビーに置くさまざまな色の家具から、壁に飾る芸術的なタイルに至るまで、細かなデザインについてこだわり抜いた。このプロジェクトの完了は、わが社の歴史上、重要なマイルストーンになる。

この上なく誇らしかった。同時に、この建物を忌み嫌う人も出てくるだろう。

多くの部外者からすれば、私たちの名前を冠したこのガラス張りのタワーの目立つ外観は、サンフランシスコ市の象徴的な摩天楼には余計なものと見えてもおかしくない。金持ちの天井知らずのエゴの記念碑、やたらに大きな建築物をつくって権力を誇示しようとする巨大建築コンプレックスと見なすかもしれない。

それはすべて仕方のないことだ。こうした嘲りの目がどこから来るかは承知している。ピカピカの高層ビルを見て、最悪の企業が無駄遣いしていることを連想する人は多い。

しかし、今回について言えば、そうした批判はどれも的外れだ。このタワーは基本的に、私の最愛の祖父、マーヴィン・ルイスへのオマージュであり、インクルーシブな進歩に向けた祖父の情熱を表している。

この本の冒頭で触れたように、祖父はＢＡＲＴ（ベイエリア高速鉄道）や、その他の大規模な建設プロジェクトの陰の立役者となった。本当に市民の役に立つためには、都市は成長しなければならないと祖父は信じていた。作り手と大志なくして、都市は発展しないのだ。

このタワーが、私の郷土愛を示す強力なメッセージになればよいとも思う。私たちはこのタワーを利用し、セールスフォース本社をサンフランシスコのダウンタウンにずっと根づかせようと考えた。私たちはここに居続けるというメッセージだ。

他の場所で利便性、コスト効率、税制優遇措置が得られるからといって、この街から逃げ出したりしない。大きなオフィスタワーはより多くの雇用を約束し、幅広い新規ビジネスを支える。私たちがめざしたのは、自分たちの存在を意味あるものにして、コミュニティに尽くすことだ。

新しい高層ビルは私たちに対する注目度を高め、世間の目にさらされて詮索されることもわかっている。詰まるところ、ガラス張りの61階のタワーは隠し事には向いていない。言い換えれば、セールスフォース・タワーは透明性へのコミットメントと、私たちが第一に掲げるバリュー「信頼」も表しているのだ。

竣工式に至るまでの数年間で、私たちのバリューは組織の中に深く浸透するようになった。こうしたバリューは、私のリーダーとしての在籍期間よりも長く続くだけの強さがある。また、将来的に誰がリーダーの役割を果たすとしても、私たちのバリューをさらに高めてくれることを私は信じている。そうだとすれば、誰にでも見える建築物を高くしない理由はない。

テープカット中に唯一感傷的な気持ちになったのは、私をこの旅に駆り立て、この場所に連れてきてくれた２人の人物がそばにいなかったことについてだ。２０１２年に亡くなった父のラッセル・ベニオフと、１９９１年に亡くなった祖父のマーヴィン・ルイスである。

彼らの魂がともにあるのはわかっていたが、２人がこの建物を見上げたときの顔を見ることができたら、どれほど良かっただろう。けれども、少年時代に祖父と一緒にこの街を歩いたことを考えると、祖父がよくやったと言ってくれるのは間違いない。

セールスフォース・タワーに引っ越してから数日後、私は荷物整理をすべて投げ出して、外に出かけたい気分に駆られた。行き先は感じるままでよい。２分後、私はＢＡＲＴのエンバーカデロ駅に来ていた。セールスフォースの多くの従業員が毎朝、通勤時に通過する駅だ。

もっとも、私は列車に乗りたかったのではない。壁に飾られている小さな御影石のオブジェが見たかった。これは祖父に捧げられたものだ。

私はこの駅の近くを通るたびに足を止めて、マーヴィン・ルイスを「大量輸送のパイオニア」と呼び、その「十字軍精神」と「たゆまぬ忍耐」が「比類なき価値」という贈り物を街に与えた、と記された碑文を読む。

ちょっと大げさなのは認めよう。ちなみに、こうした言葉は、眉唾であれ英雄を信じる傾向がはるかに強かった時代の、それほど複雑な状況ではなかった瞬間に書かれたものだ。私の祖父は素晴らしい人物だが、確かに完璧ではない。誰でもそうだ。

しかし実際に、この活気に満ちた駅は、１人の男がぼんやりと思い描いたビジョンから始まった。そして、莫大なコストと複雑さを共有しながら、進んでいったことは間違いない。他にも言えることが２つある。

第１に、ＢＡＲＴがサンフランシスコの重要な窓口でかつ経済の原動力になったこと。第２に、着想のもととなったバリューから、ＢＡＲＴが創出する莫大な価値が育まれたことである。

このタワーはトレイルブレイザー精神の記念碑であり、その精神に沿って生きたいと私は願っている。それは将来的に、最高の形の事業価値は、最高の人間の価値観によって導かれるという考えにほかならない。

＊＊＊

クラウス・シュワブが使った「第4次産業革命」という言葉を初めて聞いたときに、私の頭に浮かんできたのは、漫画に出てくる電球だった。

　これまでの人生で目にしてきた技術進化の速さは人類史上、他に類を見ないものだと、私は長年思ってきた。もちろん、心理学でいう新近性やマグニチュードの概念は理解している。私たちは身の周りで起こっていることを見ると、それが魅力的で並外れたものに違いないと、すぐに結論づけたくなる。しかし、クラウスは私たち全員に、実際にそうなのだと納得させたのだ。

　歴史を通じて、多くの勇敢で楽観的な人間や活動が、後世に続く道を切り開いてきた。過去70年間、私たちは暗い時期だけでなく、信じられないような人類の飛躍的進歩もまた目の当たりにしてきた。

　たとえば、世界で貧困が着実に縮小し、教育を受けられる人が増えて識字率が向上し、民主主義と自由市場経済が広がり、世界を滅亡させるような戦争は起こらなかった。今日生まれた人々は、ウェルビーイングに関して差し迫った脅威にさらされることなく、長生きする可能性が高い。

　となれば、私たちのやるべきことは山積している。私たちの生態系を脅かす気温上昇、海洋を汚染するプラスチックゴミ、毎秒1エーカーずつ地球規模で森林伐採が進んでいることなどがすぐに思い浮かんでくる。

第４次産業革命は、この進行中の物語の中でテクノロジーに主導的な役割を与えた。そして、その結末がどうなるかは、私たちがこの時代における進歩をどのように選択するかに完全に委ねられている。

一方で、ＡＩ、量子コンピュータ、ロボット工学、コネクティビティ（接続性）、遺伝子工学の進歩は、私たちをより健康に、より安全で、より豊かにするために活用することができる。しかし同時に、注意を怠ればこうしたイノベーションが不平等を広げ、地球の破壊を加速させ、壊滅的な被害をもたらす可能性もある。

「産業革命」という言葉は、ある意味で誤解を招く。テクノロジーは変化や激動のペースを加速させるかもしれないが、次の革命の特徴はもっと目に見えないところにある。それは、新しい機械、新しいテクノロジー、はたまた新しいアイディアを受け入れることではない。新しいマインドセットを持つことだ。

私たちはこれまでテクノロジー、ビジネス、科学、医学の進歩に頼って、人類のウェルビーイングを向上させようとしてきた。ところが、第４次産業革命では新たな変曲点に達した。ここからは、テクノロジー自体の限界便益は減少し始めるが、意図しない結果という複雑さが増していくだろう。

今、行動しなければ、この２つの力が最終的に交差し、急激な変化のコストが便益を上回り始めるだろう。一言で言えば、私たちは岐路に立たされていて、今後の行動が後世に残す世界に決定的な影響を及ぼすのだ。

大胆な発言をしよう。未来の歴史家はそれに賛同しないかもしれないし、読者の方々も同意する必要はない。しかし、この第４次産業革命は終焉に近づきつつあり、新しい時代に道を譲るべきかどうかを考慮する時期だと、私は考えている。

私たちは熱狂的なイノベーションと創造性の時代を生きてきた。第５次産業革命では、このすべての「進歩」を、公益のために活用する方法を見つけることが重要になる。今後の成功は、人々や地球のウェルビーイングを第一に優先させて、イノベーションと創造性の成果を活用できるかどうかにかかっている。

進歩と破壊のせめぎ合いの中で、勝者と敗者の選別に時間を浪費してはいられない。私たちの運命は結びついている。世界をより公正かつ平等な場所にするために、さまざまなグローバルな課題解決を推進するとともに、私たちが空、海、森林に与えたダメージを元どおりにしなくてはならない。

２０１９年春、私はこの本を執筆しながら、今後数年間で労働力人口の中心となる世代について考え続けた。２０１８年のデロイト・ミレニアル調査によると、ミレニアル世代（１９８０年代～１９９０年代半ば頃までの生まれ）とジェネレーションZ（１９９０年代後半～２０１０年頃までの生まれ）が望んでいるのは、ビジネスリーダーが世界に好ましい影響を与え、第４次産業革命がもたらした変化に、組織や従業員が備えられるように積極的に取り組むことだという。

それが正しいとすれば、企業への示唆は驚くほど大きい。現在、そして将来的にも、人が担う仕事の特徴や職場環境の性質は、過去に企業が重点を置いてきた表面的な「成功」の証し以上の意味を持つだろう。

もちろん、これは輝かしい近代的なオフィスタワーを指しているのではない。このデロイトの調査が示しているのは、他の多くの調査と同様、今日の労働者、特に若い労働者がますます職場でより高次の目的に尽くそうとしていることだ。そして、この人間の基本的欲求を満たせない企業はそう長続きはしないだろう。

これからの時代に繁栄を望む企業にとって問うべきは、もはや「私たちは成功しているか」ではない。

「私たちは善いことを行っているか」だ。

この本では、こうした問いがどのように密接に関連するようになったかを説明しようと試みた。第4次産業革命の終焉が近づくにつれて、善いことをせずに成功するという選択肢はもはや考えられなくなっている。

この先、破壊が避けられない中で、私たちは「進歩的な信頼《ラディカルトラスト》」と私が呼んでいる境地に達する必要がある。それは従業員をはじめとするステークホルダーはもはや、企業にそれぞれのバリューをずっと適用してほしいと求める必要のない状況だ。
進歩的な信頼によってエンパワーメントすれば、あらゆる企業がバリューに根差した文化を育み、変化に向けて強力なプラットフォームになれるのだから。

＊＊＊

この物語の結末は、ここから私たちが取る行動によって左右される。そう簡単にいかないと思う半面、楽観的な気持ちになれる理由もいろいろある。

私たちは信頼され、すべてのステークホルダーの成功に尽力し、世界をより良く変えるイノベーションを推進する企業、政府、組織を構築することができる。

ビジネスに限らず、あらゆる状況で出会った何千人もの若者たちの理想主義や行動に、私は刺激を受けてきた。こうした若者は傍観者ではない。職場で発言し、ボランティア活動を行い、お金を寄付し、社会問題に取り組み、集会や抗議活動に参加し、消費者として自身も環境に及ぼす影響を減らしつつ、同じ行動を取る企業に報いる意思決定をすることで、自らの信念を貫いているのだ。

私たちは職場をもっとインクルーシブなものにできる。そうすれば、ビジネス上の意思決定も向上するはずだ。ジェンダー、人種、民族、性的指向を問わず、あらゆる人が一堂に会して初めて、みんなが多様な背景や経験を通じて培ってきた貴重な知恵を存分に活用できるようになるだろう。

タイトルを「トレイルブレイザー」としたのは、この本が基本的に、未来における企業と個人の成功を特徴づける変化を主導することについて語ったからだ。

ビジネスリーダーが未来の変化やイノベーションについて語るとき、普通は（翌四半期でないとすれば）1年先、3年先、5年先を見ている。しかし、真のトレイルブレイザーであるためには、もっと長期的な視野が求められる。20年、50年、１００年、さらにその先を見なくてはならない。

これが極論に思える人は、人生の黄昏時にロッキングチェアに座りながら、地球を救い、ホームレスをなくし、すべての人に平等な教育を保証するために、自分はもっといろいろなことができたはずだと考えている姿を想像してほしい。孫や曾孫から「もっとやっておけばよかったと思うか」と聞かれたとき、あなたは何と答えるのだろうか。

トレイルブレイザーになることは、今日のステークホルダーに配慮するだけでなく、後世のステークホルダーのためにより良い世界をつくることだ。

謹んで申し上げたい。皆さんの一刻も早い参加をお待ちしている。

謝辞

Acknowledgments

この本では、セールスフォースの４つのコアバリューと、そこからいかに価値が創出されるかについて説明した。４つのバリューのすべてに埋め込まれているのが感謝の気持ちだ。詰まるところ、私たちはみんなつながっていて、１人では意味のあることは成し遂げられない。

謙虚であり続けること、そして、自分を刺激して高めてくれるすべての人々の貢献を尊重することは非常に重要だ。感謝は信頼の必須要素と言える。なぜなら、私たちは自分を信じてくれた人々に感謝を伝えることで、その信頼をまた他の人に恩送りすることになるからだ。

ステークホルダーからの支援、励まし、信頼がなかったならば、セールスフォースはまったく違う企業になっていただろう。経営幹部が世界中で行うプレゼンテーション（私の基調講演、顧客へのプレゼンテーション、社内の会議など）が、どれも「Thank You」という言葉から始まるのはこのためだ。

あらゆる人に選択肢があることを思うと、感謝せずにはいられない。顧客は競合他社を、従業員は別の場所で働くことを選択できる。パートナーは当社製品をサポートしないことを、株主は他社に投資することを、コミュニティは私たちを拒否することを選択できる。ステークホルダーのロイヤルティを手渡されたのではなく、勝ち取る機会を与えられたことに私たちは感謝している。

　この本の結びとして、私に日々インスピレーションを与えてくれるセールスフォースの従業員、顧客、パートナーに謝意を伝えたい。コミュニティのすべての人々には、より良い人間になろうと日々私を奮い立たせてくれたことに感謝したい。

　通常、ビジネスリーダーは部屋の中に籠もって本を執筆する。まるで自分がすべての答えを持っているかのように。すでにお察しのとおり、それでは私らしくないし、セールスフォースらしくもない。この本は結局のところ、私のＣＥＯとしての道のりではなく、企業として、また、ステークホルダーの拡大家族、オハナとしての道のりを書いたものだ。

　この本の中で私が語ったことの１つは、かつてないほど、あらゆるモノや人がつながった世界では、自分の周りに壁を築くことなどできないということだ。だから私は、セールスフォースの何百人もの同僚、そして友だちや相談相手にも、この本の草稿を読んでもらった。彼ら・彼女らのフィードバックは非常に有益だった。

　ＣＥＯがこうした形で本を書いたことがあるかどうかはわからない。しかし、それこそが私の言いたい、どこからでも、あらゆる場所でイノベーションを探求することなのだ。

共著者のモニカ・ラングレーに謝意を伝えたい。その驚くほどの尽力なしには出版にこぎつけられなかった。彼女がセールスフォースのエグゼクティブ・バイスプレジデントに就任し、この本に関するあれこれをうまく管理してくれた。私たちは膨大な時間をかけて、子ども時代から今に至るまでのストーリーをひもとき、私がどのようにしてビジネスが変化に向けた最大のプラットフォームになると信じるようになったかを解き明かしていった。

セールスフォースのコミュニケーション担当役員のダン・ファーバーにも感謝の言葉を伝えたい。ダンは企業やテクノロジーの世界への造詣が深く、書き起こし、編集、助言などで協力してくれた。

『常勝キャプテンの法則』（早川書房刊）の著者にして、ウォールストリート・ジャーナルのコラムニスト、そしてモニカの元同僚でもあるサム・ウォーカーの洞察に富む素晴らしい編集のおかげで充実した本になった。

信じられないほど思慮深く優秀なランダムハウスの編集者、タリア・クローンにも感謝している。彼女は丸1週間もドリームフォースに参加するなど、セールスフォースの文化にどっぷり浸かってくれた。

そして、私の家族に感謝と愛を伝えたい。

最後に、この本の締めくくりとして、私のストーリーを読むために時間を取ってくださった読者の方々に心からお礼を申し上げたい。

◆著者紹介

マーク・ベニオフ（Marc Benioff）

セールスフォース・ドットコムを創設し、会長兼CEOを務める。クラウド・コンピューティングの先駆者であり、フォーブス誌の「過去10年のトップイノベーター」、フォーチュン誌の「世界最高のリーダー」、ハーバード・ビジネス・レビュー誌の「最高業績をあげたCEO上位10人」に選ばれている。平等に関するリーダーシップで数々の賞を受賞している。
フォーチュン500社に入り、従業員数が5万人を超えるセールスフォースは、フォーブス誌の「世界で最もイノベーティブな企業」やフォーチュン誌の「最も働きたい企業」に選ばれ、フォーチュン誌の「世界で最も称賛される企業」では10位となっている。ベニオフは創業時に、フィランソロピーの「1−1−1モデル」をつくり、自社の資本、製品、従業員の就業時間の1％を使って世界中のコミュニティを支援してきた。今日、8500社以上が「プレッジ1％（1％の誓い）」運動を通じて「1−1−1モデル」を採用している。

モニカ・ラングレー（Monica Langley）

2017年にセールスフォース・ドットコムのグローバル戦略担当エグゼクティブ・バイスプレジデントに就任。27年間、ウォールストリート・ジャーナル紙の記者を務め、1面記事やニュース速報を担当し、受賞経験を持つ。テレビのコメンテーターや企業弁護士を務め、ベストセラー作家でもある。

◆訳者紹介

渡部典子（わたなべ・のりこ）

ビジネス書の翻訳、記事執筆、編集などに従事。慶應義塾大学大学院経営管理研究科修了。研修サービス会社などを経て独立。主な訳書に『プラットフォーム・レボリューション』『リバース・イノベーション』（いずれもダイヤモンド社）、『両利きの経営』（東洋経済新報社）、『NOKIA 復活の軌跡』（早川書房）、『バフェット　伝説の投資教室』（日本経済新聞出版社）、『価格の掟』（中央経済社）などがある。

トレイルブレイザー

企業が本気で社会を変える10の思考

2020年8月13日　第1刷発行
2020年9月11日　第2刷発行

著　者——マーク・ベニオフ／モニカ・ラングレー
訳　者——渡部典子
発行者——駒橋憲一
発行所——東洋経済新報社
〒103-8345　東京都中央区日本橋本石町1-2-1
電話＝東洋経済コールセンター　03(6386)1040
https://toyokeizai.net/

装　丁……………………橋爪朋世
本文デザイン・DTP……米谷　豪(orange_noiz)
印　刷……………………図書印刷
編集協力…………………相澤　摂
編集担当…………………佐藤　敬
Printed in Japan　　ISBN 978-4-492-53428-1